高等学校研究生教材

汽车主动控制系统中参数估计的方法与应用

丁能根　编著

北京航空航天大学出版社

内容简介

本书主要介绍用于智能汽车控制系统、底盘主动控制系统和汽车安全预警装置设计的状态和参数估计理论、方法及应用。在状态观测器和参数估计器的理论和方法方面，主要介绍卡尔曼滤波、最小二乘法、动态单纯形法、龙贝格观测器、多模型切换算法、滑模观测器以及用于车辆质心侧偏角估计的运动学方法、基于试验知识的车速与路面附着系数估计方法及集成算法。根据上述汽车控制系统与装置的算法设计需要和常用的传感器配置特点，研究了车速、汽车质心侧偏角、汽车横摆角速度、汽车质心高度、制动器轮缸压力、路面附着系数、道路横坡角、侧向风等关键状态参数的估计方法和应用。此外，还介绍了用于观测器或估计器设计的车辆、轮胎和车轮的动力学模型以及制动系统压力调节装置的压力模型。

本书可供智能汽车控制系统、底盘主动控制系统和汽车安全预警装置的设计及研究人员参考。

图书在版编目(CIP)数据

汽车主动控制系统中参数估计的方法与应用 / 丁能根编著. -- 北京：北京航空航天大学出版社，2013.9

ISBN 978-7-5124-1248-4

Ⅰ.①汽… Ⅱ.①丁… Ⅲ.①汽车—自动控制系统—参数估计—研究 Ⅳ.①U463.6

中国版本图书馆 CIP 数据核字(2013)第 208826 号

汽车主动控制系统中参数估计的方法与应用

丁能根 编著

责任编辑 王 实

*

北京航空航天大学出版社出版发行

北京市海淀区学院路 37 号(邮编 100191) http://www.buaapress.com.cn

发行部电话：(010)82317024 传真：(010)82328026

读者信箱：bhpress@263.net 邮购电话：(010)82316936

北京时代华都印刷有限公司印装 各地书店经销

*

开本：787×1 092 1/16 印张：9.75 字数：250 千字

2013 年 9 月第 1 版 2013 年 9 月第 1 次印刷 印数：2 000 册

ISBN 978-7-5124-1248-4 定价：24.00 元

若本书有倒页、脱页、缺页等印装质量问题，请与本社发行部联系调换。联系电话：(010)82317024

前　言

由于技术上的限制或出于成本的考虑，车速、汽车质心侧偏角和路面附着系数等关键状态参数在汽车电子控制系统中一般并不直接测量，而是根据控制需要进行估计。基于量产汽车上常用传感器配置测得易获取变量，如轮速、汽车侧向加速度和汽车横摆角速度等，再进行状态参数估计就成为汽车电子控制技术中被国内外广泛研究的一个重要领域。车辆状态参数估计是智能化信息技术在汽车设计和开发中的应用，属于机械系统动力学、信息技术、自动控制、建模与仿真以及系统辨识等多学科交叉领域。

在智能汽车控制系统、底盘主动控制系统和汽车安全预警装置的研究与开发实践中，需要估计的状态和参数多种多样，状态观测与参数估计的方法也千差万别。近20年来，随着汽车底盘主动控制系统的快速发展，国内外学者和工程技术人员从理论与工程实践两方面对车速、汽车质心侧偏角、质心高度、车轮垂直载荷、路面附着系数和道路横坡等关键状态和参数的估计开展了深入研究，研究成果也大量发表在国内外期刊上，但尚未见到系统介绍此方面知识的专门书籍。

本书系统地介绍了用于智能汽车控制系统、底盘主动控制系统和汽车安全预警装置的状态和参数估计的理论与方法，并结合ABS、TCS、ESC以及大客车安全预警系统开发实践介绍了这些理论、方法及应用；还介绍了在汽车电子控制系统的状态和参数估计的研究中，动态单纯形算法和多模型切换算法的应用；另外，还介绍了参数估计的若干种集成算法，为提高参数估计精度和估计算法对汽车复杂工况的适应性提供了有效手段。

在具有自主知识产权的汽车电子控制系统产品开发和产业化过程中，国内的研发人员付出了艰辛的努力。但由于技术积累不足、研发投入少以及汽车电子控制系统自主品牌零部件的认同度不高等原因，我们还难以与国外同类产品抗衡。核心技术的自主研发是建设强大汽车工业的必由之路。希望本书能起到抛砖引玉的作用。如果能对国内汽车电子控制系统的设计提供些许帮助，作者将感到十分欣慰。

由于水平有限，本书谬误之处在所难免，恳请读者批评指正。欢迎就本书问题与作者通过E-mail联系：dingng@buaa.edu.cn。

作　者
2013年3月

目　　录

第1章 绪 论

1.1 模型、参数与状态估计

1.1.1 模 型

观察和测量是自然科学与工程技术中的普遍手段。根据观察，科学家对所研究问题的物理本质有了透彻的认识，并从这种认识出发通过反复推敲建立起一种理论；再设计一些新的实验并观察新的实验结果，要么证实该理论、确定做某种修改，要么完全否定它。在理论与实验的相互作用中，反映客观事实的结果起着决定性的作用。因此，在自然科学与工程技术领域中，实验与观察（测量）是最根本的。

与观察和测量同等重要的是模型。事实上它们是很难分开的。模型是对现有系统或拟建立系统进行本质方面的表达，以可用的形式提供关于该系统的知识。凡不属于该“系统”的一切事物皆属于环境部分。凭借系统与其环境间所划定的界限，可以用输入/输出关系来表征系统与环境的相互作用。系统的具体结构取决于观测者的目的和观点。譬如，这个系统可以是一个车轮，也可以是一辆汽车，甚至可以是由驾驶员、车辆和道路组成的“人-车-路”系统。

模型可以是概念的、物理的或数学的（也依次称为现象逻辑的、经验的和解析的），这要取决于：

① 对于特定目的来说最本质的东西是什么；

② 可供使用的建立模型的方法；

③ 可得到的知识的质和量。

在天体力学中可找到一个模型演变的例子。摆线运动的托勒密（Ptolcmy）模型可作为完全适用于行星运动观测的概念模型。托勒密认为地球乃固定不动，月球、水星、金星、太阳、火星等分别以复杂的摆线轨迹环绕地球运行。哥白尼（Copernicus）模型把一些观测记载解释为地球（观测者）和被观测的行星两者运动合成的结果，可以作为物理模型。而开普勒（Kepler）行星运动三大定律则提供了一个数学模型，这个模型给出了数字预报的可能性。

在工程技术中，根据目的或用途不同，模型可以划分为：

① 研究——人们希望这种模型给出对有关知识或一些测量结果的某种解释；不必事先明确其近期用途，但应给出一个简明的阐述并为进一步研究提供线索。

② 设计——与设计准则（稳定性、误差判据、经济效益和固有可靠性等）相适应，模型中必须表示出所要使用的部件或子系统的有关知识。本质上设计是一个在回路中有设计者参与的反馈作用过程。

③ 控制——对系统的各种控制作用取决于有关该系统的知识，如考虑稳定性所需要的（可能）颇为不精确的数据，或为评估由于应用反馈而可能带来的改善所需要的数据（即负载和干扰的性质、对控制变量的约束等）。

在许多情况下，模型的建立是从把基本的物理定律（如牛顿（Newton）定律、麦克斯韦

(Maxwell)定律、基尔霍夫(Kirchhoff)定律、质量守恒、能/热平衡、冲量平衡、熵平衡等)应用于研究的过程(如一个汽车动力学过程或制动器热力学过程)时开始的。从这些定律中得到所研究的变量间的一些关系,例如常微分方程或偏微分方程/差分方程。模型的建立通常包含下列步骤:

① 根据物理的知识选择模型的结构;

② 使参数与能得到的数据相适配(估计);

③ 模型的检验与核实(诊断检查);

④ 按预定目的应用模型。

1.1.2 参数与状态估计

所谓参数,是指模型中一些与输入无关的量或独立变量,而状态是随时间变化的变量。在传统意义上的参数估计中,参数被看成是不变的。但在贝叶斯估计中认为参数是具有一定分布的随机变量。传统的动态系统辨识包括两类问题:基于直接和完整的状态空间测量的参数估计;对完全已知的非线性系统的状态估计(滤波)。

扎德(Zedah)将辨识定义为根据输入与输出来确定指定的一类系统中的一个系统,这个系统与所试验的系统相等价。等价性经常用一个判据即一个误差或成本函数来定义。这个判据是过程(即"所试验的系统")输出 y 和模型(即"一类系统"中的元素)输出 y_M 的一个泛函,即 $E=E(y,y_M)$。如果两个模型的成本函数值相同,即 $E(y,y_{M_1})=E(y,y_{M_2})$,那么就可以说它们是等价的。

参数估计就是以测试的数据(观测)为输入,估计出参数值。使用"估计"这个词是由于在几乎所有现实的情况下,对所研究的观测总是混有随机干扰和误差的,因此,必须使用统计方法将干扰过滤掉以去除其影响,从测量中得到一个最好的结果。估计问题在概念上还可以这样解释:置过程与模型于同一输入信号的作用下,比较混有噪声的过程输出和模型输出,然后找出模型的一种调整方法,使模型在某种预定的意义上是最优的。

辨识通常带有对于过程毫无所知、白手起家的含义。但对于工程中的很多问题,通过对局部的了解或基于某些先验知识,可能对模型的结构是清楚的,这种情况下的辨识就简化为求一些参数的数值。因此,辨识问题也就简化为(过程)参数估计的问题了。

一些情况下对更详细的知识感兴趣,如关于过程状态的连续信息,则导致状态估计。所谓状态,是指时变量(如温度或压力)、物理常数(如质量或面积)或者一些状态的函数(如效率、特性参数)等。粗略地说,一个过程的状态就是一个变量(如向量),它与其他的过程输入一起决定其后的过程行为。因此,如果过程处于自由状态,即无输入信号,那么根据某一时刻的状态知识(加上过程结构和参数的知识)足以预报过程的未来行为。此外,若还存在关于参数的不确定性,则问题就是参数与状态的联合估计。由此可见,大多数情况下,状态估计必须在正常运行条件下进行。而解决参数估计的问题,既可以根据所研究的过程做(主动的)实验,也可以根据所研究的过程做(被动的)观测。

如果不是特别指明,后面将不再区分"参数估计"、"状态估计"或"参数与状态的联合估计"。为叙述方便,将这些估计统称为"参数估计"。

1.2 参数估计的目的和应用

1.2.1 参数估计的一般目的和应用

提到参数估计，自然会想到它在控制工程中的应用。但估计理论的应用领域非常广，如科学实验的阐释、信号处理、临床试验、民意测验、质量控制、通信、项目管理、软件工程、控制理论、网络入侵检测系统和轨道测定等。下面具体介绍参数估计在一些领域的应用。

1. 估计用于"诊断"

应当归入这一类的有过程传递特性的测量，如伯德(Bode)图的测量、脉冲响应的确定、传递函数零极点的确定、非线性效应的估计等。除了在电子和机电系统中的应用外，用于诊断目的的参数估计还应用在以下多个领域。

(1) 化学工程

例如催化剂的老化或中毒的确定、化学反应中比例系数的确定。文献[1]采用有限差分扩展卡尔曼(Kalman)算法估计甲苯催化加氢反应过程的状态和参数，在测量存在滞后和对象模型存在不确定性的情况下实现实时估计。文献[2]提出基于蒙特卡罗(Monte Carlo)模拟与动力学实验相结合的化学反应参数估计算法，用于丙烯氨氧化反应动力学参数的估计。

(2) 工业过程

例如热传导系数的确定。如果实验测得两个相接触物体内一系列离散点的温度，要求得它们接触界面之间的热传导系数，就是一个典型的参数估计问题[3]。

在发电厂，参数估计被用于诊断和优化。为了达到控制和优化的目的，对电厂参数及其内部系统的状态进行实时估计。

对于锅炉来说，煤烟堆积会造成传热效率下降，所以要估计表面效率因素、炉膛污垢因素以及除渣状况等。

对于水泥窑，根据挥发物(如硫、氯气等)含量的测定来估计一些未知参数。

对于燃气轮机压缩机，消耗的能量要占燃料的50%。压缩机污垢、涡轮腐蚀、涡轮污垢、异物损伤等都会造成流量、温度、压力、效率、功率、冷却等发生变化。当效率估计值低于正常值到一定程度时，就应当停机维护。

(3) 物理和机械测量

例如转子动力学领域中转子裂纹故障的早期诊断与预测。

(4) 核反应堆

例如反应系数的确定。

(5) 飞机和航天飞行器工程

例如飞行时飞机动力学的确定和航天器姿态控制。

(6) 生物和医学工程

对于线性系统，系统模型结构问题可归结为系统的阶数和时间延迟(又称潜伏期)。就生物系统而言，精确地确定系统响应时延，对于了解生物系统的调节规律和临床诊断具有实用价值。例如，人的瞳孔对光反射的潜伏期在某种意义上能反映出中枢神经通路中的某些传递特性。又如，在用脑诱发电位检查感官神经通路的疾病中，波峰潜伏期是一个主要的诊断指标。

文献[4]提出了一种估计具有未知延迟和系统参数的递推算法，给出了计算机上的验证结果和用于辨识瞳孔光反射系统潜伏期和模型参数的实例。

(7) 经济学

在研究人口增长规律时，提出的增长曲线中最著名的是 Logistic 曲线。比利时数学家 P. F. Verhulst将其归纳提炼为如下模型：

$$y(t) = \frac{k}{1 + e^{a-rt}} \qquad k > 0, a \in \mathbf{R}, r > 0$$

式中：k 为饱和水平；r 为增长速度因子。

Logistic 曲线既可用来描述生态领域动植物的生长发育或繁殖过程，也可用来描述经济领域新技术的扩散或耐用消费品的销售等经济现象。举例来说，可以根据已有数据估计模型中的参数 k、a 和 r，建立彩色电视机平均每百户拥有量的增长模型，从而分析和预测其增长变化趋势。所得到的预测结果对彩电市场的生产和销售具有一定的指导意义。

2. 估计用于控制

如果希望根据过程参数的知识去调整其控制系统的参数，使其传递函数是最优的，这就是自寻优和自适应系统。这种系统的一个典型例子是飞行中的飞机。由于空气密度在接近地球表面和在 10 000 m 高空的差别很大，飞机的动力学特性亦显示出很大的不同。

根据过程参数估计而进行适应控制的另一个例子是汽车驾驶。由于天气的关系，有时道路很滑，路面附着系数的大小可以通过检测转向盘的小扰动进行估计，其结果可以用于汽车底盘的主动控制。

3. 模式识别

模式识别是指确定研究对象的参数和类型，譬如字符识别、人脸识别、信号分类(如心电图)和石油勘探数据分类等。与汽车工业相关的模式识别的例子有：采用风洞试验确定汽车空气动力学特性；确定轮胎、悬架系统或发动机的动态特性。

1.2.2 参数估计在汽车主动控制与安全预警装置设计中的应用

1. 汽车主动控制系统与参数估计

为保证汽车操纵安全，设计人员尽量做到使车辆在各种工况下都能对驾驶员转向输入具有一致的和可预见的响应。然而，轮胎侧向力的非线性特性却使得汽车操纵特性具有两种截然不同的表现。当轮胎侧偏特性处于远离附着极限的线性区域，汽车操纵性能亦为线性特性，即一定车速下横摆角速度与转向角成正比。与此相反，当汽车接近附着的物理极限时，轮胎侧向力不再与侧偏角成正比，甚至可能出现饱和。在临近侧向附着极限时，若继续增加转向输入，则轮胎侧偏角可能迅速增加并导致车辆侧偏角亦迅速增加，原因是侧向力没有随着转向角的增加而相应地增加。

在非线性工作区域，汽车运动特征表现为至少一部分轮胎相对于路面产生明显的侧向运动。此时，车辆对驾驶员转向输入的响应变得迟钝，其操纵特性变得难以预料，易导致事故的发生。譬如在湿滑路面转弯过于猛烈时，很容易导致侧滑或侧翻等驾驶员难以控制的行驶状态。人们不断研制、改进各种主动安全装置并安装在汽车上，以便实时监控其动态稳定性，如大家熟知的防抱制动系统(ABS)和电子稳定控制系统(ESC)等。此外，牵引控制系统(TCS)、自适应巡航控制(ACC)、主动悬架和发动机管理系统(EMS)等电子控制装置也都在汽车上得到广泛应用。总的来说,这些电子控制装置的目的就在于提高行车安全、改善乘坐舒适性、增加交通流量并减少环境污染。

许多电子控制装置依靠车辆及其工作环境的物理参数。其中,有些参数是不变的(或至少其变化可忽略);有些则与特定的行驶工况(如载荷)有关,可能是常量但大小未知(有时可以估计);还有一些参数,特别是轮胎-路面摩擦系统参数会发生剧烈和瞬间的变化。

在汽车整车及其部件系统的各种控制和监控报警装置中,通常都要用传感器测量一些物理量,如发动机转速、汽车横摆角速度、转向盘转角等。控制器依据这些测量信号,按照一定的控制逻辑向执行器发出指令,完成一定的控制任务。

汽车是大批量生产的产品,其成本是影响其市场竞争力的关键因素之一。因此,设计者总是希望用最少的传感器获得较多的状态信息,进而以最小的成本获得仍然足够满意的控制效果。如何根据已知信息推断控制逻辑所必需的未知信息就是参数估计的主要任务。例如,在大多数 ABS 中,控制逻辑需要用到车轮滑移率信息。而车轮滑移率是根据车速和轮速(轮速定义为车轮转动角速度与其有效滚动半径的乘积)计算的。虽然装有 ABS 的汽车上都会安装轮速传感器,但车速一般不会直接测量,而是根据轮速估计得到(车速的估计值也称为参考车速)。在各种车速测量装置中,较常用的是多普勒雷达和全球定位系统(GPS)装置,但它们都不太适合汽车主动控制系统。前者主要问题是成本较高,而后者在导致成本增加的同时还存在数据更新频率较低、部分路段处在 GPS 信号覆盖范围之外等问题。

2. 汽车主动控制系统中参数估计的目的与应用

(1) 状态变量估计与控制目标的确定

一些控制算法采用状态反馈,而另一些算法如逻辑门限值方法则将控制参数与设定的门槛值相比以确定控制输入。如在改善车辆稳定性的控制装置中,汽车重心侧偏角是重要的反馈控制变量,而在 ABS 控制中,滑移率是控制参数之一,其值一般是根据参考车速和实测轮速计算得到的。由于技术或成本方面的原因,重心侧偏角和参考车速一般都通过估计得到。

控制算法还常常根据工况的不同进行调整。例如,ESC 系统需要对路面附着变化能够自适应。在湿滑路面上车辆侧偏角必须被控制得比干路面上更严格,或者说侧偏角的期望值要定得低一些。为了确定侧偏角控制目标,必须先估计路面附着系数。

(2) 调整控制策略和控制参数

极限条件下的车辆操纵特性受附着系数的影响很大,估计算法和控制算法也因此需要对路面变化能够自适应。例如,汽车避撞系统、自动道路保持系统及主动转向控制都要求对路面附着系数的变化能够自适应;而 ABS 在不同附着系数的路面上需要采用不同的控制逻辑和控制参数。这些情况下,路面附着系数的估计很关键。

(3) 故障诊断

即便一些状态可以通过传感器测量得到,也还存在一个故障诊断问题。当传感器发生故障时,它会发出错误的数据。这时,有可能依靠其他仍然正常工作的传感器信号来估计另一些状态,然后将估计出的状态值与对应的传感器测量值比较。当二者的不一致超出事先设定的范围时,就判定该传感器发生故障。这种故障诊断的方法也称为“软件冗余”,在汽车上得到广泛应用。用于这种目的的观察器有时还称为“虚拟传感器”,相应的它所做的工作就称为“软测量”。

(4) 信号滤波

按照文献[5]的定义，参数估计是指在已知系统模型结构时，用系统的输入和输出数据计算系统模型参数的过程。本书所涉及的参数和状态估计不仅仅是指系统模型参数，还包括其他很多内容。例如，对于传感器测量的含有随机噪声的信号，参数估计的目的可能仅仅是如何将信号中的噪声过滤掉。

(5) 为报警决策提供依据

在超车过程中，有时因误判车速和车距导致车辆碰撞。一种超车辅助装置可以帮助驾驶员避免此类事故。该装置在分析汽车驾驶过程动态模型及制动距离模型的基础上，基于最小安全报警距离估计超车的危险。

为对侧滑或侧翻进行预警，首先测量必要的状态参数并估计路面附着系数和车辆重心侧偏角。然后根据测量的转向轮转角、横摆角速度和估计出的重心侧偏角进一步确定前、后轮的侧偏角以及瞬时转弯半径。最后根据侧向附着极限和侧翻极限，估计出极限行驶车速，并将当前实际车速与估计出的极限行驶车速比较，必要时向驾驶员提供预警。

1.3 主要估计参数、方法与发展趋势

1.3.1 主要估计参数

汽车动力学控制和车辆动态预警中需要估计的参数和状态很多，且与传感器配置等关系密切，这里不可能一一列出。以下仅就经常需要估计的一些主要参数进行介绍。

1. 轮胎-路面附着系数

轮胎-路面附着系数简称为路面附着系数或路面摩擦。就改善车辆稳定性的控制装置所配置的典型传感器而言，只要车辆工作在线性范围内，确定路面附着系数是不可能的[6]。在该范围内，轮胎侧向力和纵向力主要取决于其弹性特性而与路面特性无关。转向工况下，车辆对给定转向输入的响应也几乎与路面附着系数无关。因此，根据所测车辆在线性范围内的整车转向响应来确定路面特性是不可能的。同样的情况也发生在车辆加速或制动工况，即一般认为，在较小的车轮滑动条件下无法确定路面附着特性。

但也有研究者认为，在线性范围内可以根据轮胎纵滑特性(即轮胎纵向力与纵向滑动率的关系特性)来估计路面摩擦[7-9]。基于纵滑特性的路面摩擦估计方法的核心思想是：在车辆加/减速度小于 $0.2g$ [7]、滑动率很少超过5%的通常行驶工况下，根据采集得到的较小滑动率和摩擦力数据来预测最大摩擦力。这些工况下，轮胎-路面的最大摩擦是根据从动轮纵滑特性曲线上摩擦力和滑动率都较小处的斜率估计的。如果将纵滑特性曲线在零点处的斜率称为纵滑刚度，则按照公认的轮胎理论，纵滑刚度主要由胎体刚度而不是路面条件所决定[7]。因此，轮胎纵滑刚度对轮胎形式、充气压力、轮胎磨损(可能还包括车辆结构形式)等很敏感[9]。

几乎所有与车辆稳定性有关的底盘主动控制系统和车辆报警装置都要求估计路面摩擦(如果不能直接测量的话)，如ABS、TCS、ESC和ACC等。

2. 车　速

虽然汽车上一般都装有车速表，但它只在驱动轮的滑动率较小时才是准确的。所以，汽车

上现成的车速表在大多数情况下无法用于底盘主动控制系统。虽然可以采用多普勒雷达、差分 GPS 等方法直接测量车速，但基于成本的考虑，汽车上一般并不安装车速传感器。因此，车速一般是根据轮速估计得到的。

很多参数的计算都依赖参考车速，如滑动率、期望横摆角速度、期望侧偏角等。一些底盘主动控制系统在不同车速下采用不同的控制逻辑或参数。

3. 重心侧偏角

国内外学者对重心侧偏角估计进行了广泛研究。侧偏角是 ESC 中的关键变量。典型 ESC 系统的控制目标是：在将侧偏角维持在合理限度内的同时，使横摆角速度跟随其期望值。侧偏角是否在“合理”限度内，与路面附着系数有关。在低附着路面，车辆重心侧偏角必须控制得比高附着路面更严格些（即更小些）。

侧偏角的直接测量需要一套复杂的测试装置，如光学传感器或双天线 GPS 装置。因直接测量存在成本、精度和可靠性等方面的问题，目前乃至近期在量产车辆上使用这些传感器的可能性不大。

4. 横摆角速度

与侧偏角一样，横摆角速度也是 ESC 中的关键变量。虽然大多数系统的传感器配置方案中包含了测量横摆角速度的传感器，但对于两轮驱动车辆来说仍然有可能采用估计而不是直接测量得到该变量值。这样减少了传感器的数量，降低了 ESC 的成本。对于已经安装了横摆角速度传感器的车辆来说，该参数的估计可以为传感器故障诊断提供依据。

5. 制动压力

对于基于制动压力调节的底盘主动控制系统如 ABS、TCS 和 ESC 等，制动压力信息有助于提高控制逻辑性能和故障诊断功能。更有一些控制算法直接将制动压力作为控制参数。虽然有些 ESC 系统测量制动管路的压力，但对于不直接测量该参数的控制系统其估计是有益的。以 ABS 为例，如果能估计制动压力的大小，则可以判断路面的附着情况。而路面附着的信息对 ABS 来说是非常重要的。

6. 道路横坡

道路横坡对弯道上行驶的车辆的稳定性和极限行驶能力有重要的影响。侧向加速度是侧向运动控制经常测量的一个参数，但该测量值受到道路横坡的影响。由于道路横坡的测量困难，该参数的估计对于修正侧向加速度测量值、确定车辆的侧向安全极限车速很重要。道路横坡估计是车辆侧向安全预警和侧向稳定/侧翻控制中的重要研究内容。

7. 侧倾角

在防侧倾控制系统中，侧倾角是直接控制参数。与道路横坡类似，侧倾角对于修正侧向加速度测量值、确定车辆的侧向安全极限车速同样很重要。

1.3.2 参数估计的主要方法

1794 年，德国数学家高斯（Gauss）首先提出参数估计的方法，他用最小二乘法计算天体运行的轨道。20 世纪 60 年代，随着电子计算机的普及，参数估计有了飞速的发展。参数估计有多种方法，如最小二乘法、极大似然法、极大验后法、最小风险法和极小化极大熵法等。在一定条件下，后三种方法都与极大似然法相同。最基本的方法是最小二乘法和极大似然法。

上述方法主要用于离线估计。实际上，汽车主动控制系统（常为嵌入式控制系统）要求的是在线或实时估计，估计出的状态和参数用于实时控制。为此，人们提出了各种各样的实时估计算法，主要包括：

- 卡尔曼(R. E. Kalman)滤波及其扩展算法；
- 递推最小二乘法(Recursive Least Squares，简称 RLS)；
- 龙贝格(Luenberger)观测器；
- 滑模观测器；
- 动态单纯形法；
- 多模型切换算法。

下面简单介绍这几种方法及其应用。

1. 卡尔曼滤波及其扩展算法

卡尔曼滤波是控制领域广泛运用的一种信号滤波方法。在测量得到的传感器信号中，不可避免地混有干扰信号（或称噪声），有时测量信号还会发生畸变。在信号被用于控制或状态估计（观测器）之前，多数情况下要进行某种形式的滤波。当然，低通滤波是一种可选的滤波方法，因为干扰信号的频率通常都比较高。但卡尔曼滤波在理论上吸引人的地方在于，在所有可能的滤波器当中，卡尔曼滤波能够做到使估计误差的方差最小。

除了可以用于信号的滤波，卡尔曼滤波还可以用于状态估计。如果不便于直接测量系统的状态值，但可以测量系统的输出，那么可以根据系统的状态方程和输出方程采用卡尔曼滤波来估计状态的值。在汽车主动控制系统中，这一类状态估计问题采用卡尔曼滤波的实例很多。

卡尔曼滤波只适用于线性系统，而实际系统总是非线性的。如果系统的非线性比较强，则卡尔曼滤波不再适用。但是，通过将非线性系统的局部线性化，在工作点附近区域仍然可以采用卡尔曼滤波。只不过对于一个动态变化的非线性系统，卡尔曼滤波方程中的系数需要根据工作点的变化而实时调整。这时，该估计方法称为扩展卡尔曼滤波(EKF)。

2. 递推最小二乘法(RLS)

最小二乘法是指以误差的平方和最小为准则，根据观测数据估计模型中未知参数的一种参数估计基本方法。它的基本思路是选择估计量使模型（包括静态或动态的、线性或非线性的）输出与实测输出之差的平方和达到最小。这种求误差平方和的方式可以避免正负误差相抵，而且便于数学处理（例如用误差的绝对值就不便于处理）。线性最小二乘法是应用最广泛的参数估计方法，在理论研究和工程应用中都具有重要的作用，同时它又是许多其他更复杂方法的基础。线性最小二乘法是最小二乘法最简单的一种情况，即模型对所考察的参数是线性的。

能够满足实时应用的最小二乘法实际上是 RLS。该算法是一种流行的实用算法，被广泛用于信号处理、通信和控制等领域。与卡尔曼滤波方法类似，RLS 算法在应用于非线性系统的状态估计时，也需要先线性化。RLS 算法和卡尔曼滤波及其扩展算法在状态估计方面的研究和应用都很广泛。

3. 龙贝格观测器

龙贝格观测器是一种应用广泛的状态观测器。该观测器将测量值的误差信息反馈给状态方程，以使状态变量估计值尽快逼近真实值。该观测器对线性系统和非线性系统都适用。

4. 滑模观测器

卡尔曼滤波与 RLS 以及它们的扩展算法(又称广义算法)都需要建立线性状态方程，且迭代求解过程的矩阵运算导致计算量较大。它们在应用于非线性系统时，如果因工作点的变动要求实时线性化，则进一步增加了计算量。与龙贝格观测器类似，滑动模态(简称“滑模”)观测器并不一定要求建立一个线性状态方程，且同时适用于线性和非线性系统。与龙贝格观测器相比，滑模观测器的鲁棒性较好。滑模观测器的另一个优点是滑动面和控制律的设计具有灵活性，可根据估计模型的具体特点进行设计。当然，抖振现象是滑模控制器和观测器的固有缺点，需要根据具体情况加以解决。

5. 动态单纯形法

估计出的参数值是否与其真实值接近，可以用模型的输出与其测量值之差来检验。模型输出与其测量值的差(指绝对值或平方)越小，表明参数估计得越准确。因此，如果将待估计的参数看成优化设计变量，以模型输出与其测量值之差的绝对值或平方最小为优化目标，则可构造一个优化模型(当然还要考虑必要的约束条件)。由于汽车运动过程中参数和状态值是不断变化的，所以该优化模型属于动态优化模型。相应地，应采用实时优化方法求解该模型，实现状态和参数的动态估计。由于动态单纯形法的算法简单，每步迭代目标函数值的计算次数少(最少仅为 1 次)，因此是一种较好的实时估计算法。

6. 多模型切换算法

多模型切换算法最初用于改善控制系统的瞬态响应特性，后被用来进行簧载质量重心高度、制动压力和路面摩擦等参数和状态的估计。其基本思想是，在多组模型参数中找出输出与测量值(或其函数)偏差最小的一组参数，并以该组模型参数为估计值。这种算法的稳定性好，计算量与模型数目有关。如果模型数目较少，则估计精度较差；如果模型数目很多，则导致计算量很大。

1.3.3 对参数估计方法的评价

既然是“估计”，估计结果与被估计参数的真实值总是有差异的。从应用角度来看，估计方法的好坏不仅仅是一个估计精度的问题。这可以通过对基于车辆模型的参数估计方法的评价来说明。任何车辆模型都只是实际车辆的近似。近似程度越高，则估计结果也越准确。由于受到车载控制器的成本等因素限制，车辆参考模型又不能太复杂，所以对汽车设计人员来说，难处在于既要获得满意的估计结果，又只能用相对简单的模型。另外，实际中还有很多不确定的因素会影响估计的准确性，如道路坡度、轮胎充气压力、装载情况、路面不平度和侧向风等的不确定性。所以还要求估计算法具有足够的鲁棒性。这确实是一项具有挑战性的工作。

通常，可以通过以下几个方面来评价估计算法或观察器的效果：

① 收敛性及其收敛速度。观察值能否收敛于其真实值；如果收敛，收敛速度怎样。收敛速度快，意味着瞬态过程中状态估计值能够快速跟随状态真实值的变化。

② 估计误差。可以采用不同的指标来计算和评价误差。如果只关心平均效果，则可以用一段时间内的误差均方根值作为指标；如果对最大误差更感兴趣，则可以采用一些典型工况下估计误差绝对值的最大值作为评价指标。

③ 鲁棒性。对噪声和不确定性因素的抗干扰能力。

④ 计算量。观察器的计算量应适合在车载微处理器上实施。对于汽车主动控制系统，这

一点是非常重要的。

1.3.4 发展趋势

与汽车有关的实时参数估计内容很丰富，采用的估计方法也不一而足。不能一概而论地说哪种方法更好，更不存在一种一统天下的估计方法。每一种估计方法都有自己的适用范围，而选择什么样的方法与控制系统的设计要求、成本和传感器配置等密切相关。下面就本研究领域的发展趋势提出几点看法。

1. 参数估计与控制系统的一体化设计

实际上，实时参数估计一般不会孤立存在。这里所要讨论的参数估计主要用于智能汽车控制系统、底盘主动控制系统和汽车安全预警装置。参数估计与控制系统互相依赖：参数估计的结果用于控制系统；同时，控制系统向参数估计器提供必要的数据输入和控制状态信息。充分利用控制输出信息，例如制动压力是在增加、保持不变还是在减少，可以有效地提高估计精度。

当采用一体化设计时，可以减少实时运算过程中对内存的占用，还减少了计算量。一些实用的汽车电子控制系统，如 ABS 和 ESC，其对轮速、侧偏角和路面附着的估计都是融入控制系统中的。

2. 基于模型的参数估计方法应用增多

如车辆模型、轮胎/车轮模型等，提供了可靠的参数之间的内在关系。模型越精确，基于动力学模型的参数估计精度就越高，但同时模型复杂程度也增加，从而给在线实时估算带来困难。因此，在设计基于模型的参数估计算法时将更多地考虑如何在模型精度与实时计算效率之间寻求更好的折中方案。

3. 信息融合与利用

以 ABS 中参考车速的估计为例，从简单轮速算法逐渐发展到近年来以多传感器的信息融合为基础，越来越注重对车辆横向、纵向运动状态信息的利用。从原来的只适应单一工况逐渐向适应多种工况方向发展，估计值的精度和估计算法的鲁棒性都有了一定程度的提高。

4. 路面附着识别实时性研究与直接测量

在驱动、制动和转弯等行驶工况下，车辆在不同附着系数的路面上将有不同的响应。依据车辆响应识别路面附着系数及其变化，需要用到车辆动力学模型。基于动力学模型的路面附着系数辨识方法，模型的复杂程度高给在线实时估算带来了困难。因而实时性高的基于车辆响应特性的路面识别算法将有待于深入研究，这也是以后路面附着系数估计算法发展的趋势所在。

一般认为如果车辆没有进入非线性区，路面附着系数是不能估计的。而对于 ACC 来说，控制系统的介入不一定要等到车辆进入非线性区才开始。因此，一些研究人员开始研制轮胎-路面附着系数实时测试系统。由德国达姆施塔特工业大学、宝马汽车公司、轮胎制造商大陆公司和西门子公司的 Epcos 子公司等联合组成的研究小组正从事这方面的工作[10]。所研制的智能轮胎的核心技术是安装于轮胎花纹橡胶中的表面轮廓轮胎传感器，简称 SAW（Surface Area Wave）。SAW 轮胎传感器的核心部件是一个能够随橡胶变形的微形平板压电晶体，通过感应轮胎外轮廓的形状变化来识别轮胎的纵向力、侧向力、车轮载荷、轮胎气压、轮胎印迹的大小和位置、轮胎-路面附着系数等。随着将来传感器成本的降低，有可能应用于量产汽车上。虽然这将终结附着系数的估计，但将为最终实现汽车主动安全装置的精确控制创造必要的条件，并进一步提高汽车的安全性。

第2章 用于参数估计的车辆及其部件模型

参数估计的很多算法是基于模型设计的。这些模型主要有车辆模型、轮胎模型和车轮旋转运动模型等。本章就介绍这些模型。

2.1 用于参数估计的轮胎模型

现代轮胎是一个复杂的粘弹性结构，具有明显的非线性特性。其主要部分由较软的胎体和胎冠构成。胎体是由多层帘线或纤维加固的橡胶制成；而外包络的胎冠由于与地面接触，因此由较硬的橡胶制成。

传递到车身上的轮胎力是由车轮与路面接触区域的法向力或摩擦力产生的，且这些力在接触区的分布不均匀。轮胎与地面都产生一定变形，但在良好的水泥路或沥青路面上以轮胎变形为主。轮胎与地面的相互作用使得在接触面内产生侧向力、纵向力或者二者的合力。

估计轮胎与地面间的摩擦力是汽车工程中的重要问题。轮胎所受水平力的本质都是摩擦力，而要建立一个轮胎-路面摩擦解析模型不是一件容易的事。本节将要介绍的轮胎模型是以参数估计为目的，故一般都采用简化模型。对于以车辆动力学仿真为目的的更为复杂的、精度更高的轮胎模型如著名的魔术公式(Magic Formula，MF)模型等，感兴趣的读者可参考有关汽车动力学文献。

2.1.1 轮胎的纵向滑动与侧偏

轮胎的纵向滑动与侧偏是描述轮胎运动的两个重要概念，它们是正确理解轮胎纵向力和侧向力的形成机理以及轮胎模型的前提。

1. 轮胎的纵向滑动

轮胎的纵向滑动可以用制动过程轮胎的受力和运动为例说明。在制动过程中，轮胎运动可看成滚动和滑动两种成分的叠加。随着制动强度的增加，滑动成分的比例越来越大。制动强度增加到一定程度时，部分(或全部)橡胶单元发生滑移，如图 2-1 所示。

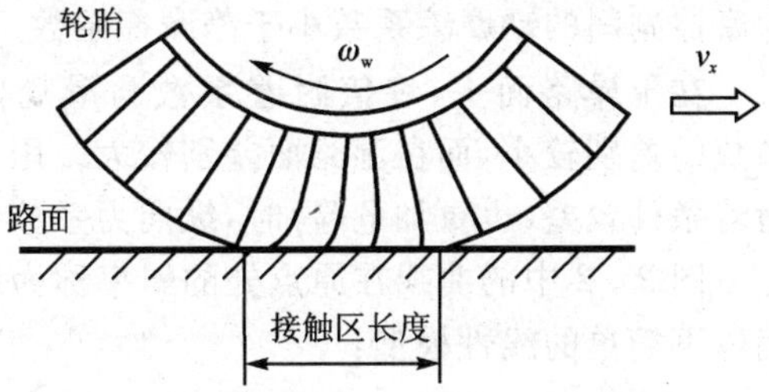

图 2-1 制动时接触印迹内的胎面变形

图中，v_x 为轮胎中心沿轮胎纵向的平动速度，而 ω_w 是车轮滚动角速度。橡胶单元进入接触区之前未发生变形。每一橡胶单元在运动至轮胎接地中心的过程中，径向变形逐渐增加，所受到的地面切向力也增加。向后的切向力使橡胶单元产生切向变形。当制动强度增加到某一极限时，胎面接触区后部的橡胶单元将首先相对于地面产生滑动。橡胶单元产生滑动后，它所产生的制动力会下降。当制动强度进一步增加达到另一极限时，胎面接触区的所有橡胶单元都将相对于地面产生滑动。

轮胎在驱动过程中的受力和胎面变形与制动过程类似，所不同的是切向力和胎面切向变形(以及滑动)的方向都与制动过程相反。为区别两种工况下的轮胎纵向滑动(longitudinal slipping)，将制动工况下的轮胎滑动称为滑移(skidding)，而驱动工况则称为滑转(sliding)。相应地，制动工况下的轮胎纵向力称为制动力(亦称地面制动力，以区别于制动器制动力。可参阅余志生主编的《汽车理论》[11])，而驱动工况下则为驱动力。

轮胎的纵向力与其滑动是密不可分的，一般用纵向力系数-纵向滑动率关系曲线来描述。纵向力系数 μ_x 定义为

$$\mu_x = \frac{F_x}{F_z} \tag{2-1}$$

其中：F_x 为轮胎受到的纵向摩擦力；F_z 为地面法向力(亦称地面垂直反力)。纵向力系数的极限值即纵向附着系数，其影响因素很多，如车辆速度、路面条件和轮胎充气压力。

对于制动工况，纵向滑动率 s 定义为

$$s = \frac{v_W - v_x}{v_x} = \frac{r_r\omega_W - v_x}{v_x} \tag{2-2}$$

式中：r_r为轮胎的有效滚动半径；v_W为轮速，定义为车轮滚动角速度与轮胎有效滚动半径的乘积。在制动工况下，只要汽车未停止运动即可保证 $v_x > 0$，且只要车轮处于制动状态①即可保证 $v_x > v_W$。因此，制动工况下式(2-2)一般有定义且 $s < 0$。制动工况下滑动率的绝对值称为滑移率，用 λ 表示。因此，$\lambda = |s| \geqslant 0$。

对于驱动工况，驱动轮的纵向滑动率定义为

$$s = \frac{v_W - v_x}{v_W} \tag{2-3}$$

轮胎在驱动工况下能保证 $v_W > v_x$，此时式(2-3)有定义且 $s > 0$。驱动工况下的纵向滑动率称为滑转率。

图 2-2 所示为典型的纵向力系数-滑动率曲线。当滑动率较小时，二者近似成比例关系。随着滑动率(指绝对值)的增加，曲线斜率(亦指绝对值)逐渐减小，并在纵向力峰值附着系数处变为零。滑动率继续增加，纵向力系数有所下降。滑动率为1时的纵向力系数称为滑动附着系数，它比峰值附着系数小的主要原因可解释为摩擦副间的动摩擦系数小于静摩擦系数。

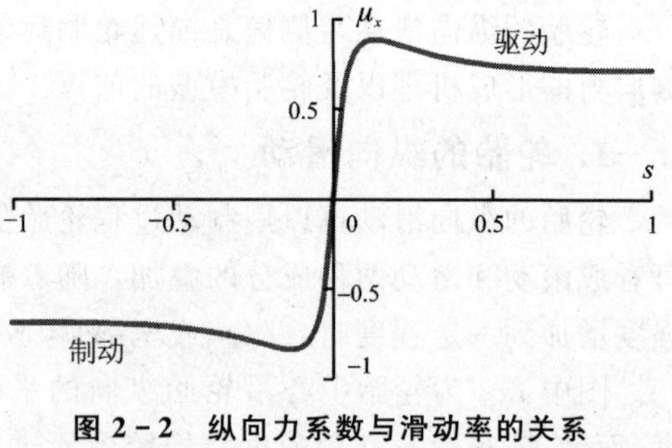

图 2-2　纵向力系数与滑动率的关系

在干燥路面上，峰值附着系数与滑动附着系数的差别较小，而在湿路面差别较大。用 s_p表示与纵向力峰值系数对应的滑动率之绝对值。附着条件较差(也更加危险)时，纵向力系数曲线的峰值会降低，而 s_p的值也会变化。

图 2-2 中的曲线在原点处的斜率称为纵滑刚度系数，用 C_s表示。在滑动率较小时，可采用以下简单的线性模型：

$$\mu_x = C_s s \tag{2-4}$$

---

① 这里车轮处于制动状态就是指 $v_W < v_x$ 的情形。即使汽车在制动工况下，车轮偶尔也会出现 $v_W > v_x$ 的“驱动状态”。譬如对于装有 ABS 的汽车，如果调压不当，则可能造成轮缸中压力过低导致短暂出现轮速比车速还要大的情况。

因制动工况下的滑动率小于零，故此时纵向力系数亦为负值(滑移率不为 0 时)，可保证此时的 F_x 亦为负。

2. 轮胎的侧偏

轮胎的重要功能之一是产生汽车转向所需的侧向力。1925 年，Broulheit 发现了汽车轮胎的侧偏现象，使人们对轮胎力学特性的认识有了突破。汽车在行驶过程中，由于路面的倾斜(道路横坡)、侧向风或曲线行驶时的离心力等的作用，车轮受到地面侧向反作用力的作用。该力也称为侧偏力或侧向力。有侧向弹性的车轮在侧偏力作用下，车轮行驶方向将偏离车轮平面，这就是轮胎的侧偏现象。

侧偏现象可以用图 2-3 所示的轮胎滚动变形与侧向力来说明。受到侧向力作用的轮胎滚动时，轮胎接地印迹按照其运动方向发生变形。这一变形及轮胎的弹性产生轮胎侧向力。轮胎运动方向与其纵向轴线之间的夹角就是侧偏角。

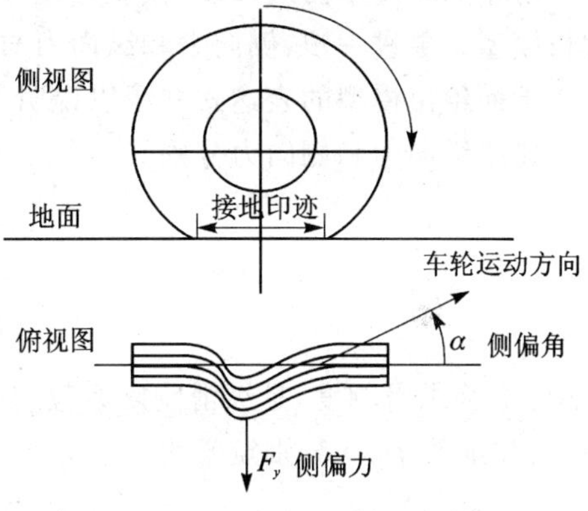

图 2-3　滚动轮胎的变形与侧向力

图 2-4 给出了一条由试验测出的侧偏力-侧偏角曲线。该曲线表明，按照侧偏力 F_y 和侧偏角 α 正负号的规定[11]，正的侧偏力产生负的侧偏角。侧偏角在 3°～5°时，侧偏力与侧偏角大致成线性关系。在 6°～10°时，侧偏力发生饱和，此后侧偏角增加时侧偏力基本不变或有所下降。侧偏力-侧偏角曲线在 $\alpha = 0°$处的斜率之绝对值称为侧偏刚度，用 C_α 表示。现代轿车都有较高的侧偏刚度，以保证汽车良好的操纵稳定性。α 较小时，F_y 与 α 的关系式在二者的正、负号规定下为

$$F_y = -C_\alpha \alpha \tag{2-5}$$

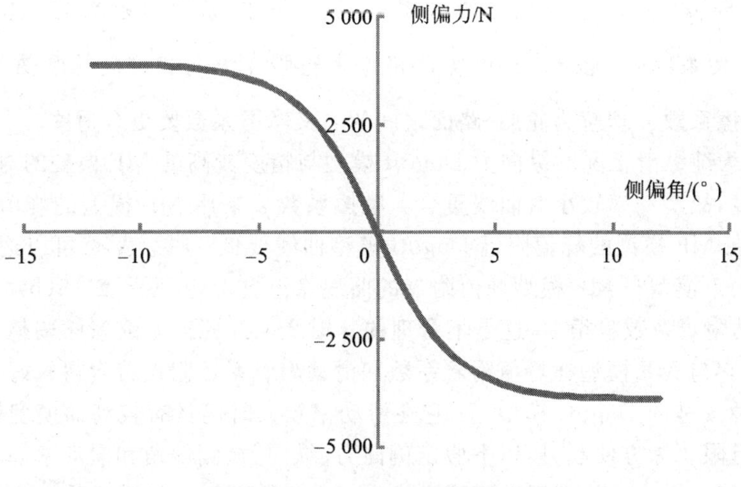

图 2-4　轮胎的侧偏特性

式(2-5)实际上就是最简单的侧向力线性模型，有时亦用于参数估计。需要说明的是，这里的侧偏刚度定义为正值，与一些文献中采用负值不同[11]。

2.1.2 Dugoff 轮胎模型

Dugoff 轮胎模型是一种广泛应用于车辆主动控制系统的控制算法和参数估计算法设计的非线性模型。Dugoff 轮胎模型既可以替代 Fiala(1954 年)的理论模型计算侧向力,又可替代 Pacejka 和 Sharp(1991 年)的经验模型计算纵滑-侧偏联合工况下的侧向力和纵向力。

Dugoff 模型假设轮胎接地印迹区内垂直力均匀分布。与 Pacejka 和 Sharp 更为真实的二次压力分布假设相比,该假设较简单。然而,该模型有一个突出的优点就是在侧向和纵向允许有独立的轮胎刚度值。之所以成为优点,是因为轮胎纵向刚度与侧向刚度差异很大。

与轮胎的魔术公式(MF)模型相比,Dugoff 模型的优点在于,它是根据力的平衡推导出的解析模型。更进一步,侧向力和纵向力与轮胎-路面摩擦系数具有可用显式表达的直接关系。

下面给出模型的表达式并予以说明。

轮胎纵向力和侧向力分别为

$$F_x = K_s \frac{s}{1+|s|} f(\lambda) \tag{2-6}$$

$$F_y = -C_\alpha \frac{\tan\alpha}{1+|s|} f(\lambda) \tag{2-7}$$

式中:K_s为纵滑刚度,是纵滑刚度系数与地面法向力的乘积,即 $K_s = C_s F_z$。λ 与摩擦系数 μ 有关,它和函数 $f(\lambda)$ 分别定义为

$$\lambda = \frac{\mu F_z (1+|s|)}{2\sqrt{(K_s s)^2 + (C_\alpha \tan\alpha)^2}} \tag{2-8}$$

$$f(\lambda) = \begin{cases} (2-\lambda)\lambda, \lambda < 1 \\ 1, \quad \lambda \geqslant 1 \end{cases} \tag{2-9}$$

需要注意的是,这里摩擦系数 μ 是一个笼统的概念。它可以有两种理解:既可以是图 2-2 中的峰值附着系数(即 $\mu = \mu_p$),也可以是滑动率范围[0,1]内纵向力系数的平均值(即 $\mu = \int_0^1 \mu_x(s)\mathrm{d}s$)。说摩擦系数 μ"笼统",还因为严格说来轮胎在纵向和侧向的摩擦是不一样的。因此,将这里的摩擦系数 μ 理解为轮胎-路面之间的名义摩擦系数要更合适些。

图 2-5 所示为纯纵滑工况的纵向力 Dugoff 模型与精度较高的 MF 模型的对比。二者采用相同的纵滑刚度,故滑动率较小时曲线重合。摩擦系数 μ 采用 MF 模型的峰值附着系数时(见图 2-5(a)),在 MF 模型的峰值附近 Dugoff 模型曲线要低一些。虽然可以通过加大摩擦系数 μ 的值使这两个模型在 MF 模型峰值附近的曲线靠得更近些(见图 2-5(b)),但按 Dugoff 模型得到的滑动附着系数将很大,这是不合理的。图 2-5 说明,无论怎样调整 Dugoff 模型的参数,都很难使它与 MF 模型在峰值附着系数和滑动附着系数附近符合得较好。

下面介绍一种改进的 Dugoff 模型[12],它在滑动率较大时仍具有较高的模型精度,且模型的复杂程度增加有限。为方便起见,以下假定侧向力、纵向力、侧偏角和滑动率都取正号。

首先对纯工况下的 Dugoff 模型进行两次修正。由于静摩擦一般要比动摩擦大,因此第一次修正是将纯纵滑工况下的摩擦系数 μ_s和纯侧偏工况下的摩擦系数 μ_α 都表示为与滑动或侧偏有关的函数如下:

对于纯纵滑工况 $$\mu_s = \mu_{xp} - (\mu_{xp} - \mu_{xs}) S_s \tag{2-10}$$

对于纯侧偏工况 $$\mu_\alpha = \mu_{yp} - (\mu_{yp} - \mu_{ys}) S_\alpha \tag{2-11}$$

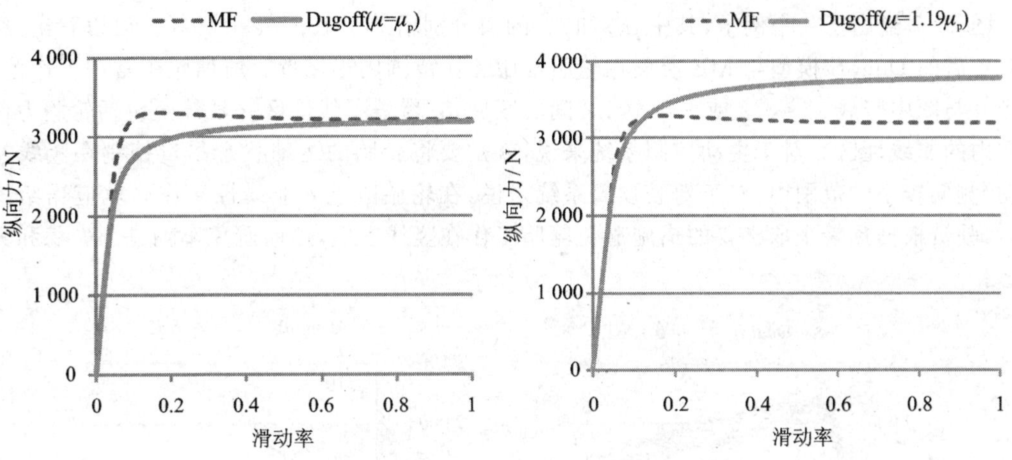

(a) μ取峰值附着系数时的纵向力　　(b) μ取1.19倍峰值附着系数时的纵向力

图 2-5　不同 μ 值下的 Dugoff 模型及其与 MF 模型的比较

式中：μ_{xp} 和 μ_{yp} 分别为对应工况下的峰值附着系数；μ_{xs} 和 μ_{ys} 分别为对应工况下的滑动附着系数；S_s 和 S_α 分别为纵滑绝对滑动率和绝对侧偏率，定义为

$$S_s = |s| \tag{2-12}$$

$$S_\alpha = \min\left[1, \frac{v_x \sin|\alpha|}{\max(v_x \cos\alpha, v_w)}\right] \tag{2-13}$$

必须说明的是，纯工况下的峰值/滑动附着系数是通过轮胎试验或根据参数已知的其他轮胎模型得到的。

将经过一次修正后的 Dugoff 模型与 MF 模型比较如图 2-6 所示。图中 F_{0x} 和 F_{0y} 角标中的“0”表示纯工况，为方便起见，该图中的所有量都采用了各自的绝对值。虽然总体上更接近了，但在峰值处仍有一定差异。解决的办法是加大 μ_{xp} 和 μ_{yp} 的值，增加的幅度根据经验为 10%～20%，这就是第二次修正。

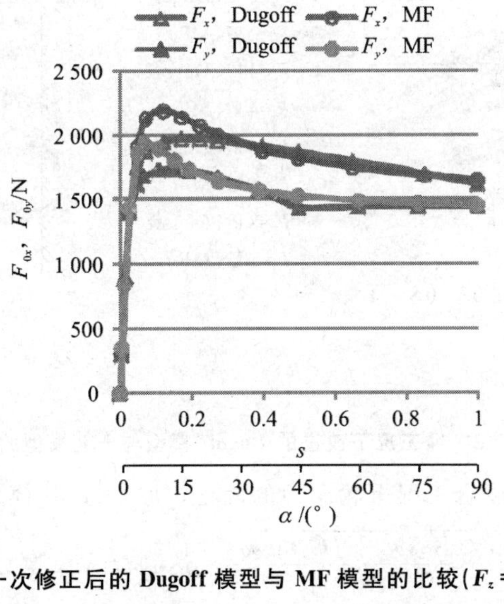

图 2-6　一次修正后的 Dugoff 模型与 MF 模型的比较(F_z=2 000 N)

图 2-7 给出了一个例子，其中 μ_{xp} 和 μ_{yp} 的值分别增加了 12.5% 和 15%。可以看出，经二次修正后的 Dugoff 模型与 MF 模型在轮胎常用工作范围内很接近。所谓轮胎常用工作范围，是指 0 与图中竖线 $s=0.2$ 或 $\alpha=10^\circ$ 之间的区域，它覆盖了线性区并延伸至包括轮胎力饱和区在内的非线性区。对于主动控制系统来说，就是要将轮胎的运动状态尽量控制在竖线左边滑动/侧偏较小的范围内；对于驾驶预警系统来说，在轮胎刚进入非线性工作区就应当给出预警，驾驶员根据预警采取必要的措施避免轮胎工作在竖线右侧，从而避免车辆进入失稳和失控状态。

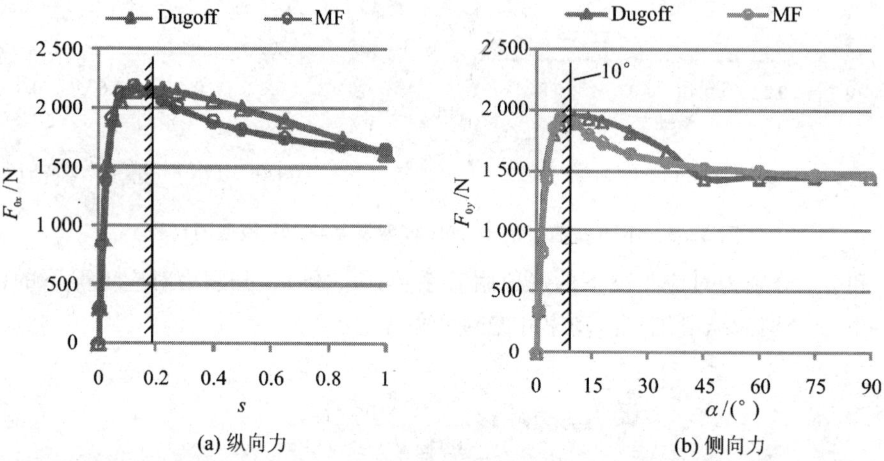

图 2-7　二次修正后的 Dugoff 模型与 MF 模型的比较（F_z = 2 000 N）

图 2-8 所示为更多纯工况下改进的 Dugoff 模型的例子，并与 MF 模型进行了对比。尽管两种模型仍有一定差异，但改进的 Dugoff 模型不失为在模型精度与算法简单之间的一个较好折中。另外，需要注意的是，改进的 Dugoff 模型参数 μ_{xp}、μ_{yp}、μ_{xs} 和 μ_{ys} 等，可以像 MF 模型那样表示为 F_z 的多项式函数，使计算较简单。

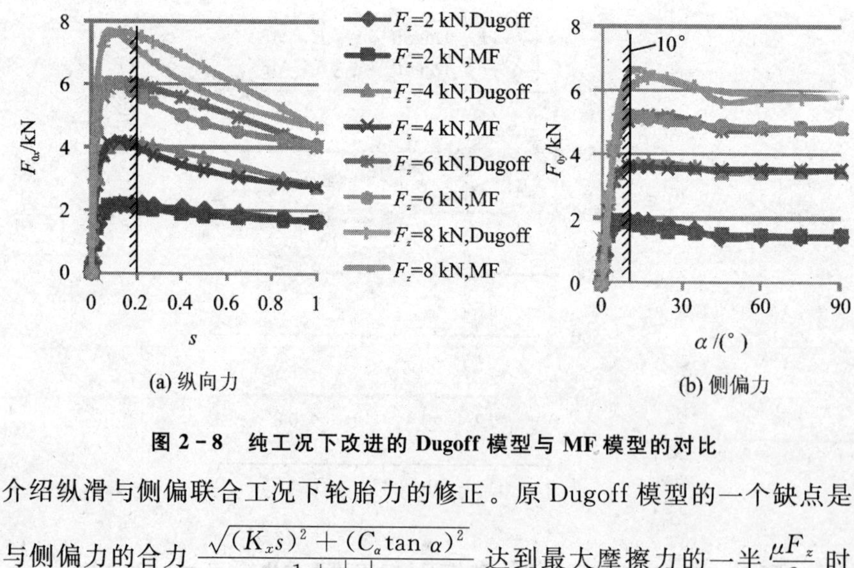

图 2-8　纯工况下改进的 Dugoff 模型与 MF 模型的对比

下面介绍纵滑与侧偏联合工况下轮胎力的修正。原 Dugoff 模型的一个缺点是，未加限制的纵向力与侧偏力的合力 $\dfrac{\sqrt{(K_x s)^2+(C_\alpha \tan\alpha)^2}}{1+|s|}$ 达到最大摩擦力的一半 $\dfrac{\mu F_z}{2}$ 时，将它们代

入式(2-8)即发现此时 $\lambda=1$ 。此后若该合力继续增加，则 $\lambda<1$，并以 $f(\lambda)=(2-\lambda)\lambda$ 为系数对纵向力与侧偏力按同一比例限制其增加。按附着椭圆的概念，将联合工况下的 Dugoff 模型修正为

$$\left.\begin{aligned} F_x(s,\alpha) &= F_{0x}\cos\beta_s \\ F_y(s,\alpha) &= F_{0y}\sin\beta_s \end{aligned}\right\} \tag{2-14}$$

式中：β_s 是轮胎滑动速度矢量与轮胎纵向的夹角(见图2-9)，故有

$$\beta_s = \arctan\frac{\|\boldsymbol{v}_{sy}\|}{\|\boldsymbol{v}_x-\boldsymbol{v}_w\|} \tag{2-15}$$

式中：$\boldsymbol{v}_x$ 为轮胎平动速度沿其纵向的分量；$\boldsymbol{v}_{sy}$ 为侧偏速度，$\boldsymbol{v}_{sy}=\boldsymbol{v}_x\tan\alpha$ 。需要注意的是，式(2-14)和式(2-15)中计算出的轮胎力皆为相应分力的绝对值，它们的实际正负应根据滑动和侧偏方向并按轮胎坐标系规定另行确定。

图2-9所示为轮胎速度矢量俯视图。图中 $\boldsymbol{v}_{sx}$ 和 $\boldsymbol{v}_{sy}$ 分别为轮胎纵滑速度和侧偏速度，$\boldsymbol{v}_s$ 是它们的合速度；$\boldsymbol{v}_x$ 为车轮中心的纵向速度，它与侧偏速度 $\boldsymbol{v}_{sy}$ 的合速度为车轮平移速度 $\boldsymbol{v}$；$\boldsymbol{v}_r$ 为轮胎接地印迹形心绕车轮中心的圆周速度(切向速度)，$\boldsymbol{v}_r=\boldsymbol{R}\times\boldsymbol{\omega}_w$($\boldsymbol{R}$ 为由车轮中心指向轮胎接地印迹形心的有效滚动半径矢量，$\boldsymbol{\omega}_w$ 为车辆旋转角速度矢量)；$\boldsymbol{v}_s$ 与 $\boldsymbol{v}_{sx}$ 的夹角称为侧滑角，用 β_s 表示。图示沿轮胎纵向的几个速度矢量关系为 $\boldsymbol{v}_{sx}=\boldsymbol{v}_x+\boldsymbol{v}_r$。图2-9(a)所示轮胎接地印迹向前“滑动”，与制动工况相对应；而图2-9(b)所示轮胎接地印迹向后“滑动”，与驱动工况相对应。

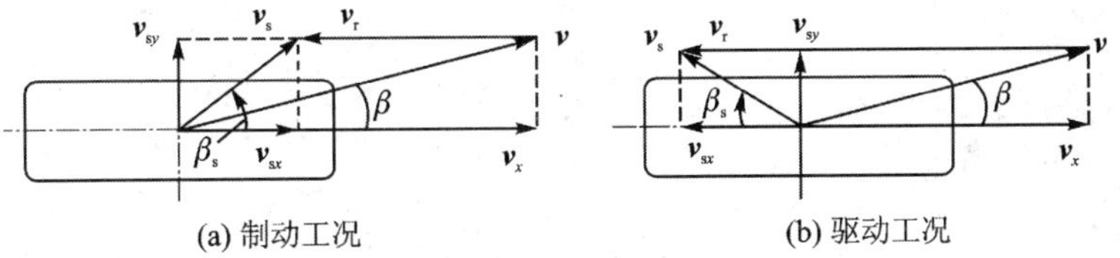

图2-9　纵滑与侧偏联合工况下的轮胎运动

2.1.3　线性轮胎模型

虽然 Dugoff 轮胎模型应用较广，但其分段函数的表达仍导致较大的计算量。下面介绍一种更为简单的、可解析的线性化轮胎模型[13]，它在车辆动力学控制系统的控制器及观测器设计中也很有用。

当轮胎滑动率和侧偏角不大时，认为纯纵滑工况下的纵向力 F_{0x} 和纯侧偏工况下的侧偏力 F_{0y} 与滑动率、侧偏角、法向力和附着系数成正比，即

$$\left.\begin{aligned} F_{0x} &= \mu_{pm}F_{zn}\frac{F_z}{F_{zn}}\frac{\mu_p}{\mu_{pm}}\frac{s}{s_p} \\ F_{0y} &= C_{\alpha p}\alpha_p\frac{F_z}{F_{zn}}\frac{\mu_p}{\mu_{pm}}\frac{\alpha}{\alpha_p} \end{aligned}\right\} \tag{2-16}$$

式中：μ_{pm} 为良好干燥路面上的纵向峰值附着系数，实际反映了各种路面条件下的最大摩擦系数，其值约为1.05；μ_p 为当前路面的纵向峰值附着系数，同时也是当前路面的名义附着系数(即约定用纵向峰值附着系数表示某路面的附着系数)；F_{zn} 为名义法向载荷；F_z 为实际法向载荷；α_p 为纯侧偏工况下与侧偏力最大值对应的侧偏角；α 为当前侧偏角；$C_{\alpha p}$ 为侧偏刚度，它

满足 $C_{\alpha p}\alpha_p$ 等于最大侧偏力的条件。α_p 和 s_p 的定义见图 2-10。

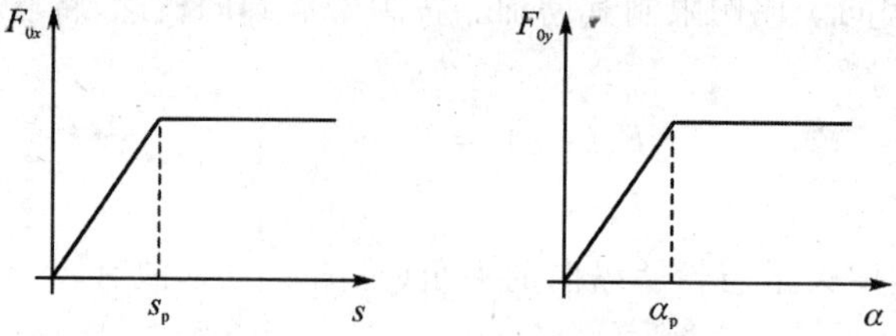

(a) 纵向力　　(b) 侧偏力

图 2-10　α_p 和 s_p 的定义

为使模型简单，还假定最大纵向力和最大侧偏力相等，即 $C_{\alpha p}\alpha_p = \mu_{pm}F_{zn}$ 。另外，忽略车轮侧倾角的影响。

联合工况下轮胎的水平合力是侧偏角、纵向滑动率和侧滑角的函数。粗略计算时，采用式(2-14)计算联合工况下的轮胎纵向力和侧向力。

为书写方便，定义正则化的无量纲参数如下：

$$\bar{F}_y = \frac{F_y}{C_{\alpha p}\alpha_p}$$

$$\bar{F}_x = \frac{F_x}{\mu_{pm}F_{zn}}$$

$$\bar{\alpha} = \frac{\alpha}{\alpha_p}$$

$$\bar{s} = \frac{s}{s_p}$$

$$\bar{F}_z = \frac{F_z}{F_{zn}}$$

联合工况下的轮胎纵向力和侧偏力表示[13]为

$$\left.\begin{aligned}\bar{F}_x &= \bar{s}\,\bar{\mu}_p\bar{F}_z\left[\frac{n^2(1-\bar{\alpha}^2)}{n^2-\bar{\alpha}^4}\right]^{\frac{1}{2}}\\ \bar{F}_y &= \bar{\alpha}\bar{\mu}_p\bar{F}_z\left[\frac{n^2-\bar{\alpha}^4(1-\bar{s}^2)-\bar{\alpha}^2\bar{s}^2}{n^2-\bar{\alpha}^4}\right]^{\frac{1}{2}}\end{aligned}\right\} \tag{2-17}$$

式中：n 是形状因子，其值一般根据轮胎试验数据在 0.9～1.1 内选取。

在达到或临近路面附着极限时，线性轮胎模型将不再适用。这对于 ABS、主动前轮转向(Active Front Steering，AFS)和 ESC 等主动控制系统来说，它们在介入控制时往往就是在达到或临近路面附着极限的时候。因此，寻找一个适用于在线估计的非线性轮胎模型是必要的，例如前面介绍的 Dugoff 模型。

2.1.4 Burckhardt 轮胎纵向力模型

Burckhardt 提出一种静态轮胎模型，轮胎-路面摩擦特性表示为

$$F_x(s,v) = [c_1(1-e^{-c_2 s}) - c_3 s]e^{-c_4\|v_s\|} \tag{2-18}$$

式中：c_1、c_2、c_3 和 c_4 是与路面有关的常数，根据轮胎实验或参数已知的其他轮胎模型得到；s 是滑动率(此处为绝对值)，其值域为[0, 1]。该模型参数 c_4 与速度有关，是考虑到摩擦力与速

度有关——一般是摩擦随速度增加而减小。

Kiencke 和 Daiss[14] 忽略式(2-18)中的速度依赖项，将摩擦力-滑动率曲线表示为

$$F_x(s) = C_s \frac{s}{c_1 s^2 + c_2 s + 1} \tag{2-19}$$

式中：C_s 是前面已经定义的纵滑刚度；c_1 和 c_2 是适当选择的参数。

Burckhardt 还提出更简单的三参数模型[15]，它与速度无关：

$$F_x(s) = c_1(1 - e^{-c_2 s}) - c_3 s \tag{2-20a}$$

或者

$$\mu_x(s) = c_1(1 - e^{-c_2 s}) - c_3 s \tag{2-20b}$$

图 2-11 所示为干沥青、松散砾石和黑冰路面的纵向力曲线，数据来自 Harned 等[16]，并被 Canudas-de-wit 等[17]引用。三种轮胎-路面摩擦曲线的参数 μ_p、μ_s 和 C_s 如表 2-1 所列。表中还列出了根据 μ_p、μ_s 和 C_s 拟合得到的 c_1、c_2 和 c_3 的值。

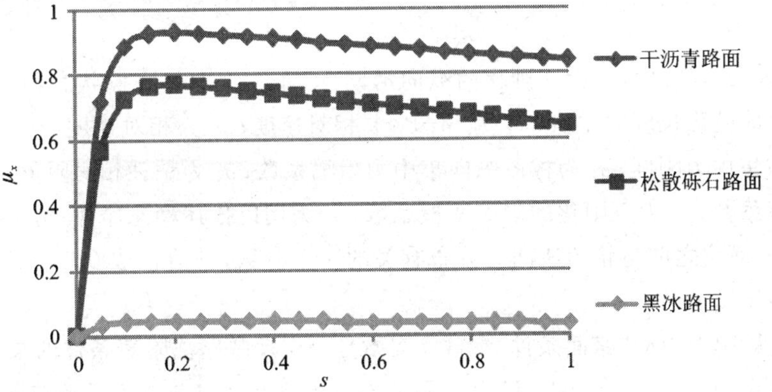

图 2-11　Burckhardt 轮胎模型

表 2-1　不同附着系数路面的 Burckhardt 轮胎模型参数

路面情况	μ_p	μ_s	C_s	c_1	c_2	c_3
干沥青	0.93	0.84	26.8	0.958	28.1	0.117
松散砾石	0.77	0.64	20.1	0.807	25.1	0.163
黑冰	0.044	0.035	1.11	0.047 1	23.9	0.012 5

2.1.5　LuGre 轮胎纵向力模型

前面介绍的轮胎模型都是在理想化的稳态条件下得到的。如果不是在重要性相对较低的匀速直线或圆周运动工况下，则该条件是不会出现的。就纵向力而言，瞬态工况下轮胎力并非沿着图 2-2 或图 2-10 所示的 $\mu-s$ 曲线变化。相反，此时轮胎力在 $\mu-s$ 平面内呈现“跳跃”特性。另外，真实工况下的这些变化还展现出滞回特性，它清楚地表明了摩擦的动态本质特性。动态摩擦模型就是试图捕捉轮胎与路面接触力在时变速度条件下的瞬态行为。

Edwards 和 Spurgeon 等[18] 采用滑模方法对汽车轮胎摩擦力进行估计，其中用到了 LuGre 轮胎模型[19]。虽然本书第 8 章在介绍滑模状态观测器时并没有采用文献[18]所给的

算例，且全书中也没有关于 LuGre 轮胎模型的例子，但因为这一能够反映轮胎力瞬态特性的轮胎模型在汽车动力学仿真和参数估计中有一定应用，因此下面介绍该模型。它是一个与速度有关的、用来描述轮胎与路面相互作用的动态摩擦模型。

一般来说，动态模型可以分为集中力模型和分布力模型。集中力模型假定轮胎与路面为点接触，对应的模型方程为常微分方程；分布力模型则假定轮胎与路面接触印迹内的法向力为某种形式的分布力，对应的模型方程为偏微分方程。

附着条件较差时，$\mu-s$ 曲线的峰值会降低，而峰值滑移率 s_p 的值也会变化。轮胎纵向力采用如下的 LuGre 集中力模型[17]：

$$\left.\begin{aligned}\dot{z} &= v_r - \theta\frac{\sigma_0\,|v_r|}{g(v_r)}z - \kappa\,|\omega_w r_r|\,z\\ F_x &= (\sigma_0 z + \sigma_1\dot{z} + \sigma_2 v_r)F_z\end{aligned}\right\} \tag{2-21}$$

式中：$g(v_r)$ 为一标量函数，定义为

$$g(v_r) = \mu_C + (\mu_s - \mu_C)e^{-|v_r/v_s|^{\alpha_0}} \tag{2-22}$$

式(2-21)和式(2-22)中：z 为正则化的纵向滑动率，亦称为内部摩擦状态，它是胎面切向变形量与轮胎纵向弛豫长度的比值；v_s 为 Stribeck 相对速度；v_r 为相对速度，$v_r = r_r\omega_w - v_w$①；σ_0 为橡胶纵向集中力刚度；σ_1 为橡胶纵向集中力阻尼系数；σ_2 为粘性相对阻尼系数；μ_C 为正则化的库仑摩擦系数；μ_s 为正则化的静态摩擦系数；α_0 为用以描述稳态摩擦/滑动特性的一个常数；κ 为集中力简化之前与轮胎法向力分布有关的一个参数，其值常取 0、1 或 2；θ 为“路面条件”参数，下面予以说明。

LuGre 轮胎模型中的“路面条件”参数 θ 实质是一个反映路面附着条件的乘子。如果将获得轮胎试验数据的路面条件下的 θ 设为 1，那么在附着系数比试验路面低的路面上则有 $\theta<1$，且附着系数越低，乘子 θ 的值越小。

下面给出若干个 LuGre 稳态模型的例子。图 2-12(a)所示为不同速度 v 下的纵向力系数曲线，其中 $\theta=1$ 代表高附着系数路面，其他参数如表 2-2 所列。图 2-12(b)所示为速度 $v=20$ m/s 固定不变、不同 θ 值时的纵向力系数曲线，其他参数也如表 2-2 所列。需要说明的是，此处 v 应为轮速 $r_r\omega_w$ 与车轮平动速度 v_w（均指绝对值）中的较大者。由图 2-12(a)可以看出，随着轮胎运动速度的提高，纵向力系数总体上呈下降态势。图 2-12(b)则说明乘子 θ 的确能反映路面附着条件的改变对纵向力系数的影响，或者更直接地说就是：乘子 θ 与路面名义附着系数是对应的。

表 2-2 用于图 2-12 的 LuGre 轮胎模型参数

参 数	σ_0 / m^{-1}	σ_2 /(s·m^{-1})	μ_C	μ_s	v_s /(m·s^{-1})	α_0	κ
值	42.5	0.001 5	0.635	1.45	7.5	0.75	1

① 按照此定义，制动工况下 v_r 为负，稳态时 z 和 F_x 也皆为负；驱动工况下 v_r 为正，稳态时 z 和 F_x 也皆为正。因此，该定义保证了轮胎纵向力正、负号与轮胎坐标系的一致性。

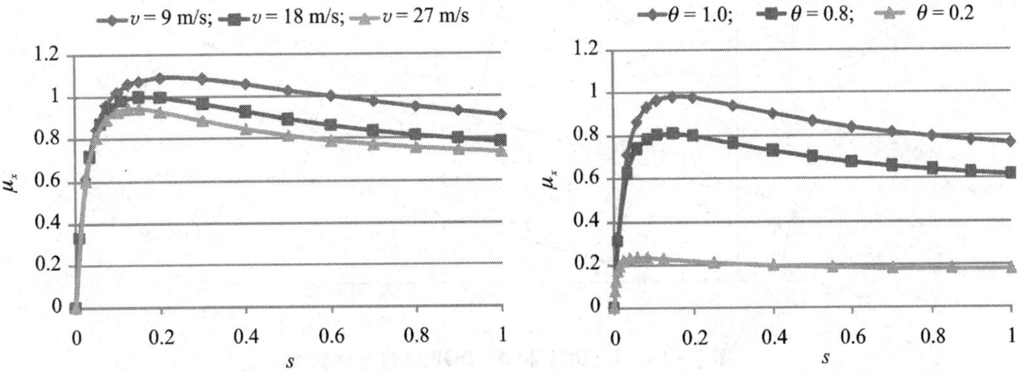

(a) $\theta=1$时不同速度下的μ-s曲线　　(b) v=20 m/s时不同θ值下的μ-s曲线

图 2－12　LuGre 稳态轮胎模型

2.2　用于参数估计的车辆模型

2.2.1　单轨车辆模型

为便于参数估计算法的实施，一般采用简化的线性或非线性车辆模型来设计算法。若采用线性模型，一般也采用小角度假设，即模型只在转向输入较小时成立。线性模型一般只适合正常行驶工况，可以理解为车辆纵向和侧向加速度都不大的情况。在某些极限行驶状况下轮胎力将出现饱和，车辆模型也因此成为非线性的。对于转弯工况，此时转角输入也可能较大。这些情况下，宜采用非线性模型。

如果假定车速为常数且不考虑侧倾运动，则可建立最简单的二自由度(2－DOF)单轨车辆模型，它包括横摆和侧偏两个自由度。如果考虑车辆的纵向运动自由度，则可建立三自由度(3－DOF)单轨车辆模型。当侧重于侧倾/侧翻动力学分析和控制的研究时，也单独建立车辆侧倾平面模型。

1. 2－DOF 单轨车辆模型

仅考虑建立简化的线性模型。为此，假定车速为常数、转向角较小。图 2－13 所示为单轨车辆模型的示意图。对于 2－DOF 模型，图中轮胎的纵向力不必画出，因为只考虑侧偏角 β 和横摆角速度 r 这两个自由度。车辆坐标系为右手系，其 z 轴(图中未画出)由图示的 x 轴和 y 轴确定，即垂直向上为正。重心速度矢量 $\mathbf{V}$ 可以分解为纵向速度 v_x 和侧向速度 v_y 。在小角度和车速为常数的假设下有

$$\beta\approx\frac{v_y}{v_x},\quad \dot{\beta}\approx\frac{\dot{v}_y}{v_x} \tag{2-23}$$

因图 2－13 中 α_{f} 和 α_{r} 皆为负，故小角度假设下轮胎侧偏角的表达式为

$$\left.\begin{aligned}\alpha_{\mathrm{f}}&=\frac{\beta+ar}{v_x}-\delta\\ \alpha_{\mathrm{r}}&=\frac{\beta-br}{v_x}\end{aligned}\right\} \tag{2-24}$$

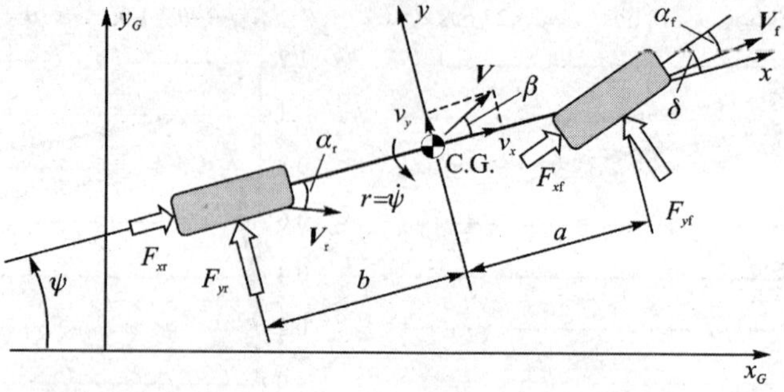

图 2-13　2-DOF 和 3-DOF 单轨车辆模型

利用式(2-23)、(2-24)和牛顿第二定律,并考虑到运动学关系 $a_y=\dot{v}_y+rv_x$，$a_x=\dot{v}_x-rv_y$（参见文献[11];第二个关系式将在推导 3-DOF 模型时用到),得到汽车水平面内运动的状态方程为

$$\left.\begin{aligned}\dot{\beta}&=\frac{\cos\delta}{mv_x}F_{yf}+\frac{1}{mv_x}F_{yr}-r\\ \dot{r}&=\frac{a\cos\delta}{I_z}F_{yf}-\frac{b}{I_z}F_{yr}\end{aligned}\right\}\tag{2-25}$$

将式(2-24)代入轮胎侧偏力线性模型式(2-5),则前、后轮的侧偏力分别为

$$\left.\begin{aligned}F_{yf}&=-C_{\alpha f}\left(\beta+\frac{ar}{v_x}-\delta\right)\\ F_{yr}&=-C_{\alpha r}\left(\beta-\frac{br}{v_x}\right)\end{aligned}\right\}\tag{2-26}$$

再将式(2-26)代入式(2-25),并考虑到转向角较小时 $\cos\delta\approx1$,有

$$\begin{bmatrix}\dot{\beta}\\ \dot{r}\end{bmatrix}=\begin{bmatrix}-\dfrac{\sigma}{mv_x} & \dfrac{\rho}{mv_x^2}-1\\ \dfrac{\rho}{I_z} & -\dfrac{\kappa}{I_zv_x}\end{bmatrix}\begin{bmatrix}\beta\\ r\end{bmatrix}+\begin{bmatrix}\dfrac{C_{\alpha f}}{mv_x}\\ \dfrac{C_{\alpha f}a}{I_z}\end{bmatrix}\delta\tag{2-27}$$

其中的辅助参数定义如下:

$$\left.\begin{aligned}\sigma&=C_{\alpha f}+C_{\alpha r}\\ \rho&=C_{\alpha r}b-C_{\alpha f}a\\ \kappa&=C_{\alpha f}a^2+C_{\alpha r}b^2\end{aligned}\right\}\tag{2-28}$$

需要说明的是,2-DOF 单轨模型中忽略了汽车重心位置的纵向变化对横摆转动惯量 I_z 的影响。对于紧凑级车辆等小型车辆,其重心位置纵向变化并不明显。但是对于客车和卡车等较大的车辆,汽车重心纵向位置的变化造成的横摆转动惯量的变化非常大,因此分析中不能忽略。

2. 3-DOF 单轨车辆模型

在 2-DOF 车辆模型基础上增加纵向运动自由度,则得到 3-DOF 单轨车辆模型(见图 2-13)。由于车速 v_x 不再假定为常数,故无论轮胎模型是否为线性,车辆模型都是非线性的。

车辆运动的状态方程为

$$\left.\begin{aligned}\dot{v}_x &= \frac{1}{m}[F_{xf}\cos\delta - F_{yf}\sin\delta + F_{xr}] + rv_y \\ \dot{v}_y &= \frac{1}{m}[F_{xf}\sin\delta + F_{yf}\cos\delta + F_{yr}] - rv_x \\ \dot{r} &= \frac{1}{I_z}[aF_{xf}\sin\delta + aF_{yf}\cos\delta - bF_{yr}]\end{aligned}\right\} \tag{2-29}$$

令 $\boldsymbol{x} = [v_x \quad v_y \quad r]^{\mathrm{T}}$ 为状态变量。若轮胎侧偏力与侧偏角成线性关系并仍采用小角度假设，则利用式(2－26)不难求出用状态变量表示侧偏力的表达式。因此，可令 $\boldsymbol{u} = [u_1 \quad u_2 \quad u_3]^{\mathrm{T}} = [\delta \quad F_{xf} \quad F_{xr}]^{\mathrm{T}}$ 为模型输入。当车轮滑动较小时，可认为纵向力 F_{xf} 和 F_{xr} 分别与作用于前、后轴的驱动力矩成正比，则车辆模型的非线性状态方程可简记为

$$\dot{\boldsymbol{x}} = \boldsymbol{f}(\boldsymbol{x},\boldsymbol{u}) \tag{2-30}$$

当前轮转角较小、轮胎侧向力处于线性范围内时，式(2－30)可以展开为

$$\left.\begin{aligned}\dot{x}_1 &= \frac{1}{m}\left[u_2 + C_{\alpha f}\left(\frac{x_2 + ax_3}{x_1} - u_1\right)u_1 + u_3\right] + x_3x_2 \\ \dot{x}_2 &= \frac{1}{m}\left[u_2u_1 - C_{\alpha f}\left(\frac{x_2 + ax_3}{x_1} - u_1\right) - C_{\alpha r}\left(\frac{x_2 - bx_3}{x_1}\right)\right] - x_3x_1 \\ \dot{x}_3 &= \frac{1}{I_z}\left[au_2u_1 - aC_{\alpha f}\left(\frac{x_2 + ax_3}{x_1} - u_1\right) + bC_{\alpha r}\left(\frac{x_2 - bx_3}{x_1}\right)\right]\end{aligned}\right\} \tag{2-31}$$

2.2.2　2－DOF 四轮车辆模型

如果能够满足参数估计需要，应尽量采用前面介绍的 2－DOF 单轨车辆模型，因为其计算量较小。但有时左、右两侧车轮的纵向力相差会很大，例如 ESC 进行单侧制动时。此种情形下，采用四轮模型是必要的。

图 2－14 所示为 2－DOF 四轮车辆模型示意图。

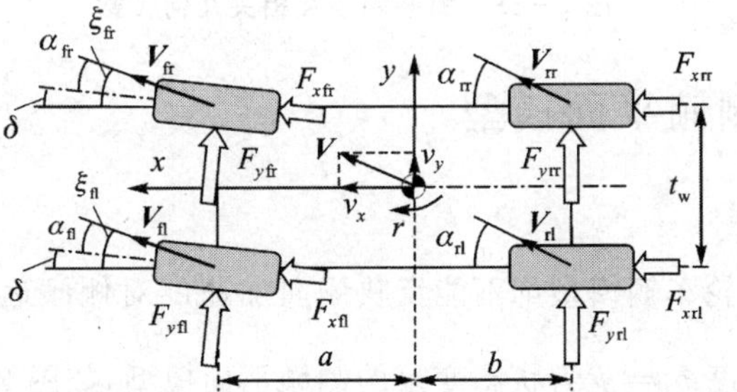

图 2－14　2－DOF 四轮车辆模型示意图

车辆侧向和横摆运动方程为

$$m(\dot{v}_y + rv_x) = F_{xf}\sin\delta + F_{yf}\cos\delta + F_{yr} \tag{2-32}$$

$$I_z\dot{r} = aF_{xf}\sin\delta + aF_{yf}\cos\delta - bF_{yr} + \frac{t_w}{2}[(F_{xfl} - F_{xfr})\cos\delta - (F_{yfl} - F_{yfr})\sin\delta + (F_{xrl} - F_{xrr})] \tag{2-33}$$

式中：$F_{xf} = F_{xfl} + F_{xfr}$，$F_{yf} = F_{yfl} + F_{yfr}$，$F_{yr} = F_{yrl} + F_{yrr}$。

根据运动关系，各车轮的侧偏角为

$$\left.\begin{aligned}\alpha_{fl}&=\xi_{fl}-\delta=\arctan\frac{v+ra}{u+rt_w/2}-\delta\\ \alpha_{fr}&=\xi_{fr}-\delta=\arctan\frac{v+ra}{u-rt_w/2}-\delta\\ \alpha_{rl}&=\xi_{rl}=\arctan\frac{v-rb}{u+rt_w/2}\\ \alpha_{rr}&=\xi_{rr}=\arctan\frac{v-rb}{u-rt_w/2}\end{aligned}\right\}\qquad(2-34)$$

考虑到载荷转移，各车轮的法向力为

$$\left.\begin{aligned}F_{zfj}&=\frac{bmg}{2L}-\frac{h_g ma_x}{2L}\mp\frac{ma_y}{t_w}\left(\frac{b}{L}h_1+\frac{k_{\phi f}}{k_\phi}h_\phi\right),\ j=1,r\\ F_{zrj}&=\frac{amg}{2L}+\frac{h_g ma_x}{2L}\mp\frac{ma_y}{t_w}\left(\frac{a}{L}h_2+\frac{k_{\phi r}}{k_\phi}h_\phi\right),\ j=1,r\end{aligned}\right\}\qquad(2-35)$$

式中：$k_{\phi f}$ 和 $k_{\phi r}$ 分别为前、后悬架的侧倾角刚度；k_ϕ 是总的侧倾角刚度，$k_\phi=k_{\phi f}+k_{\phi r}$；"+"和"−"应根据各车轮载荷增减与纵、横向加速度的关系合理确定；h_1、h_2 和 h_ϕ 分别为前、后悬架侧倾中心高度和非簧载质量重心至侧倾轴线的距离，如图 2-15 所示。如果纵向加速度未测量，则一般根据车速估计。

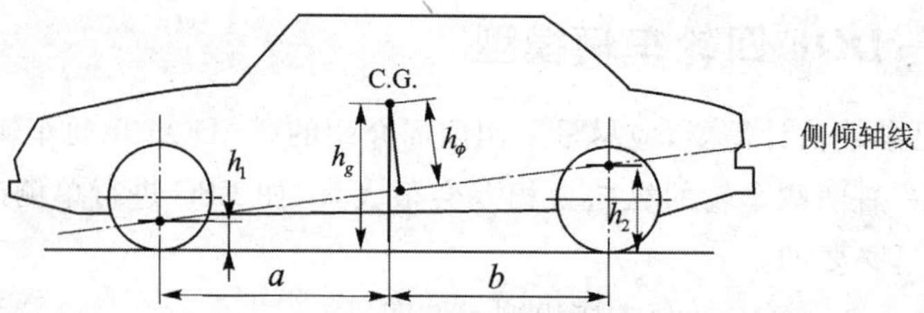

图 2-15　侧倾轴线及相关几何参数

2.2.3　车辆侧倾平面模型

1. 侧倾平面模型

以上单轨模型和四轮车辆模型都不能反映侧向加速度对侧倾运动的影响，因此建立一个以侧倾角 ϕ 和侧倾角速度 $p=\dot{\phi}$ 为状态变量的侧倾平面模型，如图 2-16 所示。

假设汽车所有质量为簧载质量(即忽略非簧载质量)、侧倾轴线为平行于地面的固定直线(即忽略前、后侧倾中心的高度差)。如图 2-16 所示，悬架系统施加于簧载质量的绕侧倾轴线的等效线性力矩定义为

$$\left.\begin{aligned}T_s&=k_\phi\phi\\ T_d&=c_\phi p\end{aligned}\right\}\qquad(2-36)$$

式中：c_ϕ 表示侧倾阻尼系数。根据侧倾平面内的力矩平衡，有如下关系：

$$I_{x_{eq}}\dot{p}+c_\phi p+k_\phi\phi=mh_\phi(a_y\cos\phi+g\sin\phi)\qquad(2-37)$$

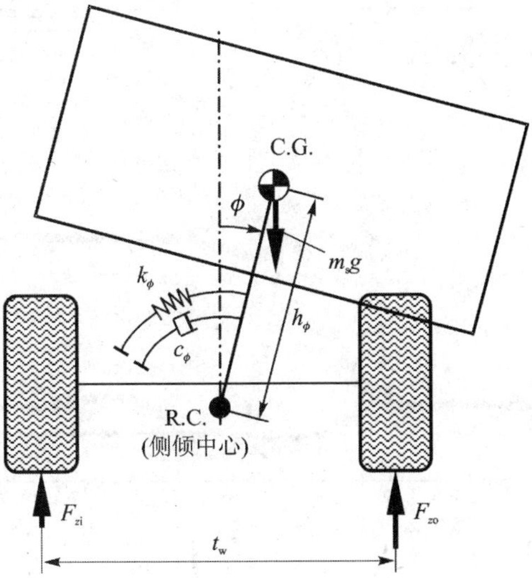

图 2-16　侧倾平面模型

式中：$I_{x_{eq}}$ 表示根据力学平移定理将重心高度变化计算在内的等效侧倾转动惯量。忽略重心高度的变化，则等效侧倾转动惯量为

$$I_{x_{eq}} = I_x + mh_\phi^2 \tag{2-38}$$

ϕ 不大时，有 $\cos\phi \approx 1$，$\sin\phi \approx \phi$，式(2-37)可以表示为如下的状态空间形式：

$$\begin{bmatrix} \dot{\phi} \\ \dot{p} \end{bmatrix} = \begin{bmatrix} 0 & 1 \\ -\dfrac{k_\phi - mgh_\phi}{I_{x_{eq}}} & -\dfrac{c_\phi}{I_{x_{eq}}} \end{bmatrix} \begin{bmatrix} \phi \\ p \end{bmatrix} + \begin{bmatrix} 0 \\ \dfrac{mh_\phi}{I_{x_{eq}}} \end{bmatrix} a_y \tag{2-39}$$

稳态时，令式(2-39)中的 $\dot{\phi}$ 和 $\dot{p}$ 皆为 0，则

$$h_\phi = \frac{k_\phi \phi}{m(g\phi + a_y)} \tag{2-40}$$

2. 包含侧倾自由度的单轨模型

该模型为考虑了侧向和侧倾动力学耦合的最简单模型，建模时假设 δ、ϕ 和 β 较小。在式(2-27)的基础上，经推导得到的包含侧倾自由度的汽车单轨模型运动方程为

$$\dot{\boldsymbol{x}} = \begin{bmatrix} -\dfrac{\sigma}{mv_x}\dfrac{I_{x_{eq}}}{I_x} & \dfrac{\rho}{mv_x^2}\dfrac{I_{x_{eq}}}{I_x} - 1 & \dfrac{h_\phi c_\phi}{I_x v_x} & -\dfrac{h_\phi(mgh_\phi - k_\phi)}{I_x v_x} \\ \dfrac{\rho}{I_z} & -\dfrac{\kappa}{I_z v_x} & 0 & 0 \\ \dfrac{h_\phi \sigma}{I_x} & -\dfrac{h_\phi \rho}{v_x I_x} & -\dfrac{c_\phi}{I_x} & \dfrac{mgh_\phi - k_\phi}{I_x} \\ 0 & 0 & 1 & 0 \end{bmatrix} \boldsymbol{x} + \begin{bmatrix} \dfrac{C_{\alpha f}}{mv_x}\dfrac{I_{x_{eq}}}{I_x} \\ \dfrac{C_{\alpha f} a}{I_z} \\ -\dfrac{h_\phi C_{\alpha f}}{I_x} \\ 0 \end{bmatrix} \delta \tag{2-41}$$

式中：状态向量 $\boldsymbol{x} = [\beta \quad r \quad p \quad \phi]^T$。图 2-17 所示为该模型在阶跃转向输入下的响应，其中转向盘转角输入为 30°，转向传动比为 18，仿真过程中汽车速度为 $v_x = 30$ m/s。

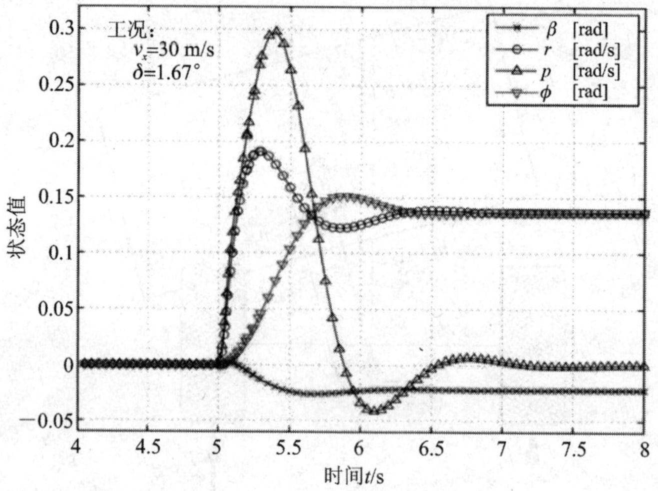

图 2-17　考虑侧倾自由度的单轨模型对阶跃转向输入的响应

3. 考虑道路横坡的车辆侧倾平面模型

图 2-18 所示为考虑道路横坡的车辆侧倾平面模型。图中 ϕ_B 表示坡度角，图示的坡度角为正（后视图上坡面相对于水平面逆时针转过一个较小角度）；ϕ_S 表示簧载质量重心与侧倾中心的连线相对于铅垂线转过的角度。

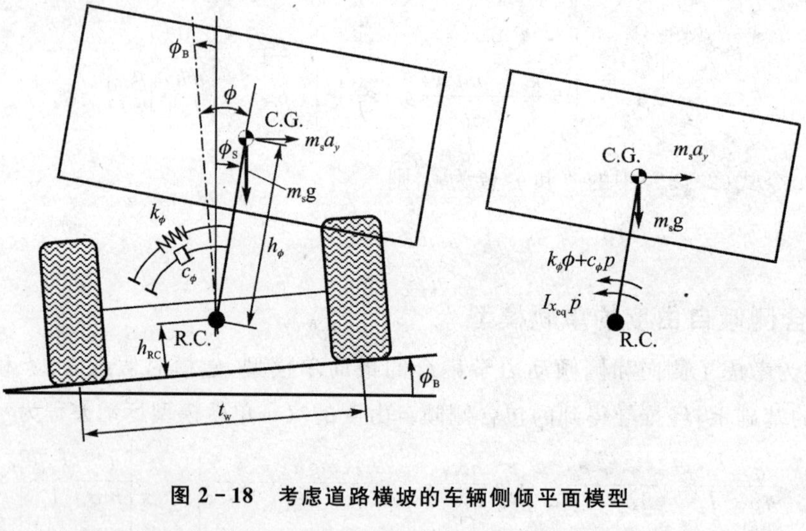

图 2-18　考虑道路横坡的车辆侧倾平面模型

以簧载质量为受力分离体，如图 2-18 右边所示（与左边相比缩小了比例）。假设坡度角变化缓慢，对侧倾中心的力矩平衡方程为

$$I_{x_{eq}}\dot{p} + c_\phi p + k_\phi \phi = m_s h_\phi (a_y \cos\phi_S + g\sin\phi_S) \tag{2-42}$$

考虑到 $\phi_S = \phi - \phi_B$，并采用小角度假设，式(2-42)简化为

$$I_{x_{eq}}\dot{p} + c_\phi p + (k_\phi - m_s g h_\phi)\phi = m_s h_\phi (a_y - g\phi_B) \tag{2-43}$$

2.3　车轮旋转运动模型

轮胎的纵向力(驱动力或制动力)与其滑动率关系密切,且它们都与车轮的旋转运动有关。在车辆主动控制系统中,给车轮施加并调节驱动力矩或制动力矩的目的就是获得期望的车轮运动状态,以便得到期望的滑动率和纵向力。

不失一般性,假设车轮上同时作用有驱动力矩和制动力矩。这种情况实际当中也可能发生,例如汽车在对开路面上起步时。若在低附着一侧的驱动轮因驱动力矩过大而过度滑转,TCS 将在该车轮上施加一个适当的制动力矩。图 2－19 为车轮受力分析图。

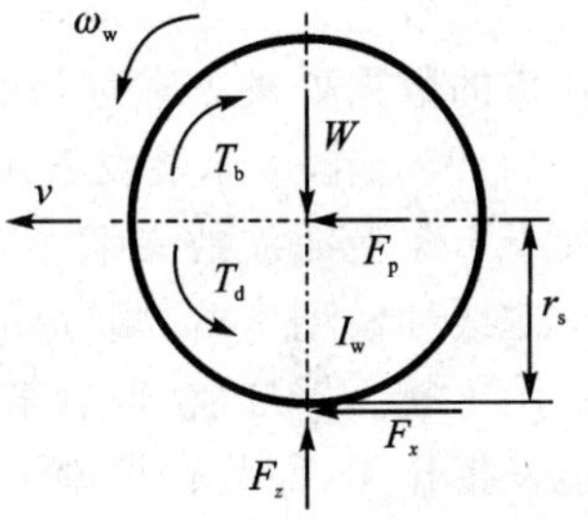

图 2－19　车轮旋转动力学模型

车轮旋转运动方程为

$$I_w\dot{\omega}_w = -F_x r_s + T_d - T_b \tag{2-44}$$

式中:I_w 为车轮旋转转动惯量;T_d 和 T_b 分别为驱动力矩和制动力矩;F_x 为轮胎纵向力,它是法向力 F_z 和纵向力系数 μ_x 的乘积,即 $F_x = \mu_x F_z$;r_s 为轮胎静力半径。

F_z 与车轮静载 F_{zs} 及车辆加速度 a_x 有关。若仅考虑纵向载荷转移而忽略侧向载荷转移的影响,则

$$F_z = F_{zs} \mp \frac{1}{2} m a_x h_g / L \tag{2-45}$$

式中的"＋"和"－"分别适用于后轮和前轮。

纵向力系数 μ_x 与车轮滑动率及路面种类有关。可参考图 2－2 和图 2－10 并根据参数估计的实际要求选择一合适的轮胎纵向力模型。

若定义制动器增益 C_p 为单位轮缸压力产生的制动器制动力矩,则

$$T_b = C_p p_w \tag{2-46}$$

式中:p_w 为轮缸压力。

将式(2－46)两边同乘以用 r_r,并忽略轮胎静力半径和有效滚动半径的差别,则该式又可表示为轮速 v_w 的导数形式:

$$I_w \dot{v}_w = -r_r^2 F_x + r_r T_d - r_r T_b \tag{2-47}$$

第 3 章　卡尔曼滤波

参数估计问题与最优滤波及状态估计问题密切相关。把所需信号与无用干扰(噪声)分离开来的数据处理方案称为滤波器。

1960 年,卡尔曼发表了一篇采用递推算法求解离散变量线性滤波问题的论文,这是最早关于卡尔曼滤波的文献。如果能将非线性问题进行适当的线性化,使得卡尔曼滤波扩展应用于非线性模型求解,则称为扩展卡尔曼滤波(Extended Kalman Filter,EKF)。卡尔曼滤波最初用于航天器导航,但后来发现在其他领域也能发挥作用。卡尔曼滤波不仅在实践中能很好地发挥作用,而且在理论上也有其吸引人的地方。在所有可能的滤波器中,卡尔曼滤波能够做到使估计误差的方差最小。它主要用于估计那些只能由系统自身间接观察或不能准确观察的系统状态,常常用于嵌入式控制系统。S. G. Mohinder 和 P. A. Angus[20] 对卡尔曼滤波和 EKF 的广泛研究及大量应用进行了综述。

本章主要介绍卡尔曼滤波的基本概念和算法。以汽车 ABS 和 ESC 中信号处理为例介绍如何利用它对车轮角速度、车辆侧向加速度和侧偏角等信号进行滤波处理,并估计车轮角加速度。

3.1　卡尔曼滤波概述

3.1.1　线性系统

为了能用卡尔曼滤波将噪声从信号中去除,需要用线性系统对测量过程进行描述。有很多物理过程都能近似为线性系统,如沿着路面行驶的车辆、绕地球运行的卫星或者由绕组电流驱动的电机轴等。对于线性系统,可以用下面的状态方程和输出方程描述:

$$\boldsymbol{x}_{k+1} = \boldsymbol{A}\boldsymbol{x}_k + \boldsymbol{B}\boldsymbol{u}_k + \boldsymbol{w}_k \tag{3-1}$$

$$\boldsymbol{y}_k = \boldsymbol{C}\boldsymbol{x}_k + \boldsymbol{z}_k \tag{3-2}$$

式中:$\boldsymbol{A}$、$\boldsymbol{B}$ 和 $\boldsymbol{C}$ 为矩阵;k 为时间序列下标;$\boldsymbol{x}$ 为系统状态;$\boldsymbol{u}$ 为已知的系统输入;$\boldsymbol{y}$ 为输出的测量值;$\boldsymbol{w}$ 和 $\boldsymbol{z}$ 分别为过程噪声和测量噪声。多数情况下这些量都是矢量。$\boldsymbol{x}$ 包含了系统当前状态的全部信息,但并未进行直接测量。所测量的是 $\boldsymbol{x}$ 的函数 $\boldsymbol{y}$,但混入了噪声 $\boldsymbol{z}$。应当可以利用 $\boldsymbol{y}$ 的值来确定 $\boldsymbol{x}$ 的值,但不一定采用其混有噪声的直接测量值。测量值就像一个政客:只可在一定范围利用其给出的信息,但不能全信。

例如,设想要对一个直线行驶的车辆建模,其状态用车辆位置 p 和车速 v_x 表示。输入 $\boldsymbol{u}$ 是目标加速度而输出 $\boldsymbol{y}$① 是位置测量值。假设每隔时间 T 加速度改变一次并测量一次位置。这样,速度方程就是

$$v_{x_{k+1}} = v_{x_k} + Tu_k \tag{3-3}$$

但式(3-3)并不能给出 v_{k+1} 的精确值,因为速度可能受到噪声的干扰,譬如阵风和道路坑洞等。速度噪声是一个随机变量,它随时间变化。因此,更为真实的一个速度方程是

$$v_{x_{k+1}} = v_{x_k} + Tu_k + \tilde{v}_k \tag{3-4}$$

---

① 当输入或输出等矢量或矩阵只有一个分量或元素时,自动改用标量书写。以下不再一一说明。

式中：$\tilde{v}_k$ 代表速度噪声。类似地，也可以推导出如下的位置方程：

$$p_{k+1} = p_k + Tv_{x_k} + \frac{1}{2}T^2 u_k + \tilde{p}_k \tag{3-5}$$

式中：$\tilde{p}_k$ 是位置噪声。

定义状态矢量为

$$\boldsymbol{x}_k = \begin{bmatrix} p_k \\ v_{x_k} \end{bmatrix} \tag{3-6}$$

测量的输出量是位置，最后得到系统的方程为

$$\left.\begin{aligned} \boldsymbol{x}_{k+1} &= \begin{bmatrix} 1 & T \\ 0 & 0 \end{bmatrix}\boldsymbol{x}_k + \begin{bmatrix} T^2/2 \\ T \end{bmatrix}u_k + w_k \\ y_k &= \begin{bmatrix} 1 & 0 \end{bmatrix}\boldsymbol{x}_k + z_k \end{aligned}\right\} \tag{3-7}$$

式中：作为测量噪声的 z_k，可能是由诸如仪器误差等引起的。如果要用某种反馈系统（例如ACC）来控制车辆，就需要位置 p 和车速 v_x 的准确估计值。换句话说，就是要估计状态 $\boldsymbol{x}$。这样，就可以用卡尔曼滤波了。

3.1.2　卡尔曼滤波理论和算法

对于式(3-1)或式(3-7)所示的线性系统，现在的问题是如何根据 $\boldsymbol{y}$ 的测量值来估计系统状态 $\boldsymbol{x}$。虽然并没有直接测量 $\boldsymbol{x}$，仍然希望 $\boldsymbol{x}$ 的估计值最接近其真实值。所要寻找的估计器应当满足怎样的准则呢？容易想到以下的要求：

①状态估计的均值要等于状态真实值的均值。从数学上说，就是估计的期望值应该等于状态的期望值。

②状态估计相对真实状态的偏离要尽可能小。从数学上来说，就是要找到一个估计器，其误差的方差是最小的。

卡尔曼滤波满足上面两条准则。但还需要它满足对系统噪声提出的特定假设。这些假设是：w 和 z 各自的均值须为零，且它们互不相关（或者说在任何时候它们都是相互独立的随机变量）。它们的方差分别定义为

$$\left.\begin{aligned} \boldsymbol{S}_w &= E(\boldsymbol{w}_k\boldsymbol{w}_k^{\mathrm{T}}) \\ \boldsymbol{S}_z &= E(\boldsymbol{z}_k\boldsymbol{z}_k^{\mathrm{T}}) \end{aligned}\right\} \tag{3-8}$$

卡尔曼滤波器对状态值进行估计采用滤波方程或称卡尔曼方程，它有多种表达形式。这里采用以下形式：

$$\left.\begin{aligned} \hat{\boldsymbol{x}}_{k+1}^{-} &= \boldsymbol{A}\hat{\boldsymbol{x}}_k + \boldsymbol{B}\boldsymbol{u}_k \\ \boldsymbol{P}_{k+1}^{-} &= \boldsymbol{A}\boldsymbol{P}_k\boldsymbol{A}^{\mathrm{T}} + \boldsymbol{S}_w \\ \boldsymbol{K}_{k+1} &= \boldsymbol{P}_{k+1}^{-}\boldsymbol{C}^{\mathrm{T}}(\boldsymbol{C}\boldsymbol{P}_{k+1}^{-}\boldsymbol{C}^{\mathrm{T}} + \boldsymbol{S}_z)^{-1} \\ \hat{\boldsymbol{x}}_{k+1} &= \hat{\boldsymbol{x}}_{k+1}^{-} + \boldsymbol{K}_{k+1}(\boldsymbol{y}_{k+1} - \boldsymbol{C}\hat{\boldsymbol{x}}_{k+1}^{-}) \\ \boldsymbol{P}_{k+1} &= (\boldsymbol{I} - \boldsymbol{K}_{k+1}\boldsymbol{C})\boldsymbol{P}_{k+1}^{-} \end{aligned}\right\} \tag{3-9}$$

上述卡尔曼滤波包括五个步骤，每一步骤都包含矩阵运算。

第一步，根据上一采样时刻的状态预测值和当前输入，按照状态方程向前推算状态值为 $\hat{\boldsymbol{x}}_{k+1}^{-} = \boldsymbol{A}\hat{\boldsymbol{x}}_k + \boldsymbol{B}\boldsymbol{u}_k$。假如没有测量系统的输出，$\hat{\boldsymbol{x}}_{k+1}^{-}$ 就将作为系统新的状态估计。$(\boldsymbol{A}\hat{\boldsymbol{x}}_k + \boldsymbol{B}\boldsymbol{u}_k)$ 随时间转移，就如同状态矢量在系统模型中一样。

第二步，向前推算得到误差的协方差矩阵 $\boldsymbol{P}$。

第三步，计算卡尔曼增益矩阵 $\boldsymbol{K}$。

第四步，用当前测量值更新状态估计值。这一步方程右边的第二项称为修正项，它代表了根据测量对随时间转移的状态估计进行修正的量。

第五步，更新误差协方差。

以上五个步骤中的前两步称为时间更新或“预测”，而后三步为测量更新或“修正”。

分析 $\boldsymbol{K}$ 方程（即式(3-9)中的第三个式子）会发现，如果测量噪声较大，则 $\boldsymbol{S}_z$ 也较大，而 $\boldsymbol{K}$ 会较小。这样，在计算下一步的 $\hat{\boldsymbol{x}}$ 时对测量值的信任度就不那么高。相反，如果测量噪声较小，则对测量值的信任度就会比较高。

3.1.3 卡尔曼滤波的实际应用和扩展

虽然卡尔曼滤波的基本思想很清楚，但其滤波方程过多地依赖于矩阵的代数运算。当系统状态数多于 3 个时，程序和计算量会很大。求逆矩阵的计算量与矩阵阶数的 3 次方成正比。即使是一个中等规模的卡尔曼滤波问题，其求解所占用的时间也较长。而稳态卡尔曼滤波可以在给出较好估计的同时大大缩短运算时间。稳态卡尔曼滤波中的矩阵 $\boldsymbol{K}_k$ 和 $\boldsymbol{P}_k$ 都是常数矩阵，可以在程序中采用硬编码（就是直接作为固定内容写入程序，而不是作为变量）方式进一步节省运算时间。这样，只要对卡尔曼方程中的 $\hat{\boldsymbol{x}}$ 方程（即式(3-9)中的第一和第四个方程）进行实时运算即可，它们只是由一些简单的乘法和加法构成。譬如在 3.2 节中的车轮加速度估计的例子中，在经过若干步的迭代运算后，矩阵 $\boldsymbol{K}_k$ 和 $\boldsymbol{P}_k$ 的值将不再变化，分别为 $[0.2396 \quad 6.5507]^{\mathrm{T}}$ 和 $\begin{bmatrix} 0.239 & 6.53 \\ 6.53 & 383.3 \end{bmatrix}$。这对于汽车动力学实时控制非常有利，因为汽车上所用的单片机受成本等因素的制约，难以在有限的时间内完成过于复杂的运算。

以上讨论的卡尔曼滤波全部是针对线性系统的。然而，工程实际当中的问题几乎都是非线性的。有些问题通过近似可以线性化，有些则不能。前面已经提到，对于非线性系统的估计问题则采用 EKF，即通过非线性状态方程在工作点附近局部线性化，EKF 就能通过使系统简化将线性卡尔曼滤波理论扩展应用于非线性系统。

到目前为止，仅讨论了根据测量值每次只对状态进行一步估计。在已经得到测量值的全部时间历程信息的前提下，如果要估计出状态的时间函数会怎么样呢？比如，能否事后（非实时）重构出车轮加速度的“运动轨迹”？至少直观感觉更好，因为在估计 x_k 时，不仅可以利用 t_k 及其以前的测量值，还可以利用在此之后的测量值。针对该问题改进卡尔曼滤波算法，就得到所谓“卡尔曼平滑器”(Kalman smoother)。

前面还提到卡尔曼滤波在理论上可以做到在所有可能的滤波器中使估计值误差的方差最小。但如果更关心估计值在最坏情况下的误差又如何呢？或者如果想使得“最坏”误差最小而不是平均误差最小会怎样？这个问题可以用 H_∞ 滤波来解决。

卡尔曼滤波理论假设过程噪声与测量噪声是相互独立的。如果该假设不满足会怎样？此类相关噪声问题也可以通过改进卡尔曼滤波算法加以解决。更进一步，卡尔曼滤波需要噪声方差是已知的，但如果并不知道这些方差或者其方差是时变的又会怎样？这种情况下如何获得最优估计？答案是也可以用 H_∞ 滤波来求解。

3.2 卡尔曼滤波在汽车主动控制中的应用

本节以 ABS 和 ESC 等汽车主动控制中信号处理为例，介绍如何用卡尔曼滤波估计车轮角加速度、车辆侧向加速度和侧偏角等参数。

3.2.1　车轮角加速度估计

下面以汽车 ABS 为例介绍如何用卡尔曼滤波估计车轮的角加速度。在 ABS 的控制中，车轮角加速度是主要的控制量。图 3-1 中给出了实测的轮速信号，因为测量的轮速中混有干扰信号(噪声)甚至畸变信号，必须在去除畸变信号并进行滤波等处理后才能用于 ABS 的门限值控制。为了理解这一点，可以用轮速增量除以采样时间间隔(一阶差分)这个简单方法来计算车轮角加速度(简称车轮加速度，是车轮角加速度与车轮有效滚动半径的乘积)。若用 a_{w2} 表示该结果，则在第 k 个采样时刻有 $a_{w2_k}=\dfrac{v_{w_k}-v_{w_{k-1}}}{T_s}$。从图 3-1 可以看出，这样得到的车轮加速度波动非常大，若以它为控制依据，甚至在车辆未制动的匀速行驶状态下也会超过设定的门限值而导致误控制。对于 ABS 来说这是不允许的。解决这个问题的方法有很多，比如带通滤波或拟合。这里采用卡尔曼滤波方法来处理。

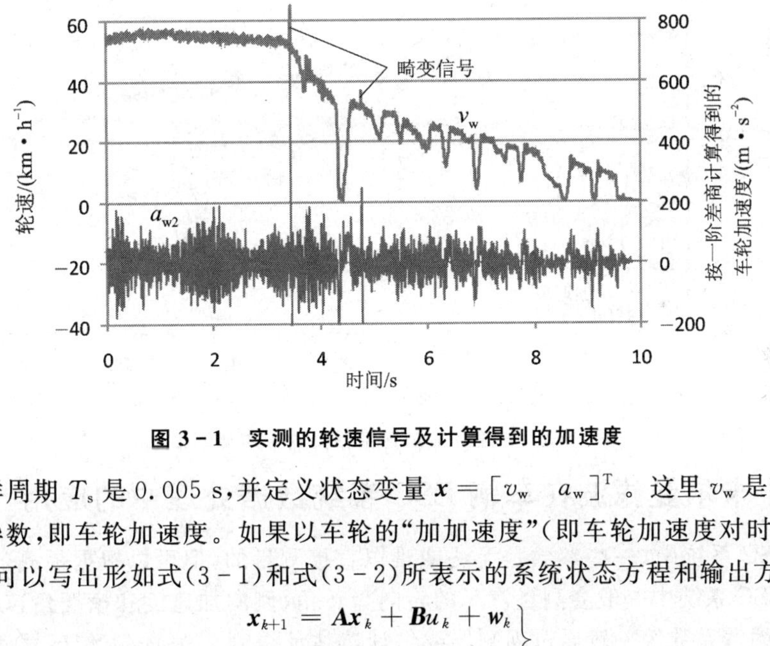

图 3-1　实测的轮速信号及计算得到的加速度

假设采样周期 T_s 是 0.005 s，并定义状态变量 $\boldsymbol{x}=[v_w \quad a_w]^T$。这里 v_w 是轮速，a_w 是轮速对时间的导数，即车轮加速度。如果以车轮的“加加速度”(即车轮加速度对时间的导数) j_w 为输入 u，则可以写出形如式(3-1)和式(3-2)所表示的系统状态方程和输出方程为

$$\left.\begin{aligned}\boldsymbol{x}_{k+1}&=\boldsymbol{A}\boldsymbol{x}_k+\boldsymbol{B}u_k+\boldsymbol{w}_k\\ y_k&=\boldsymbol{C}\boldsymbol{x}_k+z_k\end{aligned}\right\} \tag{3-10}$$

式中：$\boldsymbol{A}=\begin{bmatrix}1 & T_s\\ 0 & 1\end{bmatrix}$，$\boldsymbol{B}=\begin{bmatrix}\frac{1}{2}T_s^2\\ T_s\end{bmatrix}$，$\boldsymbol{C}=[1 \quad 0]$。用一段匀速行驶的轮速数据可以估计出轮速测量误差的标准差 σ_{zv} 约为 0.998 4 km/h，所以其方差 σ_{zv}^2 为 0.998 4^2 (km/h)^2，直接得到 $S_z=$ 0.996 8 (km/h)^2。矩阵 $\boldsymbol{S}_w$ 则需要推导。根据系统状态方程展开后的第一个式子，知道轮速与其加加速度的比例系数为 $\frac{1}{2}T_s^2$。假设加加速度过程噪声的标准差为 σ_{wj}，则根据线性系统输入和输出误差的传递关系，得到轮速的过程噪声标准差 $\sigma_{wv}=\frac{1}{2}T_s^2\sigma_{wj}$。类似地，根据系统状态方程展开后的第二个式子则得到车轮加速度的过程噪声标准差 $\sigma_{wa}=T_s\sigma_{wj}$。因为暂时还没

有 σ_{wj} 的任何信息，因此就无法确定 σ_{wv} 和 σ_{wa}。但可以采用试凑的办法先给 σ_{wj} 假定一个值，看滤波后的轮速和车轮加速度是否合理以及满足 ABS 控制的要求。最后发现 $\sigma_{wj}=1\,500\ (\text{km/h})/\text{s}^3$ 时有较满意的滤波效果，此时 $\sigma_{wv}=0.018\,75\ \text{km/h}$，$\sigma_{wa}=7.5\ (\text{km/h})/\text{s}$。车轮速度噪声与加速度噪声的协方差则等于二者标准差的乘积，即 $0.018\,75\times7.5\approx0.140\,6\ (\text{km/h})^2/\text{s}$。把这些结果综合在一起，略去它们的单位，最后得到

$$\boldsymbol{S}_{\text{w}}=E(\boldsymbol{x}\boldsymbol{x}^{\text{T}})=E\left(\begin{bmatrix}v_{\text{w}}\\a_{\text{w}}\end{bmatrix}\begin{bmatrix}v_{\text{w}} & a_{\text{w}}\end{bmatrix}\right)=E\begin{bmatrix}v_{\text{w}}^2 & v_{\text{w}}a_{\text{w}}\\a_{\text{w}}v_{\text{w}} & a_{\text{w}}^2\end{bmatrix}=\begin{bmatrix}3.515\,6\times10^{-4} & 0.140\,6\\0.140\,6 & 56.25\end{bmatrix}$$

现在的问题是根据已有的信息，仍然不能确定作为系统输入的加加速度。为了能够运用卡尔曼滤波，可以假设输入恒为零。采用式(3-9)的卡尔曼方程对去除畸变信号后的轮速进行滤波，即得到轮速和车轮加速度的估计 $\hat{v}_{\text{w}}$ 和 $\hat{a}_{\text{w}}$。图 3-2 所示为一段时间内滤波前后的轮速及其加速度。图中还给出了 ABS 减压控制时的车轮加速度门限，它需要通过实车试验进行标定。可以看出，噪声得到了有效过滤，且在未制动时 $\hat{a}_{\text{w}}$ 也不会超出减压门限值而导致误控制。大约在 3.7 s，由于 $\hat{a}_{\text{w}}$ 达到减压门限值，ABS 将对该车轮实施减压控制。

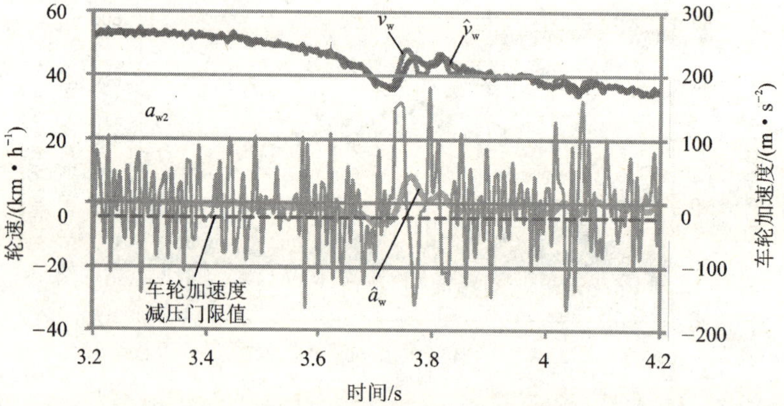

图 3-2　轮速及其加速度估计的卡尔曼滤波

3.2.2　卡尔曼滤波在车辆 ESC 系统数据处理中的应用

在车辆 ESC 系统中，一些参数是无法或难以直接测量的，但可以根据易测的车辆参数来估计。例如，ESC 系统中一般会测量汽车的转向盘转角、侧向加速度和横摆角速度等，而车辆侧偏角和路面附着系数等一般通过观测器或估计器估计得到。然而，由传感器测量得到的侧向加速度和横摆角速度通常都含有噪声干扰，直接将它们发送给观测器或估计器进行参数估计将带来很大的估计误差。解决的办法可以是通过某种形式的滤波和/或拟合等数据处理方法，先将测量信号中的噪声和畸变信号过滤掉。

本小节以侧向加速度和横摆角速度为例，说明如何采用卡尔曼滤波滤除测量信号中的噪声干扰。侧向加速度和横摆角速度原始数据(实测数据)由实车试验得到，采样周期 T_s 为 0.02 s。先介绍侧向加速度的滤波，其状态变量定义为 $\boldsymbol{x}=[a_y\quad \dot{a}_y]^{\text{T}}$。如果以 $\ddot{a}_y$ 作为输入 u，便可得到与式(3-10)类似的系统状态方程和输出方程。利用 3.2.1 节“车轮角加速度估计”中介绍的方法可求得测量方差 $S_z=0.025$，确定过程方差 $\boldsymbol{S}_{\text{w}}=\begin{bmatrix}10^{-6} & 10^{-4}\\10^{-4} & 0.01\end{bmatrix}$。图 3-3(a)所示为一段侧向加速度原始采样信号，图 3-3(b)所示为部分时间段内滤波前、后的对比图，此

图及随后几个图中的“KF 滤波”即表示卡尔曼滤波。可以看出，卡尔曼滤波较好地过滤了原始信号中的噪声。

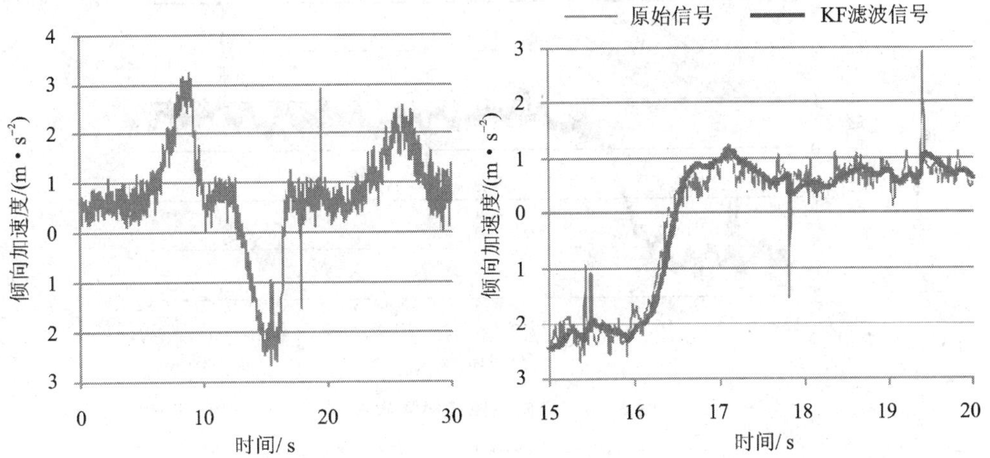

(a) 原始信号　　(b) 卡尔曼滤波

图 3-3　侧向加速度的卡尔曼滤波

原始信号中出现畸变点之后，采用卡尔曼滤波得到的信号将在随后一段时间内偏离其真实值较多(参见后面的图 3-6 进一步了解其影响)。为解决畸变信号带来滤波偏离问题，可在卡尔曼滤波之前对实采数据先进行限幅滤波。所谓“限幅滤波”，就是将当前采样点的值与前一采样时刻限幅滤波后的值相比，若变化幅度超过一定范围，则通过限制其增、减幅实现滤波。限幅滤波的表达式为

$$\hat{x}_{k+1}=\begin{cases}x_{k+1}, & \text{如果 } |x_{k+1}-\hat{x}_k|\leqslant \varepsilon_0\\ \hat{x}_k+\varepsilon_0, & \text{如果 } x_{k+1}>\hat{x}_k+\varepsilon_0\\ \hat{x}_k-\varepsilon_0, & \text{如果 } x_{k+1}<\hat{x}_k-\varepsilon_0\end{cases}\tag{3-11}$$

式中：x_k 和 $\hat{x}_k$($k=1,2,\cdots$ 为采样序号)分别是限幅滤波前、后的值；ε_0($\varepsilon_0>0$)为限幅滤波的增幅和减幅限值。

分析图 3-3 中的原始信号可以发现，有时连续 2 个采样点的信号值差异很大，这在侧向加速度较小以及变化缓慢时表现得更为明显。限幅滤波主要目的是去除原始信号中的畸变。ε_0 的大小应适中，其取值可根据实际信号的最大变化率及畸变情况确定。若 ε_0 太大，则去除畸变信号的效果变弱；相反，若 ε_0 太小，则当真实信号快速变化时因限幅作用导致限幅滤波后得到的信号失真。图 3-4 给出了 $\varepsilon_0=0.2\ \mathrm{m/s^2}$ 时的限幅滤波结果，从中可以看出畸变信号得到较大程度的去除，同时当侧向加速度信号快速变化时，限幅滤波未造成滞后。

下面对限幅滤波之后的信号进行卡尔曼滤波。对于图 3-4 限幅滤波后的侧向加速度信号，取 $S_z=0.015$，$\boldsymbol{S}_w=\begin{bmatrix}10^{-6} & 10^{-4}\\ 10^{-4} & 0.01\end{bmatrix}$ 进行卡尔曼滤波，结果如图 3-5 所示。

滤波存在一个永恒的问题，那就是要想滤波效果平滑就会产生滞后，滤波后曲线越平滑则往往滞后越大。由图 3-5 可见，将卡尔曼滤波与简单滤波相结合可以达到较好的效果，曲线平滑又不会产生较大滞后。将图 3-3 中直接卡尔曼滤波后的曲线与图 3-5 中经限幅滤波后再进行卡尔曼滤波得到的曲线进行对比，结果如图 3-6 所示。

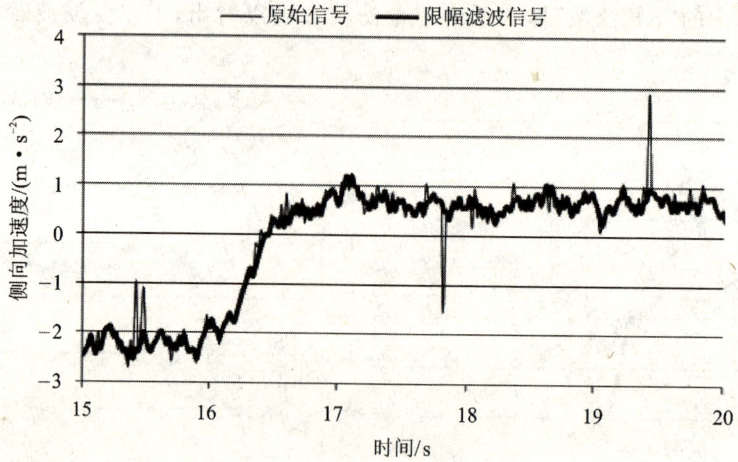

图 3-4 侧向加速度限幅滤波

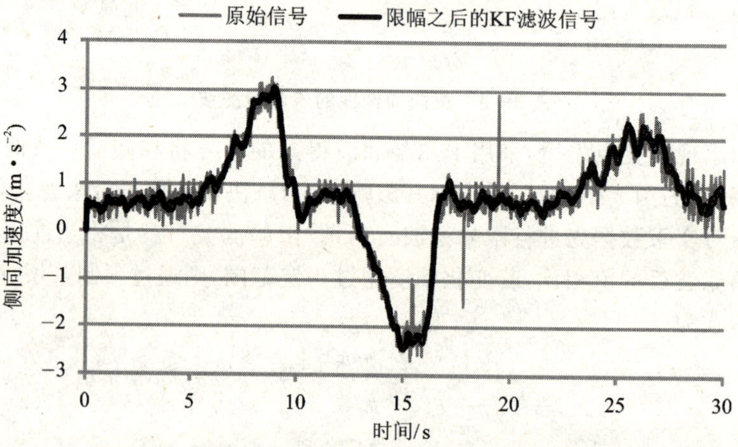

图 3-5 侧向加速度限幅滤波后的卡尔曼滤波

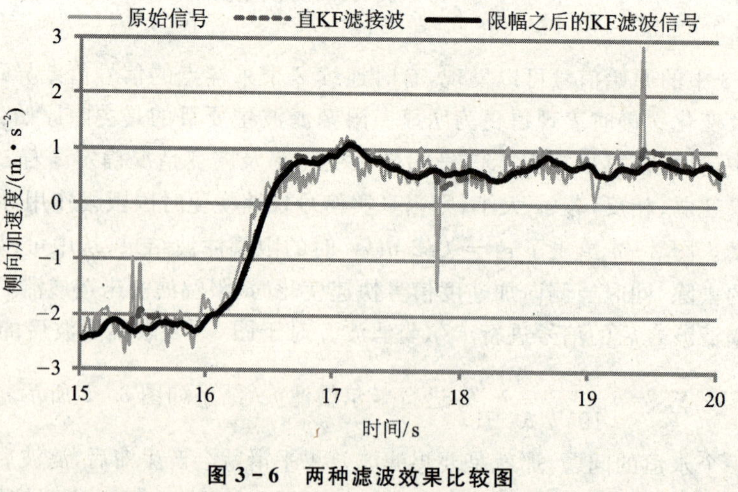

图 3-6 两种滤波效果比较图

当然，如果原始信号的局部振荡不明显（即信号中没有明显的畸变），也可以直接采用卡尔曼滤波进行处理，这样就简化了算法。图 3-7 所示为直接对传感器测得的横摆角速度进行卡尔曼滤波的结果。

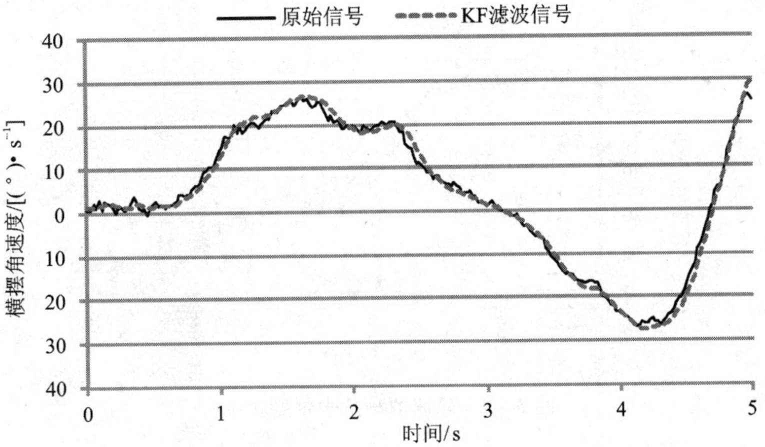

图 3-7　横摆角速度的卡尔曼滤波

3.2.3　一阶卡尔曼滤波

本节前面所介绍的轮速、侧向加速度和横摆角速度卡尔曼滤波都是二阶的。有时可能只对某一被测量本身感兴趣，并不需要知道其导数值。这时，可以采用更简单的一阶卡尔曼滤波，下面将说明它与一阶惯性环节（属于低通滤波）具有完全相同的滤波效果。

假设所测量的量是含有噪声的，就像前面测量得到的轮速、侧向加速度和横摆角速度那样。下面的例子中，"过程"用下面的线性差分方程描述：

$$x_{k+1} = Ax_k + Bu_k + w_k = x_k + w_k \tag{3-12}$$

而测量方程为

$$y_k = Cx_k + z_k = x_k + z_k \tag{3-13}$$

上述两个方程相当于假定 $A = 1$、$B = 0$ 和 $C = 1$。时间更新方程为

$$\left.\begin{aligned} \hat{x}_{k+1}^- &= \hat{x}_k \\ P_{k+1}^- &= P_k + S_w \end{aligned}\right\} \tag{3-14}$$

而测量更新方程为

$$\left.\begin{aligned} K_{k+1} &= P_{k+1}^-(P_{k+1}^- + S_z)^{-1} = \frac{P_{k+1}^-}{P_{k+1}^- + S_z} \\ \hat{x}_{k+1} &= \hat{x}_{k+1}^- + K_{k+1}(y_{k+1} - \hat{x}_{k+1}^-) \\ P_{k+1} &= (1 - K_{k+1})P_{k+1}^- \end{aligned}\right\} \tag{3-15}$$

假设过程方差 $S_w=1$（当然也可以是其他正数）。测量噪声方差是滤波器的设计参数，可根据滤波效果调整。假设 $P_0 = 1, x_0 = 0$，图 3-8～图 3-10 分别为轮速、侧向加速度和横摆角速度滤波前、后的曲线图，它们的测量噪声方差 S_z 分别取 42、56、30。

分析上述信号的滤波过程发现，无论 P_0 取怎样的正数，经过若干次迭代后，P_k 和 K_k 都收敛于一个常数（见图 3-11），说明它们符合本章 3.1.1 小节所述的"稳态卡尔曼滤波"。

假设 P_k 和 K_k 分别收敛于 P_∞ 和 K_∞，则不难证明 K_∞ 仅与比值 $\frac{S_w}{S_z}$ 有关。因为根据

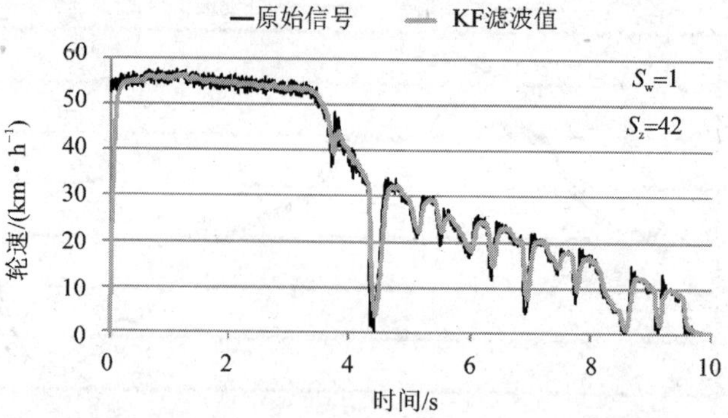

图 3-8　轮速的一阶卡尔曼滤波

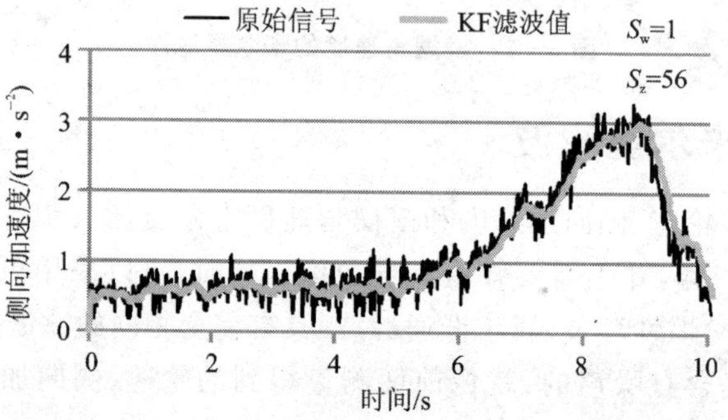

图 3-9　侧向加速度的一阶卡尔曼滤波

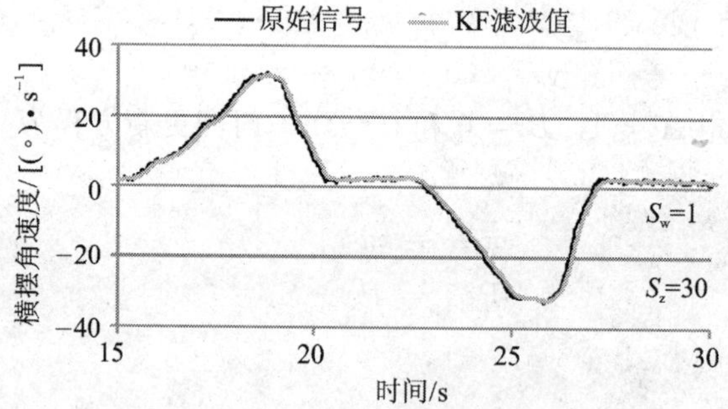

图 3-10　横摆角速度的一阶卡尔曼滤波

式(3-14)和式(3-15),有

$$\left.\begin{aligned} P_\infty &= \frac{1}{2}\left(\sqrt{S_w^2 + 4S_wS_z} - S_w\right) \\ K_\infty &= \frac{1}{2}\sqrt{\left(\frac{S_w}{S_z}\right)^2 + 4\left(\frac{S_w}{S_z}\right)} - \frac{1}{2}\left(\frac{S_w}{S_z}\right) \end{aligned}\right\} \tag{3-16}$$

特别的,当 $S_w = 1, S_z = m(m+1)$(m 为正整数)时,有

$$\left.\begin{aligned} P_\infty &= m \\ K_\infty &= \frac{1}{m+1} \end{aligned}\right\} \tag{3-17}$$

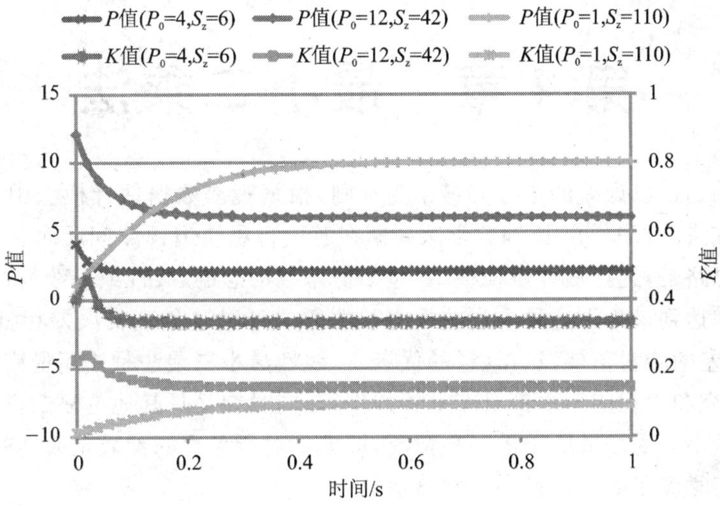

图 3-11　稳态卡尔曼滤波的 P 值和 K 值

这种情况下，由式(3-14)的第一个方程和式(3-15)的第二个方程得

$$\begin{aligned}\hat{x}_{k+1} &= \hat{x}_k + K_{k+1}(y_{k+1} - \hat{x}_k) = \\ &(1 - K_{k+1})\hat{x}_k + K_{k+1}y_{k+1} = \\ &\frac{m}{m+1}\hat{x}_k + \frac{1}{m+1}y_{k+1}(\text{当 } k \text{ 足够大时})\end{aligned} \tag{3-18}$$

式(3-18)表明，当前的滤波值 $\hat{x}_{k+1}$ 等于“旧值” $\hat{x}_k$ 的 $\frac{m}{m+1}$ 与“新值” y_{k+1} 的 $\frac{1}{m+1}$ 之和，这正是将一阶惯性环节用作低通滤波的迭代公式。式(3-18)的算法非常简单，便于实际在线应用；且需调整的设计参数只有一个(即 m)，设计也很方便。如图 3-12 所示，若比值 S_w/S_z 越小，则滤波后的曲线越光滑，但同时滞后也变大。

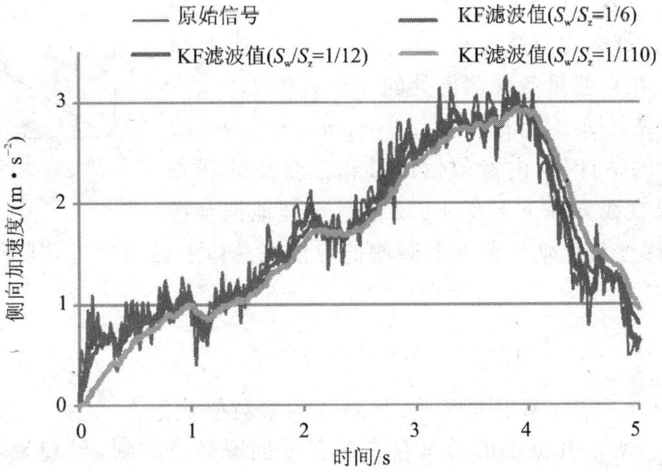

图 3-12　不同滤波参数下的卡尔曼滤波效果

第 4 章　最小二乘法

最小二乘法是指以误差的平方和最小为准则，根据观测数据估计模型中未知参数的一种参数估计基本方法。1794 年，德国数学家高斯在解决行星轨道预测问题时首先提出最小二乘法。它的基本思路是，选择估计量使模型(包括静态或动态的、线性或非线性的)输出与实测输出之差的平方和达到最小。这种求误差平方和的方式可以避免正负误差相抵，而且便于数学处理(例如用误差的绝对值就没有这样的优点)。线性最小二乘法是应用最广泛的参数估计方法，它在理论研究和工程应用中都具有重要的作用，同时它又是其他更复杂方法的基础。线性最小二乘法是最小二乘法最简单的一种情况，即模型对所考察的参数是线性的。除此之外，本章还介绍便于实时应用的迭代最小二乘算法。

4.1　普通最小二乘法

普通最小二乘法(Ordinary Least Square，OLS)是应用最多的参数估计方法，也是从最小二乘原理出发的其他估计方法的基础，应当熟练掌握。

4.1.1　直线拟合

假设自变量 x 与因变量 y 之间具有线性关系，即

$$y = \beta_0 + \beta_1 x \tag{4-1}$$

式中：β_0 和 β_1 为待估计参数。在已经获得样本观测值 y_i、x_i $(i = 1, 2, \cdots, n)$的情况下(见图 4-1 中的散点)，假设已经求得模型(4-1)的参数估计量为 $\hat{\beta}_0$ 和 $\hat{\beta}_1$。如果 $\hat{\beta}_0$ 和 $\hat{\beta}_1$ 是最合理的参数估计量，那么由直线方程 $y = \hat{\beta}_0 + \hat{\beta}_1 x$ (见图 4-1 中的直线)确定的、在自变量各观测值处的 y 估计值为

$$\hat{y}_i = \hat{\beta}_0 + \hat{\beta}_1 x_i \quad i = 1, 2, \cdots, n \tag{4-2}$$

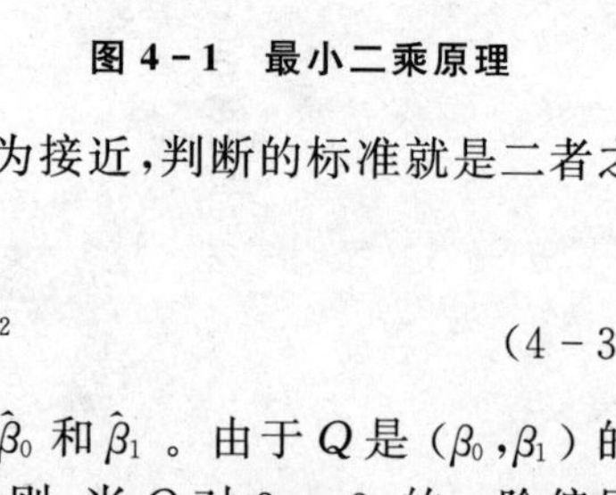

图 4-1　最小二乘原理

式中：$\hat{y}_i$ 为因变量的估计值，由参数估计量和自变量的观测值计算得到。如果直线方程 $y = \hat{\beta}_0 + \hat{\beta}_1 x$ 能够最佳地拟合样本数据，那么上述因变量的估计值与其观测值应该在总体上最为接近，判断的标准就是二者之差的平方和最小：

$$Q(\beta_0, \beta_1) = \sum_{i=1}^{n} (y_i - \beta_0 - \beta_1 x_i)^2 \tag{4-3}$$

换句话说，当函数 $Q(\beta_0, \beta_1)$ 具有最小值时，对应的参数值就是 $\hat{\beta}_0$ 和 $\hat{\beta}_1$ 。由于 Q 是 (β_0, β_1) 的二次函数并且非负，所以其极小值总是存在的。根据罗必塔法则，当 Q 对 β_0 、β_1 的一阶偏导数为 0 时，Q 达到最小，即

$$\begin{cases} \dfrac{\partial Q}{\partial \beta_0} = 0 \\ \dfrac{\partial Q}{\partial \beta_1} = 0 \end{cases} \tag{4-4}$$

由于 $(\hat{\beta}_0, \hat{\beta}_1)$ 满足式(4-4)，容易推导得

$$\begin{cases} \sum_{i=1}^{n}(y_i - \hat{\beta}_0 - \hat{\beta}_1 x_i) = \sum_{i=1}^{n} e_i = 0 \\ \sum_{i=1}^{n} x_i (y_i - \hat{\beta}_0 - \hat{\beta}_1 x_i) = \sum_{i=1}^{n} x_i e_i = 0 \end{cases} \tag{4-5}$$

式中：$e_i = y_i - \hat{y}_i$，称其为第 i 个样本观测点的残差，即因变量的估计值与观测值之差。解方程(4-5)就得到符合最小二乘原则的参数估计量为

$$\begin{cases} \hat{\beta}_1 = \dfrac{\sum_{i=1}^{n}(x_i - \bar{x})(y_i - \bar{y})}{\sum_{i=1}^{n}(x_i - \bar{x})^2} \\ \hat{\beta}_0 = \bar{y} - \hat{\beta}_1 \bar{x} \end{cases} \tag{4-6}$$

式中：$\bar{x}$ 和 $\bar{y}$ 分别表示 n 个自变量观测值和 n 个因变量观测值的均值。

在结束普通最小二乘估计时，需要交代一个重要的概念，即“估计量”和“估计值”的区别。由式(4-5)给出的参数估计结果是由一个具体样本计算出来的，它是一个“估计值”或者“点估计”，即参数估计量 $\hat{\beta}_0$ 和 $\hat{\beta}_1$ 的一个具体数值；但从另一个角度，仅仅把式(4-5)看成 $\hat{\beta}_0$ 和 $\hat{\beta}_1$ 的一个表达式，那么它们是 x_i 和 y_i 的函数。因 x_i 和 y_i 是随机变量，所以 $\hat{\beta}_0$ 和 $\hat{\beta}_1$ 也是随机变量。从这个角度上看，它称为“估计量”。

下面简要介绍相关和回归的概念。相关与直线拟合之间关系密切。令

$$\left.\begin{aligned} S_{xx} &= \frac{1}{n}\sum_{i=1}^{n}(x_i - \bar{x})^2 \\ S_{yy} &= \frac{1}{n}\sum_{i=1}^{n}(y_i - \bar{y})^2 \\ S_{xy} &= \frac{1}{n}\sum_{i=1}^{n}(x_i - \bar{x})(y_i - \bar{y}) \end{aligned}\right\} \tag{4-7}$$

则定义反映 x 与 y 线性相关程度的相关系数 r 为

$$r = \frac{S_{xy}}{\sqrt{S_{xx}S_{yy}}} \tag{4-8}$$

而最佳拟合直线的斜率为

$$\hat{\beta}_1 = \frac{S_{xy}}{S_{xx}} \tag{4-9}$$

这意味着 r 与 $\hat{\beta}_1$ 的关系为

$$r = \hat{\beta}_1 \sqrt{\frac{S_{xx}}{S_{yy}}} \tag{4-10}$$

显然，仅当斜率为零时出现零相关。若定义标准残差(Standardized Residuals)为

$$u_i = \frac{x_i - \bar{x}}{\sqrt{S_{xx}}}, \quad v_i = \frac{y_i - \bar{y}}{\sqrt{S_{yy}}} \tag{4-11}$$

则 $s_{uu} = s_{vv} = 1, s_{uv} = r$。该标准系统中，$\beta_0 = \bar{v} - r\bar{u} = 0$，因为 u 和 v 以原变量平均值为中心分布，而预测值恰好是

$$\hat{v}_i = r u_i \tag{4-12}$$

式(4-12)清楚地描述了趋于中值的回归概念。如果将后代的身高与他们的父母相比，则会发现个子高于(或矮于)平均值的父母所产生的后代更接近于身高分布的均值。

4.1.2 最小二乘的矩阵方法

更为复杂的最小二乘问题需要用到线性代数。在最小二乘法估计中，被估计参数必须出现在观测值均值的表达式中。譬如若观测 y 可写成

$$E(y) = \theta_1 x_1 + \theta_2 x_2 + \cdots + \theta_p x_p \tag{4-13}$$

式中：$x_1, x_2, \cdots, x_p$ 是已知参数，而 $\theta_1, \theta_2, \cdots, \theta_p$ 是未知参数。式(4-13)可等价为

$$y = \theta_1 x_1 + \theta_2 x_2 + \cdots + \theta_p x_p + e \tag{4-14}$$

式中：e 是随机变量，通常被认为是 y 的测量误差；$E(e) = 0$。这样就得到一个关于 y 的线性模型，它依赖于 p 个其他变量 $x_1, x_2, \cdots, x_p$，并且假设它们的值是精确已知的。

设 y 共有 n 次测量值 y_i，$i = 1, 2, \cdots, n$，每次测量时 $x_1, x_2, \cdots, x_p$ 采用不同组取值，第 i 次测量它们的值记为 $x_{i1}, x_{i2}, \cdots, x_{ip}$；假定这些关于 x 的值已知，也就有下面的表达式

$$y_i = \theta_1 x_{i1} + \theta_2 x_{i2} + \cdots + \theta_p x_{ip} + e_i \qquad i = 1, 2, \cdots, n \tag{4-15}$$

且对所有 i 有 $E(e_i) = 0$ 并要求 $n \geqslant p$。

如何利用观测值 $\{y_i\}$ 和已知值 $\{x_{i1}\}, \{x_{i2}\}, \cdots, \{x_{ip}\}$，$i = 1, 2, \cdots, n$，估计出未知参数 $\theta_1, \theta_2, \cdots, \theta_p$ 呢？最小二乘原理就是选择 $\theta_1, \theta_2, \cdots, \theta_p$ 的估计值 $\hat{\theta}_1, \hat{\theta}_2, \cdots, \hat{\theta}_p$，它们使得

$$Q(\theta_1, \theta_2, \cdots, \theta_p) = \sum_{i=1}^{n} \{y_i - \theta_1 x_{i1} - \theta_2 x_{i2} - \cdots - \theta_p x_{ip}\}^2 \tag{4-16}$$

取得最小值。该问题的求解方法与前面的直线拟合问题相同，只要令 $\dfrac{\partial Q}{\partial \theta_i} = 0$，得

$$\hat{\theta}_1 \sum_{i=1}^{n} x_{i1} x_{ik} + \hat{\theta}_2 \sum_{i=1}^{n} x_{i2} x_{ik} + \cdots + \hat{\theta}_p \sum_{i=1}^{n} x_{ip} x_{ik} = \sum_{i=1}^{n} y_i x_{ik} \qquad k = 1, 2, \cdots, p \tag{4-17}$$

上面采用角标的表达方式不够简洁，可以采用矩阵方法用矢量和矩阵重写式(4-17)。先将式(4-15)改写为

$$\boldsymbol{Y} = \boldsymbol{X\theta} + \boldsymbol{e} \tag{4-18}$$

式中：$\boldsymbol{Y}$ 和 $\boldsymbol{\theta}$ 分别为 n 维和 p 维向量；$\boldsymbol{X}$ 被称为设计矩阵的 $n \times p$ 矩阵(并非随机变量)，其各行元素为 y，各次测量时 $x_1, x_2, \cdots, x_p$ 的值：

$$\boldsymbol{Y} = \begin{pmatrix} y_1 \\ y_2 \\ \vdots \\ y_n \end{pmatrix}, \quad \boldsymbol{\theta} = \begin{pmatrix} \theta_1 \\ \theta_2 \\ \vdots \\ \theta_p \end{pmatrix}, \quad \boldsymbol{X} = \begin{pmatrix} x_{11} & x_{12} & \cdots & x_{1p} \\ x_{21} & x_{22} & \cdots & x_{2p} \\ \vdots & \ddots & & \vdots \\ x_{n1} & x_{n2} & \cdots & x_{np} \end{pmatrix} \tag{4-19}$$

定义残差矢量为

$$\boldsymbol{r} = \boldsymbol{Y} - \boldsymbol{X\theta} \tag{4-20}$$

则易知 $Q = \boldsymbol{r} \cdot \boldsymbol{r}$，亦即 $\boldsymbol{r}$ 在欧氏空间长度的平方。换句话说，最小二乘解是与测量拟合相差最小的那组参数，由下式给出：

$$\boldsymbol{r}^{\mathrm{T}} \boldsymbol{r} = \boldsymbol{r} \cdot \boldsymbol{r} = \| \boldsymbol{r} \|^2 \tag{4-21}$$

需要找到 $\boldsymbol{\theta} = \hat{\boldsymbol{\theta}}$，使之满足

$$\nabla_{\boldsymbol{\theta}} [\boldsymbol{r}(\boldsymbol{\theta}) \cdot \boldsymbol{r}(\boldsymbol{\theta})] = \boldsymbol{0} \tag{4-22}$$

或

$$\nabla_{\boldsymbol{\theta}}[(\boldsymbol{Y}-\boldsymbol{X\theta})^{\mathrm{T}}(\boldsymbol{Y}-\boldsymbol{X\theta})]=\nabla_{\boldsymbol{\theta}}[\boldsymbol{Y}^{\mathrm{T}}\boldsymbol{Y}-\boldsymbol{Y}^{\mathrm{T}}\boldsymbol{X\theta}-\boldsymbol{\theta}^{\mathrm{T}}\boldsymbol{X}^{\mathrm{T}}\boldsymbol{Y}+\boldsymbol{\theta}^{\mathrm{T}}\boldsymbol{X}^{\mathrm{T}}\boldsymbol{X\theta}]=\boldsymbol{0} \tag{4-23}$$

考虑到 $\boldsymbol{Y}^{\mathrm{T}}\boldsymbol{X\theta}=\boldsymbol{\theta}^{\mathrm{T}}\boldsymbol{X}^{\mathrm{T}}\boldsymbol{Y}=(\boldsymbol{X}^{\mathrm{T}}\boldsymbol{Y})^{\mathrm{T}}\boldsymbol{\theta}$，式(4-23)成为

$$\nabla_{\boldsymbol{\theta}}[\boldsymbol{Y}^{\mathrm{T}}\boldsymbol{Y}-2(\boldsymbol{X}^{\mathrm{T}}\boldsymbol{Y})^{\mathrm{T}}\boldsymbol{\theta}+\boldsymbol{\theta}^{\mathrm{T}}\boldsymbol{X}^{\mathrm{T}}\boldsymbol{X\theta}]=\boldsymbol{0} \tag{4-24}$$

由式(4-24)推导得

$$-2\boldsymbol{X}^{\mathrm{T}}\boldsymbol{Y}+2\boldsymbol{X}^{\mathrm{T}}\boldsymbol{X\theta}=\boldsymbol{0} \tag{4-25}$$

因此，只要 $(\boldsymbol{X}^{\mathrm{T}}\boldsymbol{X})^{-1}$ 存在，则有正则方程

$$\hat{\boldsymbol{\theta}}=(\boldsymbol{X}^{\mathrm{T}}\boldsymbol{X})^{-1}\boldsymbol{X}^{\mathrm{T}}\boldsymbol{Y} \tag{4-26}$$

它是最小二乘问题的形式解。后面将看到，构造 $(\boldsymbol{X}^{\mathrm{T}}\boldsymbol{X})$ 有时会产生较大的截断误差。因此，实际应用时采用此特定形式的解并不可取，宜寻找其他形式的解。应当指出，上述正则方程存在唯一解的前提是 $(\boldsymbol{X}^{\mathrm{T}}\boldsymbol{X})$ 非奇异；而 $(\boldsymbol{X}^{\mathrm{T}}\boldsymbol{X})$ 非奇异的充分必要条件是 $\boldsymbol{X}$ 的秩等于 p。

前面的直线拟合可看成是矩阵形式解的一个特例。为此，针对直线拟合问题构造如下形如式(4-19)所示的向量和矩阵：

$$\boldsymbol{Y}=\begin{pmatrix} y_1 \\ y_2 \\ \vdots \\ y_n \end{pmatrix},\quad \boldsymbol{\theta}=\begin{pmatrix} \beta_1 \\ \beta_2 \end{pmatrix},\quad \boldsymbol{X}=\begin{pmatrix} 1 & x_1 \\ 1 & x_2 \\ \vdots & \vdots \\ 1 & x_n \end{pmatrix} \tag{4-27}$$

为得到形如式(4-26)的正则方程，有

$$\boldsymbol{X}^{\mathrm{T}}\boldsymbol{X}=\begin{pmatrix} 1 & 1 & \cdots & 1 \\ x_1 & x_2 & \cdots & x_n \end{pmatrix}\begin{pmatrix} 1 & x_1 \\ 1 & x_2 \\ \vdots & \vdots \\ 1 & x_n \end{pmatrix} \tag{4-28}$$

将式(4-28)代入式(4-26)，则得到与式(4-6)相同的解。

4.1.3　最小二乘估计的统计特性

如果 y 的各观测误差互不相关，即协方差 $\mathrm{cov}(e_i,e_j)=0\ \forall i\neq j$，且它们有相同的方差 σ^2，则观测数据协方差矩阵可以写为 $\boldsymbol{C}_{ee}=\sigma^2\boldsymbol{I}$。当数据误差的这一特性成立时，各 $\hat{\theta}_k$ 是 θ_k 的一个无偏估计：

$$E(\hat{\theta}_k)=\theta_k \qquad k=1,2,\cdots,p$$

另外，$\hat{\theta}_k$ 的方差-协方差矩阵为 $\boldsymbol{C}_{\hat{\theta}\hat{\theta}}=\sigma^2(\boldsymbol{X}^{\mathrm{T}}\boldsymbol{X})^{-1}$，所以

$\mathrm{cov}(\hat{\theta}_k,\hat{\theta}_l)=\sigma^2(\boldsymbol{X}^{\mathrm{T}}\boldsymbol{X})^{-1}$ 的第 k 行 l 列元素；

$\mathrm{var}(\hat{\theta}_k)=\sigma^2(\boldsymbol{X}^{\mathrm{T}}\boldsymbol{X})^{-1}$ 的第 k 个对角线列元素。

注意到原始测量中的不确定性虽然不相关，推导得到的参数估计一般情况下却是相关的。该模型下 σ^2 的无偏估计为

$$\hat{\sigma}^2=\frac{\|\boldsymbol{Y}-\hat{\boldsymbol{Y}}\|^2}{n-p}=\frac{\mathrm{RSS}}{n-p} \tag{4-29}$$

式中：RSS 表示残差平方和。

还应注意到，正则方程给出的估计 $\hat{\boldsymbol{\theta}}$ 是观测值的线性组合。根据高斯-马尔可夫定理，最

小二乘估计器是参数 $\boldsymbol{\theta}$ 的最优线性无偏估计。这里“最优”意味着效率最高或方差最小。假设 θ_i 的最小二乘估计可写成

$$\hat{\theta}_i = a_1 y_1 + a_2 y_2 + \cdots + a_n y_n \tag{4-30}$$

即观测值的线性组合，则 θ_i 的任何其他线性无偏估计，例如

$$\theta_i^* = b_1 y_1 + b_2 y_2 + \cdots + b_n y_n \tag{4-31}$$

将总有

$$\mathrm{var}\ (\theta_i^*) \geqslant \mathrm{var}\ (\theta_i) \tag{4-32}$$

成立，并且只有当 $a_i = b_i$，$i = 1, 2, \cdots, n$ 时等号才成立。

无偏估计器并不意味着方差总是最小。研究表明，采用如下的最小均方差估计器可使方差最小：

$$\hat{\boldsymbol{\theta}}_{\mathrm{MMSE}} = (\alpha\boldsymbol{I} + \boldsymbol{X}^{\mathrm{T}}\boldsymbol{X})^{-1}\boldsymbol{X}^{\mathrm{T}}\boldsymbol{Y} \tag{4-33}$$

式中：α 为适当选取的标量。

4.2 基于最小二乘法的路面附着系数和制动器轮缸压力的估计

ABS 等主动控制系统的控制算法和故障诊断在很大程度上依赖于路面附着系数和轮缸制动压力的信息。本节介绍如何采用最小二乘法并利用 ABS 控制输入信息估计这两个参数。其思路是：首先假定有若干个不同制动器初始压力和路面附着系数的组合；其次基于制动器压力模型和车轮旋转动力学模型计算各组合下的轮速响应以及与实际轮速的偏差平方和；最后找出偏差平方和最小的那组参数，并以此作为轮缸制动压力和路面附着系数的估计值。

考虑到路面附着系数的估计方法很多，下面将首先介绍路面附着系数估计的意义及主要方法。

4.2.1 轮胎-路面摩擦估计的意义及其估计方法简介[8-9]

轮胎-路面附着系数估计，或轮胎-路面摩擦估计（Tire - Road Friction Estimation，TRFE），是车辆信息技术中的一个广泛研究领域。TRFE 可以为驾驶员（包括人工驾驶员和机器驾驶员）和汽车主动控制系统提供重要的路面附着信息。对驾驶员来说，如果能及时掌握路面附着信息的变化，可以预先采取合理的驾驶策略以保证足够的安全裕度。比如在湿滑路面过弯道时，应当将车速控制得比高附着路面更低些。对于 ACC 系统，如果路面附着系数较低，就需要适当增加与前车的安全距离。在车辆 ESC 中，控制算法根据对路面摩擦的估计，相应地调整横摆角速度和侧偏角等控制目标的期望值。此外，路面摩擦系数也是智能交通系统中的一项重要路面信息。

图 4-2 所示为 TRFE 的主要方法分类，它可粗略分为“基于原因”的方法和“基于结果”的方法。基于原因的方法试图去检测影响轮胎-路面摩擦系数的因素，从而根据以往的经验或摩擦模型预测可能获得的最大摩擦。而基于结果的方法则侧重于由轮胎-路面摩擦变化（特别是摩擦降低）所引起的作用于车辆或轮胎上的结果。

先介绍基于原因的方法。轮胎-路面摩擦的影响因素很多，如车辆参数、轮胎参数、路面结

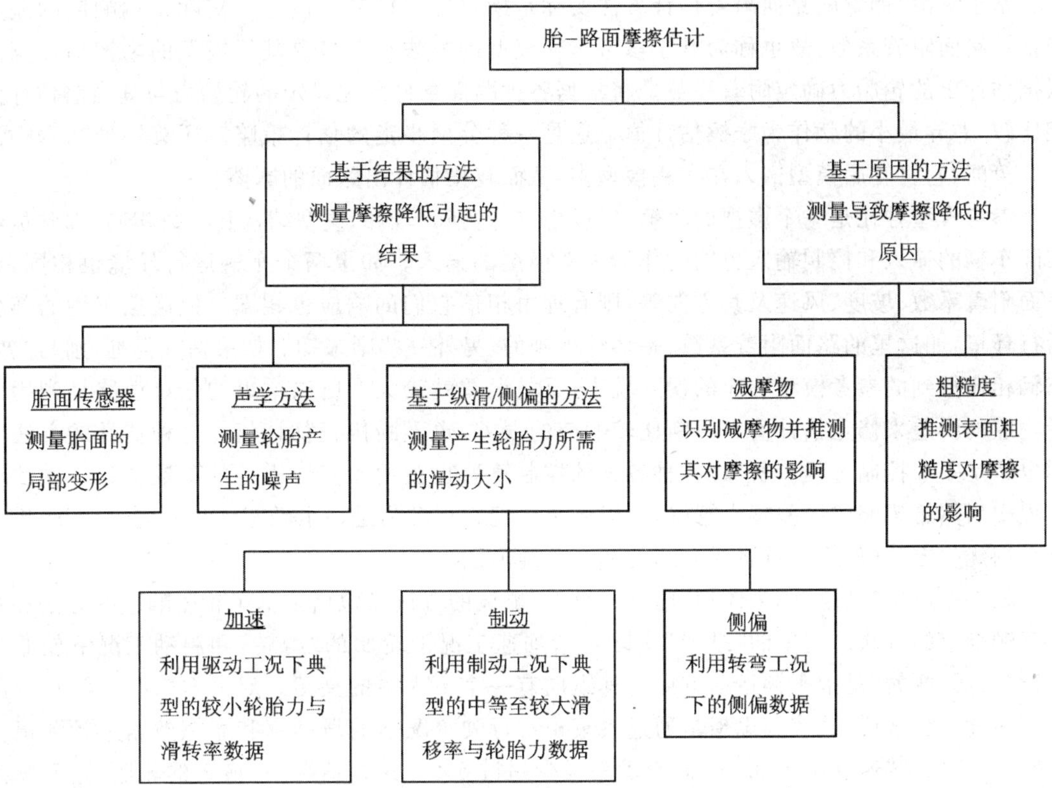

图 4-2 轮胎-路面摩擦估计研究的分类

构和路表状况等。这其中很多因素是很容易判断的,如车速、轮胎形式、车轮大致载荷和轮胎侧倾角等。但有两个对摩擦有重要影响的因素,即减摩物和路面类型,是很难测量的——除非采用特殊传感器。例如,可以通过检测路面对直射光的散射和吸收来探测水膜和其他减摩物,或者用光学传感器探测路面的粗糙特性。其最大优点在于其"预测性",即路面摩擦的估计要略早于轮胎到达时刻,但难点在于如何保持传感器的清洁。

知道影响摩擦的参数后,还需要一个最大摩擦预测模型。虽然建立这样一个模型较困难,但已经有实验表明,基于原因的方法常有较高的精度[21]。该实验利用湿度传感器和表面粗糙度传感器的数据得到的最大摩擦系数 μ_{max} 估计,在 92% 的实验中估计值与其真实值相差在 0.1以内。除了精度较高,该方法还有一个优点是可以在"零摩擦"条件下获得 $\hat{\mu}_{max}$ 。所谓零摩擦条件是指实际摩擦力为零的情况。尽管有这些优点,基于原因的方法有三个主要缺点:一是前面提到的需要特殊传感器,增加了成本;二是需要进行反复"训练";三是在异常情况下很难准确预测摩擦——这里的"异常情况"主要指无法用传感器测量或训练时未遇到过的情况。

图 4-2 中还给出了三种基于结果的 μ_{max} 估计方法:声学方法、胎面变形方法和基于纵滑/侧偏的方法。

声学法主要用传声器"听"轮胎的声音,并据此推测 μ_{max} 。

胎面变形方法通过在轮胎中埋入传感器测量轮胎接地印迹内的三向变形,而变形实质反映了接地印迹内力的传递,其中包含了接地印迹内力的大小及其分布的信息。该信息对 μ_{max} 估计之所以有用,是因为胎面局部达到附着极限远在轮胎整体超过摩擦极限并开始滑动之前。

基于纵滑/侧偏的路面附着估计方法实际是指根据车辆参考模型与实际车辆响应的差异来估计路面附着系数,故也称为基于参考车辆模型的方法。大多数基于模型的摩擦估计算法根据估计出的轮胎力确定附着系数。将根据各种路面条件预先设定的轮胎力与其当前估计值相比较,差异最小的就作为摩擦估计值。这是一种分两步走的估计策略。还有一种“一站式”估计策略,它将轮胎模型嵌入在车辆模型中,从而直接估计出路面的摩擦。

参考模型好比是一个虚拟的车辆,但设想它与实际车辆的模型结构和参数相同,驾驶员给实际车辆的输入和控制输入也同时作为参考模型的输入。如果两个车辆运行环境也相同,如路面附着系数、坡度、风速及其方向等,则有理由相信它们的响应也相同。但虚拟车辆的部分运行环境,如这里的路面附着系数,是估计得到的,另外一些则未知。如果估计得准,则与实际车辆相比得到的参考模型响应的误差就小;反之误差就较大。所以这里的估计思路是利用二者响应的误差来修正估计值。不断比较响应的误差,也不断修正估计值。这种估计的方法实际也像是一个控制过程。所以,各种各样的控制算法也被用于基于模型的参数估计。在估计过程中当然希望响应误差越小越好,所以还可以把它理解为是一个动态优化问题。因此,也可以采用优化方法(如第 5 章将要介绍的动态单纯形法)。

如果按产生“结果”的主体划分,基于纵滑/侧偏的方法又包括了基于轮胎响应的方法和基于车辆响应的方法。这里的“纵滑”实际是指加速工况下轮胎的“滑转”和制动工况下轮胎的“滑移”,而“侧偏”是指车辆运动方向与其纵向有一个不为零的夹角。对大多数基于滑动率的摩擦估计方法来说,其核心思想是通过收集正常行驶工况下的滑动率和摩擦数据来预测最大摩擦,通常加/减速度小于 $0.2g$,而滑动率极少超过 5%。这些情况下,最大的轮胎-路面摩擦是根据驱动轮摩擦力-滑动率曲线上原点附近的斜率进行估计的。该斜率受胎体刚度的影响要比路面条件大,故对轮胎类型、充气压力、轮胎磨损和车辆总体结构等很敏感。在 9.3 节中将介绍一种正常行驶工况下的路面摩擦估计方法。如果轮胎纵向滑动率足够大以致 ABS/TCS 必须介入时,这些控制装置自身一般都设有特定的路面摩擦特性估计算法,这也将在 9.3 节中介绍。本节将要介绍的路面附着系数估计实际属于基于轮胎滑移率的方法,它受轮胎结构和状态的影响较小。基于转弯工况下车辆的侧偏响应(实际更多情况下是测量车辆的侧向加速度和横摆角速度)来估计路面摩擦的方法得到广泛的研究,相关内容见 4.4 节、第 6 章和第 10 章。

4.2.2 ABS 制动器压力模型和车轮运动模型

配装 ABS 后,车辆的制动器轮缸压力由压力调节器中的电磁阀调节。基本的压力调节状态(简称“压力状态”)有三种,即增压、保压和减压。增压过程中的轮缸压力可用下式表示:

$$P_{\mathrm{w}}(t)=P_{\mathrm{m}}-\left[(P_{\mathrm{m}}-P_{\mathrm{w0}})^{\phi_{\mathrm{inc}}}-K_{\mathrm{inc}}\phi_{\mathrm{inc}}(t-t_0)\right]^{\frac{1}{\phi_{\mathrm{inc}}}} \tag{4-34}$$

式中:t_0 是初始增压时刻;P_{m} 是主缸压力;P_{w0} 是 t_0 时刻的轮缸压力;K_{inc} 和 ϕ_{inc} 为增压常数,它们与减压常数均通过压力调节器的压力响应特性实验确定。类似地,减压过程的轮缸压力计算公式为

$$P_{\mathrm{w}}(t)=\left[(P_{\mathrm{w0}}-P_{\mathrm{a}})^{\phi_{\mathrm{dec}}}-K_{\mathrm{dec}}\phi_{\mathrm{dec}}(t-t_0)\right]^{\frac{1}{\phi_{\mathrm{dec}}}}+P_{\mathrm{a}} \tag{4-35}$$

式中:t_0 是初始减压时刻;P_{a} 是减压阀出口端(蓄压器)的压力;P_{w0} 是 t_0 时刻的轮缸压力;K_{dec} 和 ϕ_{dec} 为减压常数。

令式(2-44)中的 T_d 等于零，得到制动工况下的车轮旋转运动方程为

$$I_w\dot{\omega}_w = \mu_x F_z r_s - C_p P_w \tag{4-36}$$

式中：轮胎法向力 F_z 与制动强度 z 有关。z 定义为制动减速度与重力加速度的比值。将 $a_x = -zg$ 代入式(2-45)即求得 F_z 。

4.2.3　轮胎纵向力模型

轮胎纵向力计算采用 2.1 节所述的 Burckhardt 轮胎模型。将式(2-20b)中的 s 和 μ_x 分别用 λ 和 μ_b 替换，重写为

$$\mu_b = c_1(1 - e^{-c_2\lambda}) - c_3\lambda \tag{4-37}$$

式中：μ_b 表示制动力系数，它等于制动工况下轮胎纵向力系数 μ_x 的绝对值。

根据图 2-11 给出的干沥青和黑冰路面的纵向力曲线，在它们之间“等间隔”插入 7 条曲线，即图 4-3 中所构造的标记为“中等路面 1”至“中等路面 7”的诸曲线。所构造曲线的参数 μ_p 、μ_s 、k 、c_1 、c_2 和 c_3 的值均匀分布于干沥青和黑冰路面曲线相应参数之间(见表 4-1)。由于不同路面之间轮胎模型参数值具有线性关系，实际应用时采用插值方法计算就比较方便。

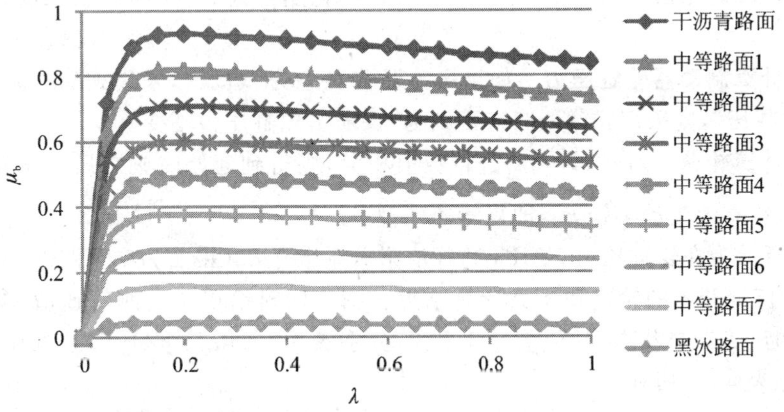

图 4-3　Burckhardt 轮胎模型

表 4-1　在干沥青和黑冰路面之间构造“中等路面”后的各路面 Burckhardt 轮胎模型参数

路面情况	μ_p	μ_s	k	c_1	c_2	c_3
干沥青	0.93	0.84	26.8	0.958	28.1	0.117
中等路面 1	0.82	0.74	23.6	0.844	27.6	0.104
中等路面 2	0.71	0.64	20.4	0.730	27.0	0.090 95
中等路面 3	0.60	0.54	17.2	0.616	26.5	0.077 89
中等路面 4	0.49	0.44	14.0	0.503	26.0	0.064 8
中等路面 5	0.38	0.34	10.7	0.389	25.5	0.051 7
中等路面 6	0.27	0.24	7.53	0.275	25.0	0.038 6
中等路面 7	0.15	0.14	4.32	0.161	24.4	0.025 6
黑冰	0.044	0.035	1.11	0.047 1	23.9	0.012 5

4.2.4 基于模型的轮速计算

如果可以知道在ABS介入控制起始时刻的制动压力 P_0 和路面峰值附着系数 μ_p，就有可能根据该时刻的轮速 v_{w0} 计算后续时刻的轮速。实际上 P_0 和 μ_p 一般是不知道的，但可以假定它们有若干组不同的取值，然后根据压力调节状态（即增压、减压和保压等）和前面介绍的模型计算出后续采样时刻的轮速，以便后面将它们与实测轮速比较。例如，P_0 取3.5 MPa、7 MPa和10.5 MPa，而 μ_p 可以取表4-1所列的0.044、0.15、0.27、0.38、0.49、0.60、0.71、0.82和0.93。对于假设的任意一组（P_0，μ_p），下面给出其轮速响应的计算步骤。

步骤1 估计参考车速 v_{ref} 这也是常规ABS需要完成的任务，若感兴趣可参阅9.2节或文献[22]和文献[23]以及其中的多篇文献。

步骤2 计算轮胎制动力系数 首先计算车轮参考滑移率 λ_{ref}

$$\lambda_{ref} = 1 - \frac{v_w}{v_{ref}} \tag{4-38}$$

然后将 $\lambda = \lambda_{ref}$ 代入式(4-37)即得制动力系数 μ_b。

步骤3 计算轮胎法向力 采用式(2-45)计算轮胎法向力，所需制动强度 z 可根据参考车速得到[22-23]。

步骤4 计算制动器轮缸压力 如果压力调节状态为“增压”，采用式(4-34)计算轮缸压力 P_w；若为“减压”，则采用式(4-35)；否则为“保压”，轮缸压力不变。

步骤5 计算轮速 对式(4-36)进行数值积分，则得到起始时刻之后的车轮角速度估计 $\hat{\omega}_w$；$\hat{\omega}_w$ 乘以车轮有效滚动半径 r_r，即得轮速估计 $\hat{v}_w$。

图4-4所示为在轮缸压力7 MPa和峰值附着系数0.82（路面为中等路面1）的假设下，从初始时刻2.915 s开始的轮速和压力计算结果。图中同时给出了实测轮速值、参考车速和作为控制输入的压力调节状态，其值为0、1和2，分别表示“增压”、“保压”和“减压”。车辆及制动系统参数如表4-2所列。

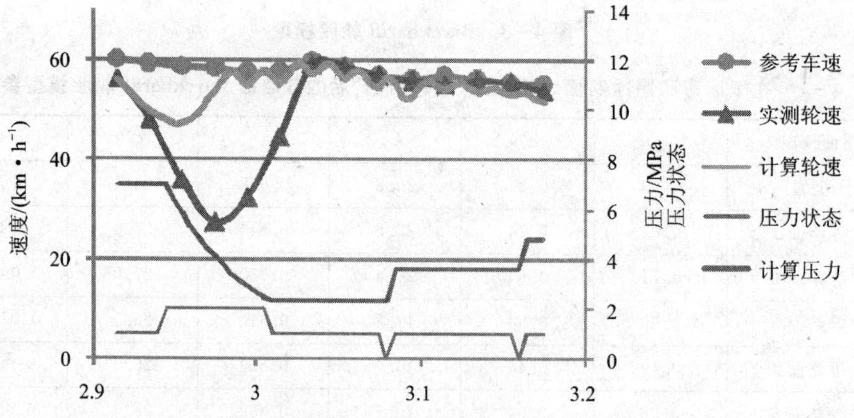

注：左前轮，实际路面 $\mu_p \approx 0.82$，假设 $\mu_p \approx 0.82$（中等路面1）

图4-4 基于模型的轮速计算

表 4-2　车辆及其制动系统的参数

参　数	值	参　数		值
m/kg	1 200	K_{inc}/(MPa·s^{-1})		45.7
h_g/m	0.469	ϕ_{inc}		0.535
L/m	2.335	K_{dec}/(MPa·s^{-1})		42.5
I_w/(kg·m^2)	0.472	ϕ_{dec}		0.354
R/m	0.255	C_p/(N·m·MPa^{-1})	前轮	131.9
P_m/MPa	12.5		后轮	43.9
P_a/MPa	1.75			

轮速估计的初始值采用初始时刻 2.915 s 时的轮速测量值 v_{w0}，而轮缸压力计算的初始值则采用假定的压力 P_0 =7 MPa。2.915 s 之后，以压力调节状态为输入并基于本节前面介绍的模型计算每一采样时刻的压力和轮速。

从图 4-4 可以看出，计算出的轮速要比实测的轮速恢复得早一些(此处“恢复”是指轮速停止下降并向车速靠近的上升状态)。这表明所假定的初始制动压力和路面附着系数偏离了它们的实际值，原因可能是初始制动压力低估了或路面附着系数高估了。实际情况是，7 MPa 的初始压力要比其实际值低，如图 4-5 所示；而假定的路面摩擦符合其实际值。

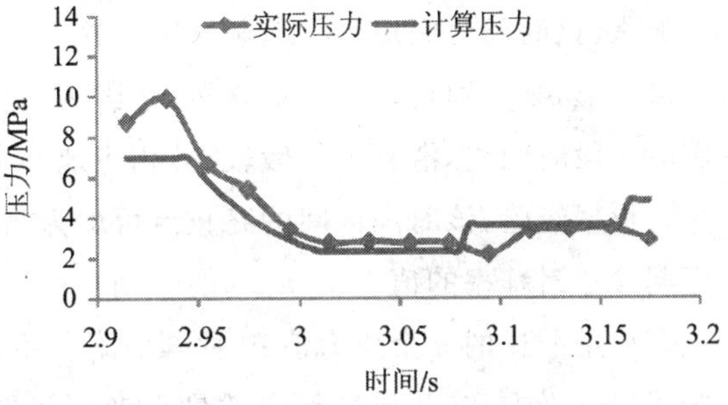

图 4-5　制动器轮缸压力计算值与实测值的比较

如果选择(P_0 , μ_p)另外一组值，可以预期将有不同的轮速计算结果。如图 4-6 所示为采用相同试验数据但假定 P_0 和 μ_p 的值分别改为 3.5 MPa 和 0.27(即中等路面 6)时的轮速计算结果。可见，计算轮速在减压后仅略有恢复，而在此后的压力缓增阶段则快速降低。分析其原因，应该是尽管假定的初始压力要比实际值(见图 4-5)低，但假定的路面附着系数(0.27)要比其实际值(0.82)低很多。

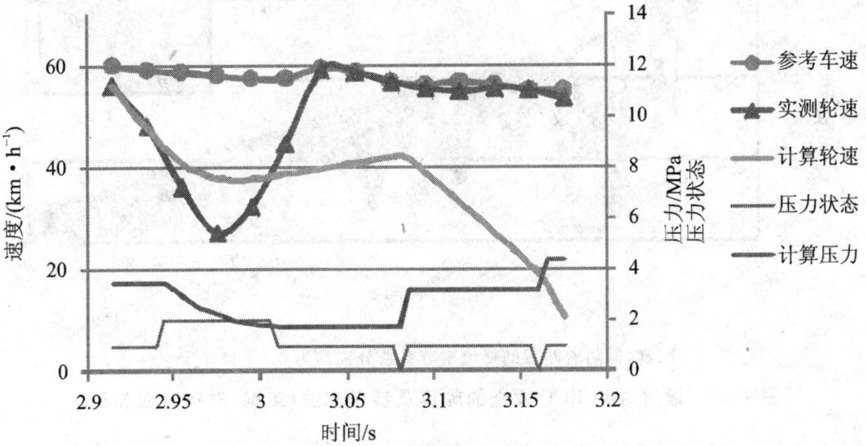

注：左前轮，实际路面 $\mu_p \approx 0.82$，假设 $\mu_p \approx 0.27$ (中等路面 6)

图 4-6　基于模型的轮速计算

4.2.5 路面摩擦与制动压力的估计和算例

考虑到同侧车轮的轮辙基本重合，只采用前轮模型估计路面摩擦。而各车轮的制动压力则各自独立估计。可以设想，如果某一组（P_0，μ_p）值下的轮速估计结果要比另一组值下的结果整体上更接近实测轮速，则前一组（P_0，μ_p）值与它们的实际值也更接近些。因此，可利用计算轮速与实测轮速偏差平方和来估计制动压力和路面摩擦。定义

$$Q = \sum_{i=1}^{n} (\hat{v}_{wi} - v_{wi})^2 \tag{4-39}$$

式中：n 为用于估计的采样点个数。为减少计算量，可选择每个 ABS 采样周期只将一个车轮的轮速偏差的平方计入相应的总和，相当于 ABS 的每一通道每隔 4 个控制周期计算 1 次（如果 ABS 控制器的计算资源允许，则可以增加采样点）。就图 4-4 和图 4-6 中的轮速而言，轮速偏差平方和分别是 1 495 和 5 782，相应的时间区间为 2.915～3.175 s，$n=13$。

那么，该时间区间应当如何确定呢？这里推荐采用初始减压时刻作为该时间区间的起始点。事实上，某一通道之所以要减压，是因为 ABS 已经探测到该车轮有抱死趋势。在减压开始后的一段时间里，滑移率一般较大，相应地参考车速的估计误差对参考滑移率计算精度影响较小。根据经验，该时间区间的终止点可取为与 $n=9$ 对应的采样时刻，或者止于连续 2 个采样周期参考滑移率的值小于 0.25 的时刻。

若采用前述的 3 个压力值、9 种峰值附着系数，则（P_0，μ_p）共有 27 种组合，分别计算每组的轮速偏差平方和，并找出其中的最小者。如果有 2～3 组的平方和较接近，就取它们（P_0，μ_p）值的平均值作为估计值。下面举例说明。

所给的例子是典型的对接路面制动工况。实测轮速及据此估计出的参考车速如图 4-7 所示。试验过程中测试了各轮缸的压力，以便评价压力估计结果。

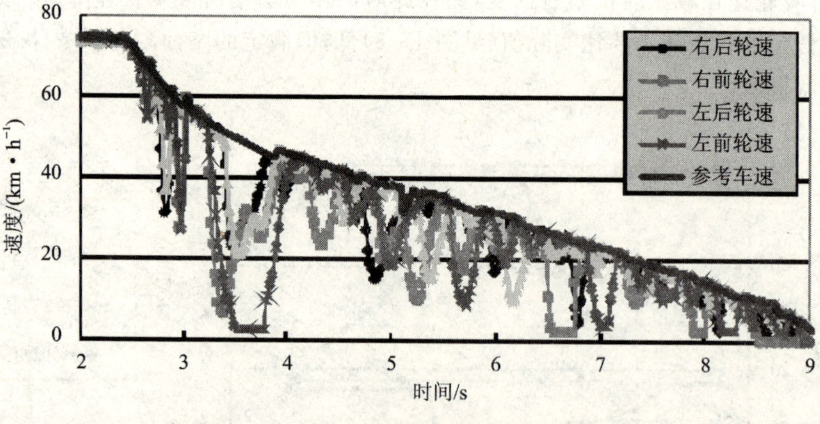

注：高、低附着路面的峰值附着系数分别约为 0.82 和 0.25

图 4-7 通过 ABS ECU 发送的轮速及参考车速（工况：对接路面制动）

首先对在上述对接路面制动工况高 μ 路段上制动的前轮进行估计。右前轮和左前轮的轮速偏差平方和分别列在表 4-3 和表 4-4 中。

表 4-3　2.925～3.045 s 内的右前轮轮速偏差平方和

P_0 /MPa	μ_p								
	0.044	0.15	0.27	0.38	0.49	0.60	0.71	0.82	0.93
3.5	13 214	5 721	1 352	447	1 140	1 609	1 564	1 969	2 145
7.0	36 801	23 587	12 962	5 294	983.7	116.0	704.2	1 128	1 609
10.5	82 424	62 950	45 469	30 300	17 797	8 450	2 388	179.8	135.1

表 4-4　2.935～3.055 s 内的左前轮轮速偏差平方和

P_0 /MPa	μ_p								
	0.044	0.15	0.27	0.38	0.49	0.60	0.71	0.82	0.93
3.5	10 840	4 256	883.3	959.9	1 666	1 928	2 131	2 353	2 443
7.0	36 663	23 472	12 865	5 204	889.0	131.1	828.7	1 344	1 964
10.5	87 864	67 883	49 825	34 000	20 750	10 455	3 532	414.5	146.5

表 4-3 中，当 P_0 =7.0 MPa，μ_p =0.60 时，右前轮轮速偏差平方和最小；当 P_0 =10.5 MPa，μ_p =0.93 时次之，且其值(135.1)不大于最小值(116.0)的 20%。因此，将这两组参数的平均值作为估计值，即 $\hat{P}_0 \approx 8.8$ MPa，$\hat{\mu}_p \approx 0.76$。

根据表 4-4 中的数据，左前轮与右前轮有相同的估计结果。按估计结果重新算出轮速和压力，则与实测符合得较好，如图 4-8 和图 4-9 所示。

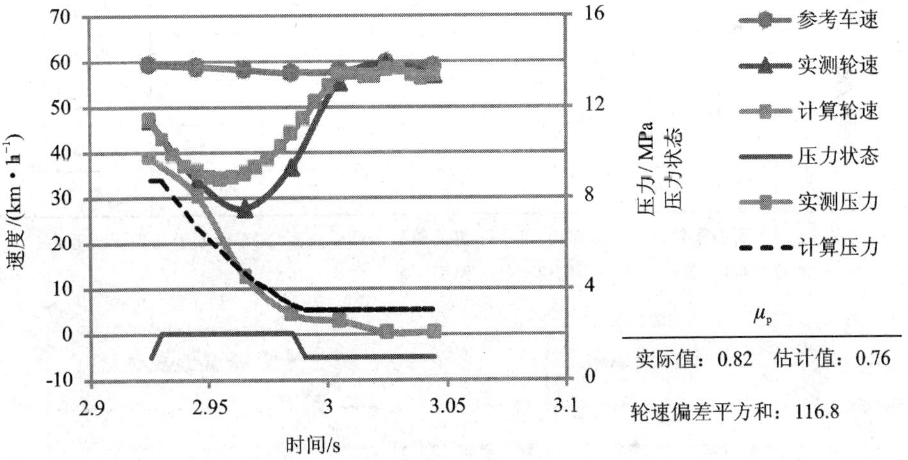

图 4-8　右前轮估计结果与实测值的比较

为进一步验证路面摩擦和制动压力的最小二乘算法，针对图 4-7 中对接路面制动工况给出了更多参数估计结果，如表 4-5 所列。估计结果与实测结果的对比如图 4-10 所示。

由表 4-5 和图 4-10 可知，过渡阶段Ⅱ的估计结果与实际结果相差要大一些，但仍然可以为 ABS 提供有帮助的信息。

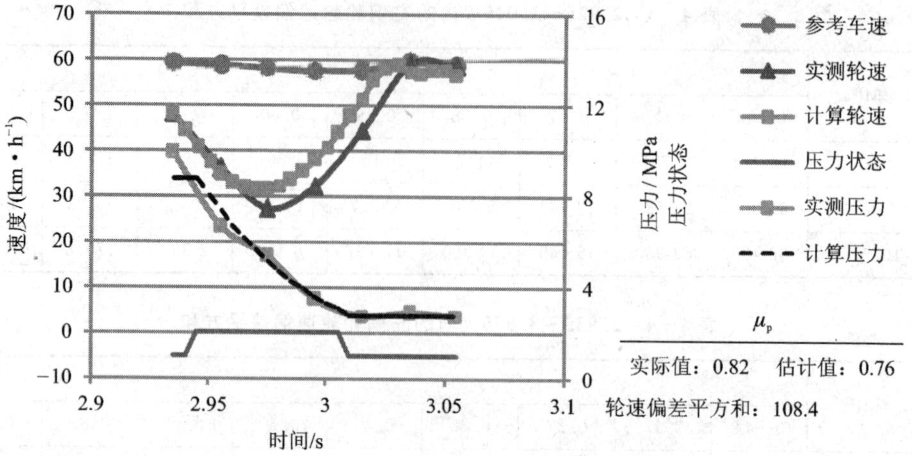

图 4-9　左前轮估计结果与实测值的比较

表 4-5　对接路面制动不同阶段的参数估计结果

阶　段	车　轮	起始时刻/s	起始压力/ MPa		峰值纵向附着系数		轮速偏差的均方根值
			估计值	实测值	估计值	实际值	
Ⅰ	左前	2.935	8.75	9.90	0.765	0.82	18.06
	右前	2.925	8.75	9.80	0.765	0.82	19.47
Ⅱ	左前	3.235	3.5	4.22	0.155	0.25	6.718
	右前	3.225	3.5	4.02	0.155	0.25	4.616
Ⅲ	左前	4.875	3.5	2.16	0.266	0.25	4.479
	右前	4.845	3.5	2.45	0.266	0.25	5.538
	左后	4.850	3.5	4.51	0.266	0.25	1.843
	右后	4.640	3.5	4.51	0.266	0.25	3.525

注：Ⅰ——所有车轮位于高 μ 路面；Ⅱ——仅前轮位于低 μ 路面，即车辆处于从高 μ 至低 μ 的过渡阶段；Ⅲ——所有车轮位于低 μ 路面。

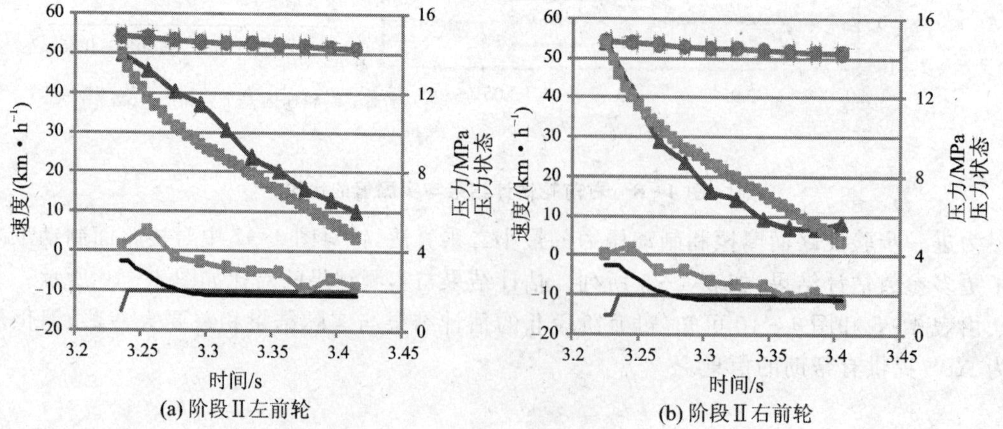

(a) 阶段Ⅱ左前轮　　(b) 阶段Ⅱ右前轮

图 4-10　估计结果与实测值的比较

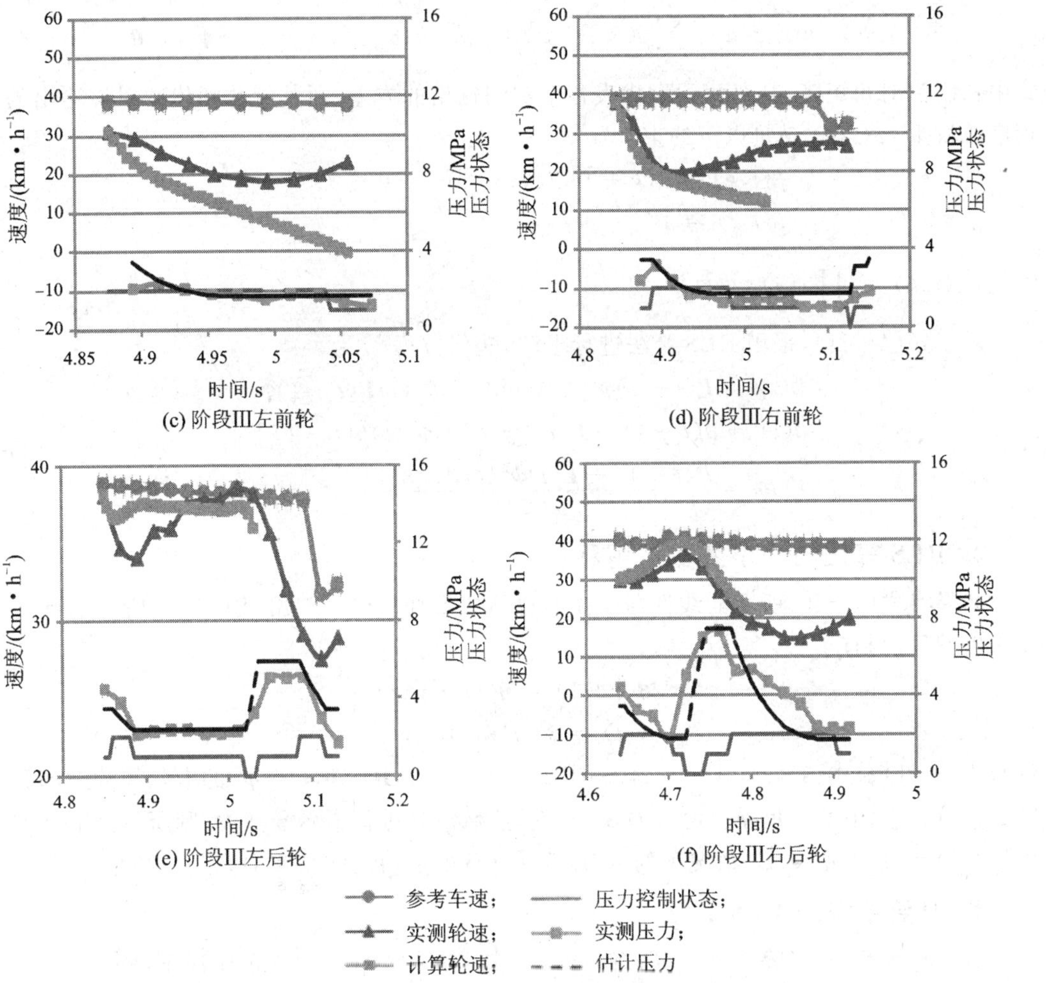

图 4-10　估计结果与实测值的比较(续)

4.3　递推最小二乘法及其应用

著名的递推最小二乘法(RLS)是一个流行的实用算法，被广泛用于信号处理、通信和控制等领域。RLS 具体算法步骤在国内外很多自适应控制方面的专著和教材中都有详细推导，如谢新民和丁峰编著的《自适应控制系统》[24]、Astrom A. 所著的 *Adaptive Control*[25] 和 Ljung L. 所著的 *System Identification: Theory for the User*[26]。与 EKF 类似，RLS 算法在参数/状态估计方面的研究和应用也很广泛。

4.3.1　RLS 算法

1. RLS 算法的模型和求解

对于一个包含 m 个输入和 n 个输出的线性系统，建立如下线性回归模型：

$$\hat{\boldsymbol{y}}(t \mid \boldsymbol{\theta}) = \boldsymbol{\phi}^{\mathrm{T}}(t)\boldsymbol{\theta} \tag{4-40}$$

如果已知其输入 $\boldsymbol{\phi}$ 和输出 $\boldsymbol{y}$，如何估计参数 $\boldsymbol{\theta}$ 的值，使得如下的加权二次型准则函数最小：

$$\hat{\boldsymbol{\theta}}_t = \arg\min_{\theta} \frac{1}{2}\sum_{k=1}^{t}\beta(t,k)[\boldsymbol{y}(k)-\boldsymbol{\phi}^{\mathrm{T}}(k)\boldsymbol{\theta}]^{\mathrm{T}}\boldsymbol{\Lambda}_k^{-1}[\boldsymbol{y}(k)-\boldsymbol{\phi}^{\mathrm{T}}(k)\boldsymbol{\theta}] \tag{4-41}$$

式中：$\boldsymbol{\Lambda}_k$ 为对角矩阵，其对角元素代表各个被测输出的方差，而其倒数则代表对该输出的重视程度或权重；$\beta(t,k)$ 满足以下约束：

$$\left.\begin{aligned}&\beta(t,k)=\lambda(k+1)\beta(t,k+1) \qquad 0\leqslant k\leqslant t-1\\&\beta(t,t)=1\end{aligned}\right\} \tag{4-42}$$

因此，$\beta(t,k)=\prod_{k+1}^{t}\lambda(j)$ 。

对于式(4-41)，采用 RLS 算法进行求解，迭代方程[26]为

$$\begin{aligned}&\boldsymbol{L}(t)=\boldsymbol{P}(t-1)\boldsymbol{\phi}(t)[\lambda(t)\boldsymbol{\Lambda}_t+\boldsymbol{\phi}^{\mathrm{T}}(t)\boldsymbol{P}(t-1)\boldsymbol{\phi}(t)]^{-1}\\&\hat{\boldsymbol{\theta}}(t)=\hat{\boldsymbol{\theta}}(t-1)+\boldsymbol{L}(t)[\boldsymbol{y}(t)-\boldsymbol{\phi}^{\mathrm{T}}(t)\hat{\boldsymbol{\theta}}(t-1)]\\&\boldsymbol{P}(t)=\frac{\boldsymbol{P}(t-1)-\boldsymbol{L}(t)\boldsymbol{\phi}^{\mathrm{T}}(t)\boldsymbol{P}(t-1)}{\lambda(t)}\end{aligned} \tag{4-43}$$

2. RLS 算法的卡尔曼滤波解释

如果将式(4—40)所示的线性回归模型也写成形如式(3-1)和式(3-2)所示的状态方程和输出方程，则有

$$\left.\begin{aligned}&\boldsymbol{\theta}(t+1)=\boldsymbol{\theta}(t)+\boldsymbol{w}(t)\\&\boldsymbol{y}(t)=\boldsymbol{\phi}^{\mathrm{T}}(t)\boldsymbol{\theta}(t)+\boldsymbol{z}(t)\end{aligned}\right\} \tag{4-44}$$

对照式(3-1)和式(3-2)，式(4-44)相当于一个 $\boldsymbol{A}=\boldsymbol{I},\boldsymbol{B}=\boldsymbol{0},\boldsymbol{C}=\boldsymbol{\phi}^{\mathrm{T}}$ 的卡尔曼滤波问题。如果令式(4-43)中的过程噪声协方差 $\boldsymbol{S}_w=0$ ，然后对其进行卡尔曼滤波，则所得到的迭代方程将与 $\lambda(t)\equiv 1$ 且 $\boldsymbol{\Lambda}_t=\boldsymbol{S}_z$ 情况下的 RSL 算法迭代方程(即式(4-43))完全相同。

3. 时变系统的 RLS 算法

对于时变系统，一般选择 $0<\lambda(j)<1$ 。特别的，在 $\lambda(j)\equiv\lambda$ 的情况下，则

$$\beta(t,k)=\lambda^{t-k} \tag{4-45}$$

这样，旧的测量值所起的作用按照指数函数衰减的幅度得以削弱，从而避免出现“数据饱和”现象[24]。此种情形下将 λ 称为遗忘因子。

另一种较规范的解决办法是认为实际的参数矢量不是常数，而是如同“随机游走”(Random Walk)般地发生变化，即 $\boldsymbol{S}_w\neq 0$ 。这种情况下，将 $\lambda(t)\equiv 1,\boldsymbol{\Lambda}_t=\boldsymbol{S}_z$ 代入式(4-42)，并在最后一个式子中增加一项 $\boldsymbol{S}_w$ ，则

$$\left.\begin{aligned}&\boldsymbol{L}(t)=\boldsymbol{P}(t-1)\boldsymbol{\phi}(t)[\boldsymbol{S}_z+\boldsymbol{\phi}^{\mathrm{T}}(t)\boldsymbol{P}(t-1)\boldsymbol{\phi}(t)]^{-1}\\&\hat{\boldsymbol{\theta}}(t)=\hat{\boldsymbol{\theta}}(t-1)+\boldsymbol{L}(t)[\boldsymbol{y}(t)-\boldsymbol{\phi}^{\mathrm{T}}(t)\hat{\boldsymbol{\theta}}(t-1)]\\&\boldsymbol{P}(t)=\boldsymbol{P}(t-1)-\boldsymbol{L}(t)\boldsymbol{\phi}^{\mathrm{T}}(t)\boldsymbol{P}(t-1)+\boldsymbol{S}_w\end{aligned}\right\} \tag{4-46}$$

可以看出，由于最后一个式子中增加了 $\boldsymbol{S}_w$ 项，从而避免了增益 $\boldsymbol{L}(t)$ 趋于零。另外，需要注意的是，式(4-46)所代表的 RLS 算法与同样情况下的卡尔曼滤波方程并不完全相同。这一点有兴趣的读者可以自己验证。

4.3.2 轮胎广义制动刚度估计的 RLS 算法

广义制动刚度 XBS(Extended Braking Stiffness)是日本学者[27]首先提出的一个概念，它

表示制动过程轮胎纵向力-纵向滑动速度曲线上任意一点的斜率。XBS 是反映轮胎-路面纵向摩擦特性的一个重要参数，图 4－11 给出了其定义的示意图。当 XBS=0 时，表明路面制动力最大。

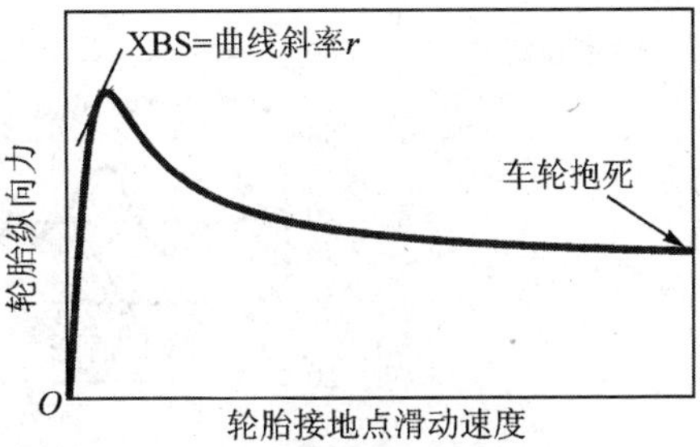

图 4－11　广义制动刚度的定义

考虑到路面干扰，并令 $F_x=-F_b$，$T_d=0$，式(2－47)可以改写为

$$I_w\dot{v}_w=r_r^2F_b-r_rT_b+r_r^2d \tag{4-47}$$

式中：d 代表来自路面的干扰力，或认为是地面制动力 F_b 的噪声。假设车辆动力学过程要比车轮动力学过程慢得足够多，并且认为制动器力矩 T_b 对时间的导数 $\dot{T}_b$ 也是噪声（这样假设大体是合理的，因为 ABS 在调节制动器压力过程中，增压时 $\dot{T}_b>0$、减压时 $\dot{T}_b<0$、保压时 $\dot{T}_b=0$）。根据第一点假设，有

$$\dot{F}_b=\frac{dF_b}{dt}=\frac{dF_b}{d(v-v_w)}\frac{d(v-v_w)}{dt}\approx k\frac{d(-v_w)}{dt}=-k\dot{v}_w \tag{4-48}$$

式中：v 和 v_w 分别为车速和轮速，它们的差值 $(v-v_w)$ 即为轮胎接地点滑动速度。将式(4－47)两边同除以 I_w 并对时间求导，然后用 $-k\dot{v}_w$ 替换 $\dot{F}_b$ 则得到

$$\ddot{v}_w=-\frac{kr_r^2}{I_w}\dot{v}_w+w \tag{4-49}$$

式中：w 为考虑“噪声”$\dot{T}_b$ 后的总噪声，$w=\frac{r_r^2}{I_w}\dot{d}-\frac{r_r}{I_w}\dot{T}_b$。采用前向差分近似，式(4－49)可以离散化为

$$\frac{v_w(t+2)-2v_w(t+1)+v_w(t)}{T_s^2}=-\frac{kr_r^2}{I_w}\frac{v_w(t+1)-v_w(t)}{T_s}+w(t) \tag{4-50}$$

如果 w 符合白噪声假设，并令式(4－40)中的各变量和参数为

$$\left.\begin{aligned}\phi(t)&=\frac{r_r^2}{I_w}[v_w(t-1)-v_w(t-2)]T_s\\ y(t)&=-v_w(t)+2v_w(t-1)-v_w(t-2)\\ \theta&=k\end{aligned}\right\} \tag{4-51}$$

式中的 v_w 均为滤波后的轮速（如采用通频带为 2～20 Hz 的带通滤波或者卡尔曼滤波）。将 $\lambda(t)\equiv 1$，$\Lambda_t=1$ 代入式(4－43)，就得到采用 RLS 算法估计广义制动刚度 k 的迭代方程为

$$\left.\begin{aligned}L(t)&=\frac{P(t-1)\phi(t)}{\lambda+\phi^2(t)P(t-1)}\\ \hat{k}(t)&=\hat{k}(t-1)+L(t)[y(t)-\phi(t)\hat{k}(t-1)]\\ P(t)&=\frac{1}{\lambda}[P(t-1)-L(t)\phi(t)P(t-1)]\end{aligned}\right\} \tag{4-52}$$

图 4－12 为采用 RLS 算法根据测量的轮速估计广义制动刚度的一个例子。试验工况为高附着至低附着的对接路面。研究表明，在相同的路面上，制动器压力越大，则广义制动刚度越小（指绝对值）；压力相同时，路面附着系数越低，则广义制动刚度也越小。从图 4－12 可以看出，在 3.5 s 左右制动开始后，广义制动刚度随着制动力的增加而迅速下降，然后在高附着路段维持在 1 400 $N\cdot s\cdot m^{-1}$左右。在 4.3 s 左右路面从高附着跃变到低附着，此时广义制动刚度再次迅速下降，并且在低附着路段维持在 300～500 $N\cdot s\cdot m^{-1}$。

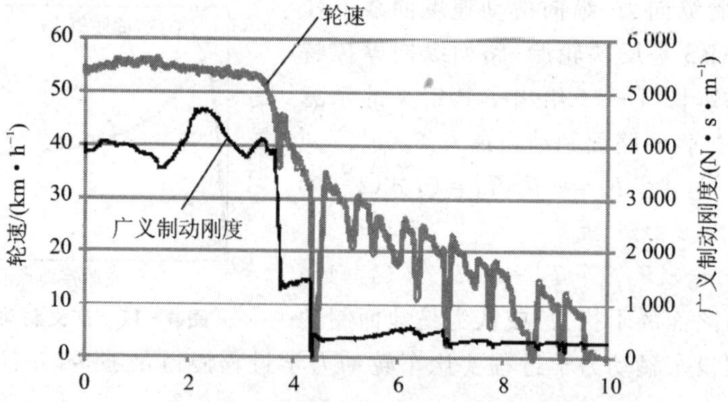

图 4-12 广义制动刚度的估计

4.3.3 路面附着系数和车辆重心侧偏角估计的 RLS 算法

转向时，汽车 ESC 将驾驶员期望的车辆运动与其实际状态相比较。一般将横摆角速度作为主要的控制参数，而车辆侧偏角则作为辅助控制参数。为了确定车辆的实际运动，目前的 ESC 一般都要测量车辆的横摆角速度和侧向加速度，而侧偏角则要通过估计得到。若车速变化较小，则侧偏角对时间的导数可以用横摆角速度和侧向加速度表示为 $\dot{\beta}=\frac{a_y}{u}-r$，所以可以通过对后两个参数测量值积分估计出侧偏角。但传感器测量信号中含有偏差(即由制造和加工误差等引起的测量值相对于真实值的偏离)和电噪声且测量值随温度环境等参数变化而漂移，且侧向加速度信号中实际还包含了车辆侧倾后重力分力引起的加速度分量。传感器噪声和车辆侧倾使得积分产生累积误差，得到的侧偏角估计无法用于 ESC。

下面将介绍如何利用 RLS 算法估计重心侧偏角和路面附着系数并给出一个算例。这是一种基于转弯工况下车辆的侧偏响应的估计方法，可以为车辆 ESC 如主动前轮转向和直接横摆力矩控制提供实时在线估计。受车载微处理器的计算能力限制，算法设计时采用 2.2 节介绍的 2-DOF 四轮车辆模型。该算法的整体框架如图 4-13 所示。

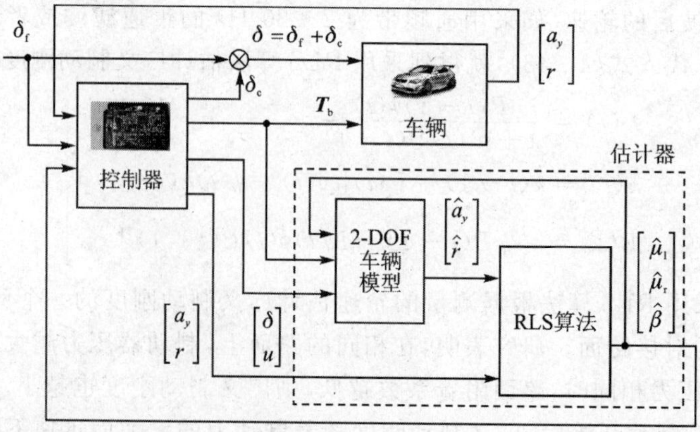

图 4-13 估计重心侧偏角及路面附着系数的 RLS 算法框图

图 4-13 中的估计器由 2-DOF 车辆模型和 RLS 算法组成,估计器的输入信号全部来自控制器。其中,侧向加速度 a_y 、横摆角速度 r 、前轮转角 δ 和轮速由传感器测量得到,车速 $\hat{u}$ 则由控制器根据轮速计算得到,$\boldsymbol{T}_b$ 为由控制器输出的主动制动力矩矢量(包含四个车轮的信息)。2-DOF 车辆模型的输入为当前时刻的前轮转角 δ 、车速 $\hat{u}$ 、主动制动力矩 $\boldsymbol{T}_b$ 及上一时刻重心侧偏角和左、右两侧路面附着系数的估计值,根据输入计算得到轮胎力,进而计算出侧向加速度及横摆角加速度的估计值作为输出。RLS 算法将模型输出与传感器测量值相比较,得到当前时刻重心侧偏角及路面附着系数的估计值。

1. RLS 算法实现

采用 2-DOF 四轮车辆模型和改进的 Dugoff 轮胎模型,建立如下非线性动力学方程:

$$\left.\begin{aligned} a_y &= g_1(\mu_l,\mu_r,\beta) \\ \dot{r} &= g_2(\mu_l,\mu_r,\beta) \end{aligned}\right\} \tag{4-53}$$

为了运用 RLS 算法,须首先对该非线性系统进行线性化。用 $P_0(\mu_{l0},\mu_{r0},\beta_0)$ 表示名义工作点,并用 a_{y0} 和 $\dot{r}_0$ 分别表示 a_y 和 $\dot{r}$ 在该点的值,则有

$$\left.\begin{aligned} a_{y0} &= g_1(\mu_{l0},\mu_{r0},\beta_0) \\ \dot{r}_0 &= g_2(\mu_{l0},\mu_{r0},\beta_0) \end{aligned}\right\} \tag{4-54}$$

在名义工作点处,动力学方程(4-54)可以线性化为

$$\left.\begin{aligned} a_y &= a_{y0} + \left.\frac{\partial g_1}{\partial \mu_l}\right|_{P_0}\Delta\mu_l + \left.\frac{\partial g_1}{\partial \mu_r}\right|_{P_0}\Delta\mu_r + \left.\frac{\partial g_1}{\partial \beta}\right|_{P_0}\Delta\beta \\ \dot{r} &= \dot{r}_0 + \left.\frac{\partial g_2}{\partial \mu_l}\right|_{P_0}\Delta\mu_l + \left.\frac{\partial g_2}{\partial \mu_r}\right|_{P_0}\Delta\mu_r + \left.\frac{\partial g_2}{\partial \beta}\right|_{P_0}\Delta\beta \end{aligned}\right\} \tag{4-55}$$

式中:

$$\Delta\mu_l = \mu_l - \mu_{l0},\quad \Delta\mu_r = \mu_r - \mu_{r0},\quad \Delta\beta = \beta - \beta_0 \tag{4-56}$$

采用差分形式,式(4-55)可被重写为

$$\left.\begin{aligned} x_1 &= b_{11}\Delta\mu_l + b_{12}\Delta\mu_r + b_{13}\Delta\beta \\ x_2 &= b_{21}\Delta\mu_l + b_{22}\Delta\mu_r + b_{23}\Delta\beta \end{aligned}\right\} \tag{4-57}$$

式中:

$$\left.\begin{aligned} x_1 &= a_y - a_{y0} \\ x_2 &= \dot{r} - \dot{r}_0 \end{aligned}\right\} \tag{4-58}$$

$$b_{i1} = \left.\frac{\partial g_i}{\partial \mu_l}\right|_{P_0},\quad b_{i2} = \left.\frac{\partial g_i}{\partial \mu_r}\right|_{P_0},\quad b_{i3} = \left.\frac{\partial g_i}{\partial \beta}\right|_{P_0} \qquad i = 1,2 \tag{4-59}$$

定义参数向量 $\boldsymbol{\theta}$ 和输出向量 $\boldsymbol{x}$ 为

$$\left.\begin{aligned} \boldsymbol{\theta} &= [\Delta\mu_l \quad \Delta\mu_r \quad \Delta\beta]^{\mathrm{T}} \\ \boldsymbol{x} &= [x_1 \quad x_2]^{T} \end{aligned}\right\} \tag{4-60}$$

则输出向量误差为

$$\boldsymbol{e}_k = \boldsymbol{x}_k - \boldsymbol{B}\hat{\boldsymbol{\theta}}_k \tag{4-61}$$

式中:

$$\boldsymbol{B} = \begin{bmatrix} b_{11} & b_{12} & b_{13} \\ b_{21} & b_{22} & b_{23} \end{bmatrix} \tag{4-62}$$

采用文献[28]中形式上与式(4-43)略有不同的 RSL 算法,此处求解的迭代方程为

$$\left.\begin{aligned}&\hat{\boldsymbol{\theta}}_{k+1}=\hat{\boldsymbol{\theta}}_{k}+\boldsymbol{F}_{k+1}\boldsymbol{B}^{\mathrm{T}}(\boldsymbol{x}_{k+1}-\boldsymbol{B}\hat{\boldsymbol{\theta}}_{k})\\&\boldsymbol{F}_{k+1}=\frac{1}{\lambda}[\boldsymbol{F}_{k}-\boldsymbol{F}_{k}\boldsymbol{B}^{\mathrm{T}}(\lambda\boldsymbol{I}+\boldsymbol{B}\boldsymbol{F}_{k}\boldsymbol{B}^{\mathrm{T}})^{-1}\boldsymbol{B}\boldsymbol{F}_{k}]\\&\hat{\boldsymbol{\theta}}_{1}=\boldsymbol{\theta}_{0},\quad \boldsymbol{F}_{1}=\sigma\boldsymbol{I}\end{aligned}\right\}\tag{4-63}$$

式中：$\boldsymbol{\theta}_0$ 通常取 $\mathbf{0}$；σ 为一大数；$\boldsymbol{I}$ 为 2×2 单位矩阵。

由于线性化只在 $\boldsymbol{\theta}$ 取较小值时成立，当所估计的重心侧偏角及路面附着系数偏离当前名义工作点较大时，以 $(\mu_{l0}+\Delta\mu_l,\mu_{r0}+\Delta\mu_r,\beta_0+\Delta\beta)$ 代替 P_0 作为新的名义工作点。相应的线性化方程(4-55)及系数矩阵 $\boldsymbol{B}$ 也要更新。

当以下任一条件满足时，更新名义工作点：

$$\left.\begin{aligned}\|\hat{\boldsymbol{\theta}}\|&>\varepsilon\\ n&>n_0\end{aligned}\right\}\tag{4-64}$$

式中：ε 为一预设的小的正数；n 为自确定最新名义工作点起的计算步数，n_0 为一预设的步数门槛值。

为避免所估计的参数变化过快导致不合理或不可能的结果，需要限定重心侧偏角及路面附着系数的变化幅度：$\hat{\mu}_l$、$\hat{\mu}_r$ 及 $\hat{\beta}$ 的最大增(减)幅分别为 0.1 rad、0.1 rad 和 0.005 rad。例如，估计出重心侧偏角当前时刻和下一时刻值分别为 $\hat{\beta}_k=0.0023$ rad 及 $\hat{\beta}_{k+1}=-0.0075$ rad，则以 $\hat{\beta}_{k+1}=-0.0027$ rad 为下一时刻的最终估计值。一旦重心侧偏角或路面附着系数超过了增幅限定，迭代矩阵 $\boldsymbol{F}_{k+1}$ 的值将重置为初始值 $\sigma\boldsymbol{I}$ 。

在每个名义工作点处，偏导数的近似计算公式为

$$\left.\begin{aligned}\left.\frac{\partial g_i}{\partial\mu_l}\right|_{P_0}&=\frac{g_i(\mu_{l0}+\Delta\mu_{l0},\mu_{r0},\beta_0)-g_i(\mu_{l0}-\Delta\mu_{l0},\mu_{r0},\beta_0)}{2\Delta\mu_{l0}}\\\left.\frac{\partial g_i}{\partial\mu_r}\right|_{P_0}&=\frac{g_i(\mu_{l0},\mu_{r0}+\Delta\mu_{r0},\beta_0)-g_i(\mu_{l0},\mu_{r0}-\Delta\mu_{r0},\beta_0)}{2\Delta\mu_{r0}}\qquad i=1,2\\\left.\frac{\partial g_i}{\partial\beta}\right|_{P_0}&=\frac{g_i(\mu_{l0},\mu_{r0},\beta_0+\Delta\beta_0)-g_i(\mu_{l0},\mu_{r0},\beta_0-\Delta\beta_0)}{2\Delta\beta_0}\end{aligned}\right\}\tag{4-65}$$

2. Matlab/Simulink 仿真验证

采用基于集成控制的 AFS/DYC(Direct Yaw-moment Control，意为直接横摆力矩控制)仿真数据及 Matlab/Simulink 进行双移线工况下的仿真验证。车辆采用非线性 8-DOF 动力学模型、侧偏-纵滑联合工况轮胎模型及单点预瞄驾驶员模型[29]，控制输入为修正前轮转角和作用于某一车轮的制动力矩。

前轮转角、作用在某一轮上的制动力矩、横摆角速度、侧向加速度及车速作为 RSL 估计器的输入信号，估计器估算得到的重心侧偏角和路面附着系数将与 Matlab/Simulink 双移线工况输出的仿真数据进行比较，并以此来评判估计效果。

双移线工况分别采用车速为 110 km/h 、附着系数 0.8 的高附着路面及车速 40 km/h、附着系数 0.2 的低附着路面。重心侧偏角初始值设为 0，左、右两侧路面附着系数的名义值为 0.8、0.8 或 0.2、0.2。遗忘因子 λ 取值 0.975，式(4-63)中的 σ 值设为 1。

估计器的输入信号、估算结果及对比数据如图 4-14 和图 4-15 所示。当集成控制停止干预时，重心侧偏角和路面附着系数将被重置为初始值。这是因为以现有的主动安全系统车

载传感器，在线性区无法估算路面附着系数。

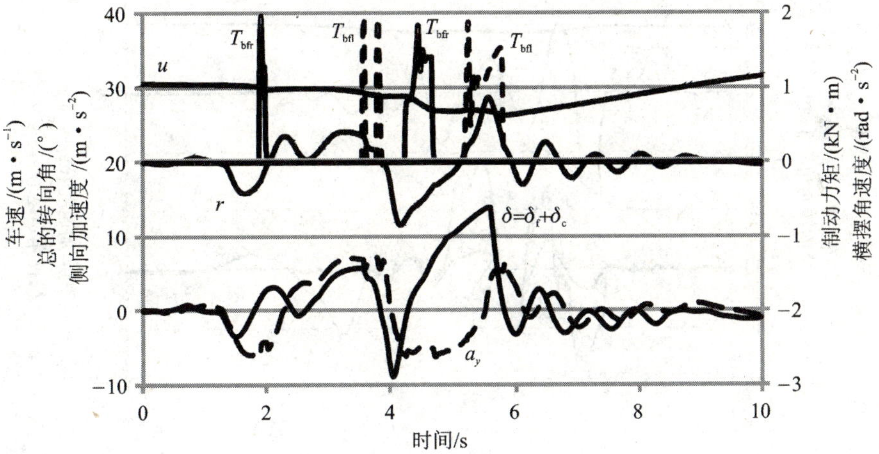

(a) 估计器输入信号

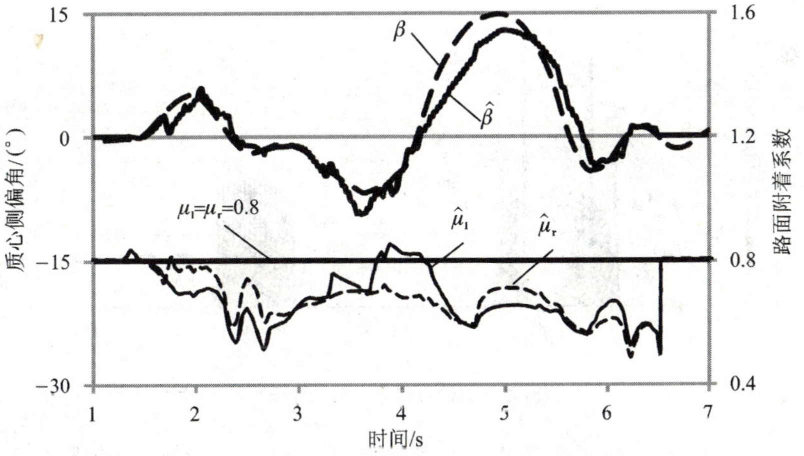

(b) 估算结果和真实信号对比

图 4－14　车速 110 km/h，高附着双移线工况

图 4－14 表明，在高速高附着双移线工况，重心侧偏角能较好地跟随真实值。路面附着系数总体上均值低于真实值，但该估计结果仍在一定程度上可接受，因为至少可以判断出路面附着状况是属于正常路面（$\hat{\mu} \geqslant 0.5$）、湿滑路面（$0.3 \leqslant \hat{\mu} < 0.5$）还是冰雪路面（$\hat{\mu} < 0.3$）。

低速低附着的双移线工况仿真结果如图 4－15 所示。由于车速和路面附着系数极低，从估计角度来讲这是一种极限工况，但重心侧偏角和路面附着系数都很好地跟随了真实值。由图可知，路面附着系数在 11 s 后，即双移线工况结束后，变得不是很准确。然而，这对控制算法并没有不利的影响，因为并不需要利用线性区的路面附着系数估计值做任何事情。

为了评价 RSL 算法估计器的准确性，图 4－16 所示为文献[30]中的采用单轨车辆模型在同工况条件下基于动力学模型和状态观测器的估计结果。由对比可知，基于动力学模型和状态观测器的估计结果准确性更高。图 4－15 中，4.2～5.8 s 重心侧偏角变化率较大时，估计值响应不够快，即不能很好地跟随真实值而出现了较大的误差。在 10.1 节和 10.2 节中将看到，该误差能通过与运动学方法的联合运用得以降低。

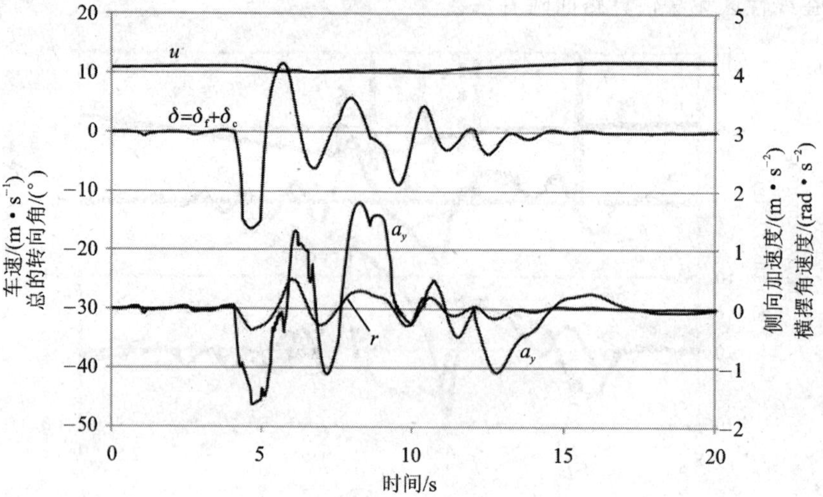

(a) 估计器输入信号（第一部分）

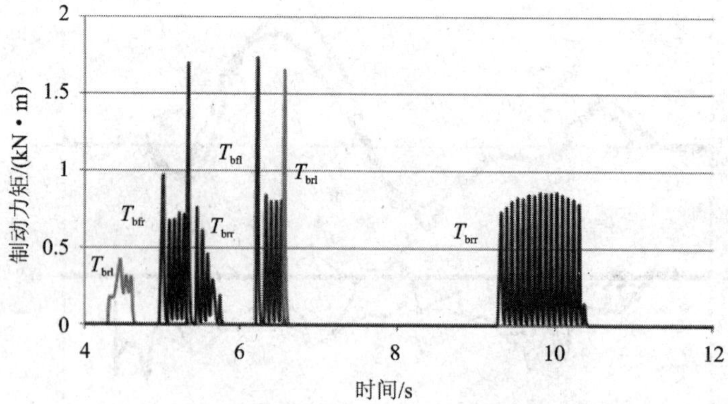

(b) 估计器输入信号（第二部分）

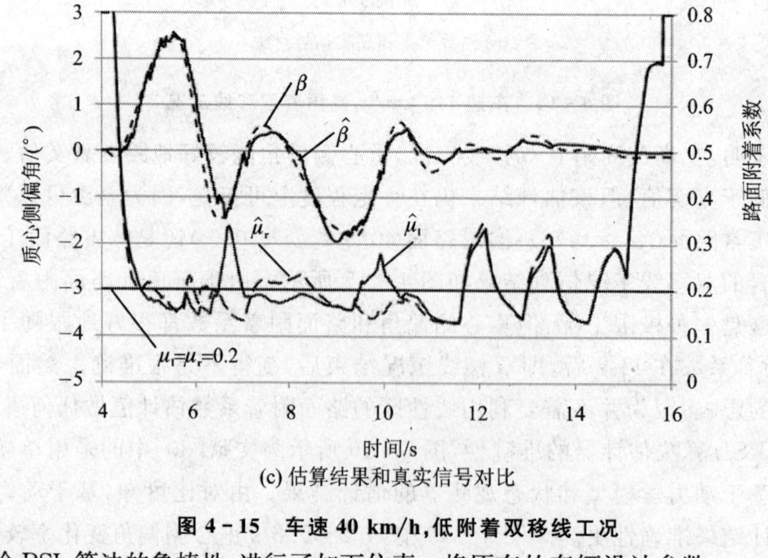

(c) 估算结果和真实信号对比

图 4－15　车速 40 km/h,低附着双移线工况

为了检验 RSL 算法的鲁棒性,进行了如下仿真。将原有的车辆设计参数 $m=1\ 535$ kg, $m_s=1\ 318$ kg; $I_x=445$ kg·m^2, $I_z=2\ 513$ kg·m^2 替换为 $m=1\ 997$ kg, $m_s=1\ 780$ kg, $I_x=$

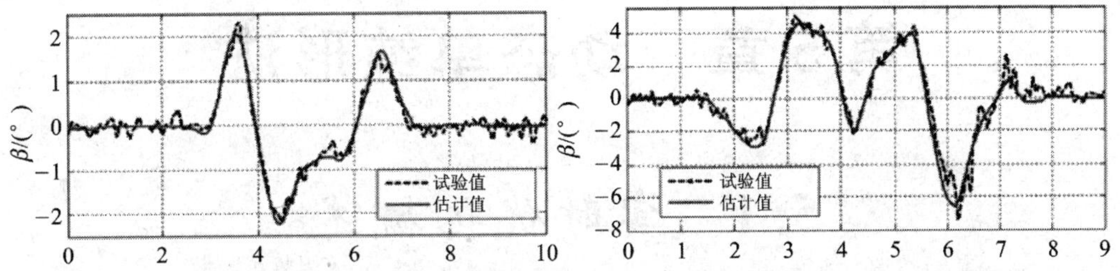

(a) 干沥青路面：90 km/h,最大加速度a_y为6 m/s²　　(b) 冰雪路面：75 km/h,最大加速度a_y为3.8 m/s²

图 4-16　单轨车辆模型双移线工况下基于动力学模型和状态观测器的估计结果(来源于文献[30])

601 kg·m², I_z =3 269 kg·m²,双移线工况保持不变。图 4-17 的仿真结果表明,改变参数后,估计结果虽部分偏离真实值,但仍可接受。对比可知,图 4-17 中鲁棒性检验估算出的路面附着系数比图 4-14 的结果偏离真实值更远些。

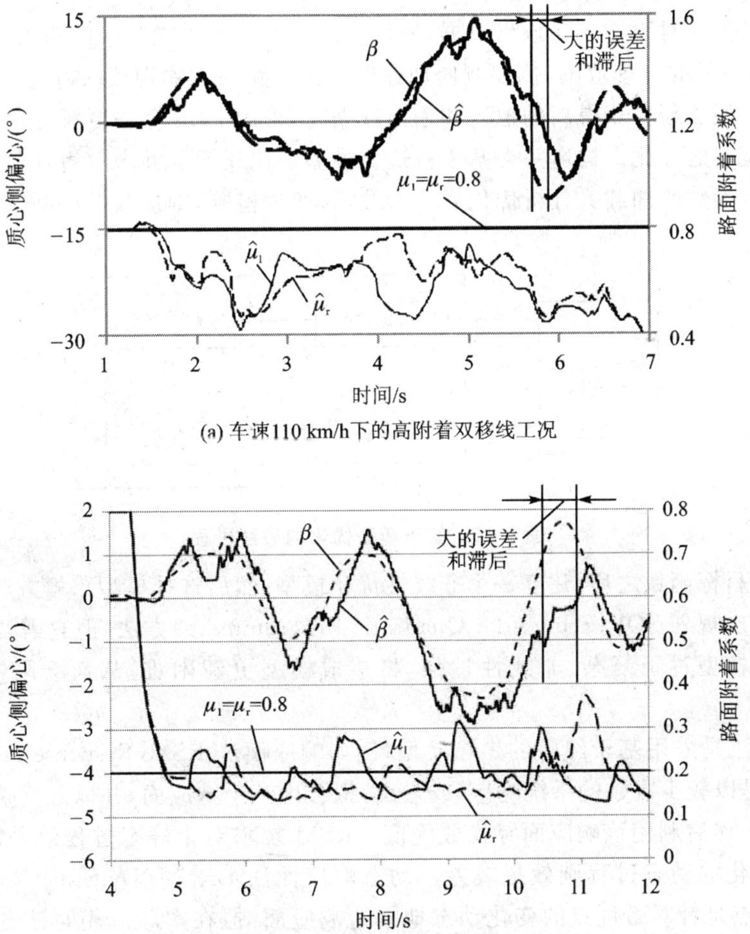

(b) 车速38.5 km/h下的低附着双移线工况

图 4-17　双移线工况下的鲁棒性仿真验证

第5章 动态单纯形法

5.1 实时优化概述

参数估计也可以采用优化方法。譬如将待估计参数看成优化设计变量，以模型输出与其测量值的偏差（绝对值或平方）最小为优化目标，即可构造一个优化模型。因为汽车运动过程中路面附着系数、路面横坡角、车辆运动状态等实时发生变化，所以需要采用实时优化（亦称为在线优化），以便让优化设计变量持续地向其动态工作点趋近。

动态在线优化方法可以分成基于模型的方法和直接搜索方法两大类。基于模型的实时优化过程由以下四个步骤组成（见图 5-1）：

① 数据检验。对于输入与输出数据，采用一致检验技术去除其中的粗大误差。某些数据如果超出该物理量的合理范围，例如侧向加速度超出了路面的物理极限时，则可直接剔除。

② 过程模型更新。获得新的输入和输出数据时，采用 RLS 算法更新过程模型。

③ 基于模型的优化。构造一个基于自适应模型的优化问题并求解得到最优工作点。

④ 优化后参数的加载。分析优化后的参数，若通过检验，则加载至控制器以更新参数值。

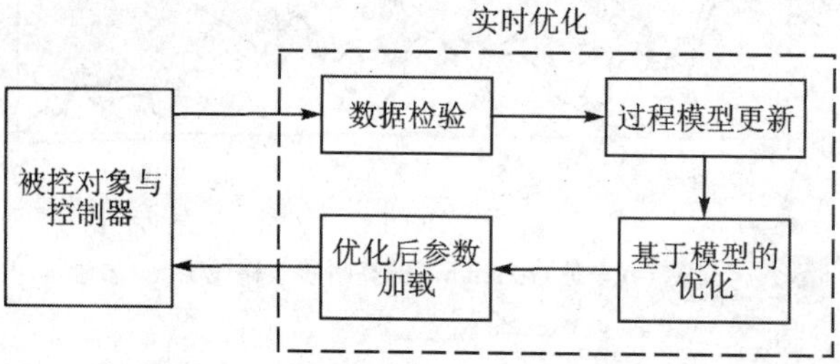

图 5-1 基于模型优化的典型过程

在确定了目标函数之后，建立一个非线性优化模型，然后选择模型求解方法。采用最多的方法是序列二次规划 SQP(Sequential Quadratic Programming)方法，但它需要一个“好”的过程模型。如果模型过于复杂、非线性过强，将造成模型更新困难，从而会限制 SQP 方法的应用。

另一种方法是采用基于经验的黑箱模型，例如响应面法 RSM(Response Surface Method)。RSM 的原理是以较少次数的系统响应（或输出）拟合出一个响应面，并以此反映特定工作点附近的过程特性，然后利用该响应面寻找最优值。RSM 技术对于静态过程效果较好，而对于最优点随时间变化的动态过程则效果较差。动态响应面法 DRSM(Dynamic Response Surface Method)的特点是针对最优点的变化动态地构造响应面，但在实际应用时该方法仍存在一些难以解决的问题。例如，DRSM 算法对参数选择特别敏感、优化结果与真实最优值的偏差较大等。

无论是 RSM 还是 DRSM，当输入的数量增加时，构造响应面所需的测量（即响应）数量将急剧增加。对于实时优化来说，这些方法的缺点是显而易见的。1965 年，Nelder 和 Mead 提出单纯形法，其突出优点是在每一个方向上只需一次测量即可构造一个新的单纯形。此外，单纯形法不需要过程模型，且也能用于最优点时变的动态过程优化。不借助于过程模型而直接寻找最优点称为“直接搜索”。因为直接搜索法无需获取过程模型建立和更新所需的数据，所以该方法所需要的测量数据较少。

对于一般的非线性时变系统，其目标函数可以表示为

$$\boldsymbol{y} = f(\boldsymbol{x}, \theta_t, t) + \boldsymbol{w} \tag{5-1}$$

$$J = g(\boldsymbol{y}, \boldsymbol{x}) \tag{5-2}$$

式中：f 和 g 皆为非线性函数；$\boldsymbol{x}$ 为过程输入；θ_t 为时变参数；$\boldsymbol{y}$ 为过程输出；$\boldsymbol{w}$ 为噪声；J 为极小化目标函数。对于实时过程，$\boldsymbol{y}$ 通过测量得到。

5.2　Nelder-Mead 单纯形法和动态单纯形法

5.2.1　Nelder-Mead 单纯形法

自 1965 年被首次提出后，Nelder-Mead 单纯形法因其简单和高效获得了广泛应用。所谓 N 维空间 $\mathbf{R}^N$ 中的单纯形 S，是指由 $(N+1)$ 个顶点 $\{\boldsymbol{z}_j\}_{j=1}^{N+1}$ 组成的凸多面体。这些顶点应满足非退化条件，即单纯形的体积不为零。

Nelder-Mead 单纯形法是一个从初始单纯形开始的迭代算法。第 k 轮迭代时，首先按目标函数值大小对各顶点排序后编号，使它们满足

$$g_1^{(k)} \geqslant g_2^{(k)} \geqslant \cdots \geqslant g_{N+1}^{(k)} \tag{5-3}$$

式中：$g_j^{(k)} = g(\boldsymbol{z}_j^{(k)})$ 为目标函数值。因为优化的目的是极小化目标函数 g，所以将 $\boldsymbol{z}_{N+1}^{(k)}$ 称为最好点，$\boldsymbol{z}_2^{(k)}$ 和 $\boldsymbol{z}_1^{(k)}$ 分别称为次差点和最差点。接下来，设法用一个新的比较好的点替换最差点，从而构成一个新的单纯形。随着这种替换过程按照一定的规则不断地进行，单纯形向函数值最小的方向移动。

在选择新的比较好的点替换最差点的过程中，包含反射、扩张和压缩三种类型的操作步骤。下面以二维优化问题为例予以说明。

如图 5-2 所示，设二维目标函数为 $g(\boldsymbol{z}) = g(x_1, x_2)$，在平面 $x_1 - x_2$ 上，$\boldsymbol{z}_h$、$\boldsymbol{z}_l$ 和 $\boldsymbol{z}_m$ 为不在同一直线上的三个点，并以它们为顶点构造单纯形—三角形。计算顶点处的目标函数值 $g(\boldsymbol{z}_h)$、$g(\boldsymbol{z}_l)$ 和 $g(\boldsymbol{z}_m)$，若

$$g(\boldsymbol{z}_h) \geqslant g(\boldsymbol{z}_m) \geqslant g(\boldsymbol{z}_l)$$

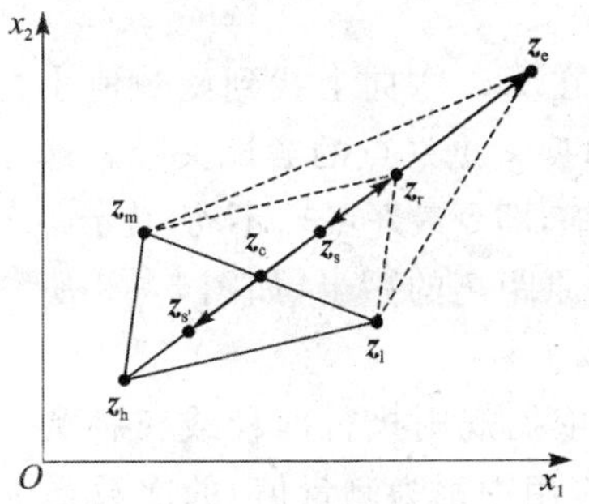

图 5-2　单纯形法的寻优操作示意图

则说明 z_h 点最差、z_l 点最好。故应该丢弃 z_h 点并设法寻找更好的点替换该点，从而形成新的单纯形。为此，先找出除 z_h 以外原单纯形的所有顶点的形心 z_c。本例中 z_c 为线段 $z_m z_l$ 的中点。连接 $z_h z_c$ 并在其延长线上取一点 z_r，使

$$z_r = z_c + \alpha(z_c - z_h) \qquad (5-4)$$

式中：α 为反射系数，一般取 $\alpha = 1$。

z_r 点称为最差点 z_h 的映像点，相应的操作称为反射。反射之后的操作与映像点 z_r 的函数值有关，下面予以说明：

① 若

$$g(z_r) < g(z_l)$$

则表明反射操作代表的搜索方向正确，可进一步扩大效果。继续沿 $z_h z_r$ 方向进行扩张，在更远处取一点 z_e，使得

$$z_e = z_c + \gamma(z_r - z_c)$$

式中：γ 为扩张系数，$\gamma = 1.2 \sim 2.0$，一般取 $\gamma = 2$。

进一步，如果 $g(z_e) < g(z_l)$，说明扩张有利，就用 z_e 替换最差点 z_h 构成新的单纯形 $\{z_m, z_l, z_e\}$；否则，说明扩张不利，仍以 z_r 替换 z_h，构成新的单纯形 $\{z_m, z_l, z_r\}$。

② 若

$$g(z_l) \leqslant g(z_r) < g(z_m)$$

则也用映像点 z_r 替换最差点 z_h 构成新的单纯形 $\{z_m, z_l, z_r\}$。

③ 若

$$g(z_m) \leqslant g(z_r) < g(z_h)$$

则表明 z_r 点走得太远，应缩回一些，即进行压缩。取压缩点为

$$z_s = z_c + \beta(z_r - z_c)$$

式中：β 为压缩系数，常取 $\beta = 0.5$。此时若

$$g(z_s) < g(z_h)$$

则用 z_s 替换 z_h 形成新的单纯形 $\{z_m, z_l, z_s\}$，否则仍以 z_r 替换 z_h 构成新的单纯形。

④ 若

$$g(z_r) \geqslant g(z_h)$$

则可能需压缩得更多一些。将新点压缩至 z_h 与 z_c 之间，所得压缩点为

$$z_{s'} = z_c - \beta(z_c - z_h)$$

如果 $g(z_{s'}) < g(z_h)$，则以 $z_{s'}$ 替换 z_h 形成新的单纯形 $\{z_m, z_l, z_{s'}\}$；否则进入下一步。

⑤ 若以上所有操作都不能在 $z_h z_c$ 方向上找到函数值小于 $g(z_h)$ 的点，则表明沿此方向搜索更好点的尝试失败。这时，可使单纯形向最好点进行收缩，即令最好点 z_l 不动，其余各顶点 z_m、z_h 皆向 z_l 移近为各自原距离的一半，如图 5-3 所示。收缩后的新单纯形为 $\{z_{h'}, z_{m'}, z_l\}$。

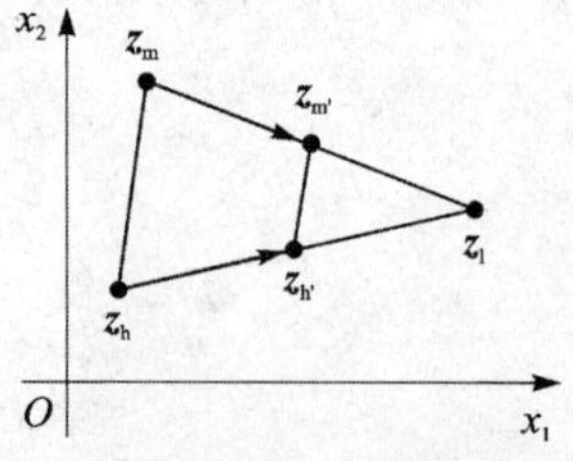

图 5-3 单纯形法中向最好点收缩的操作示意图

单纯形法的每一轮迭代时依据规则执行两种或三种类型的操作，其计算函数值（实时应用中则为测量值）的次数要少于遗传算法和 RSM 算法等其他直接搜索法和基于模型的方法。

5.2.2 动态单纯形法的算法和步骤

上述 Nelder-Mead 单纯形法具有函数值计算次数少、算法简单的优点，但缺点是仅适用于具有静态最优值的问题。动态单纯形法 DSA(Dynamic Simplex Algorithm)是在单纯形法基础上发展起来的、适合于处理动态最优点的实时优化方法。对于任何一点函数值都随时间变化的动态优化问题，受到计算资源的限制，不大可能在每一轮迭代时计算单纯形所有顶点的函数值。但如果将采样时间设置得比过程的主时间常数或干扰的时间常数小很多，则某一采样时刻的测量值在随后一段较短的时间内与其随时间变化的真实值仍然较接近。换句话说，只要更新频率足够高，后续迭代过程中可以使用以前采样时刻的测量值。考虑到本轮迭代中的最好点对搜索方向的影响最大，每轮迭代结束时都更新该点的测量值将有利于单纯形更好地跟踪动态最优点。

不失一般性，总可以通过设计变量的尺度变换将初始单纯形设定为一个正多面体。为简化实时优化的步骤，下面给出的 DSA 中均采用大小固定的正多面体，且只进行反射操作。

DSA 第 k 轮迭代包含以下步骤：

① 第 k 轮起始单纯形为 $S_0 = \{z_j\}_{j=1}^{N+1}$，各顶点的目标函数值为 $\{g_j\}_{j=1}^{N+1}$。

② 按照目标函数值大小对各顶点进行排序和编号，使得它们满足式(5-3)的要求。

③ 连续反射。

对单纯形 S_0 的第一点(也是最差点) x_1 进行单点反射，映像点 x_{N+2} 坐标为

$$z_{N+2} = \frac{2}{N}\sum_{j=2}^{N+1} z_j - z_1 \tag{5-5}$$

获取 z_{N+2} 的响应(也就是函数值或测量值) $g_{N+2} = g(z_{N+2})$。这样，形成一个新的单纯形 $S_1 = \{z_j\}_{j=2}^{N+2}$。对单纯形 S_1 的第一点(即序号最小的顶点，但它不一定是最差点) z_2 进行反射，得到新的映像点为

$$z_{N+3} = \frac{2}{N}\sum_{j=3}^{N+2} z_j - z_2 \tag{5-6}$$

求出新映像点的响应 $g_{N+3} = g(z_{N+3})$。如此，便得到第二个新单纯形 $S_2 = \{z_j\}_{j=3}^{N+3}$。连续反射新生成的单纯形的第一点，直到反射操作次数达到 M 时，得对第 M 个新单纯形 $S_M = \{z_j\}_{j=M+1}^{N+M+1}$。

④ 确定第$(k+1)$轮迭代的起始单纯形。

对于第 k 轮新生成的单纯形 $\{S_p\}_{p=1}^{M}$，按下式计算各单纯形的平均函数值：

$$\bar{g}_{S_p} = \frac{1}{N+1}\sum_{j=p+1}^{N+p+1} g_j \qquad p = 1,2,\cdots,M \tag{5-7}$$

然后找出平均函数值最小的单纯形 S_q，它应当满足：

$$\bar{g}_{S_q} = \min\{\bar{g}_{S_p}\}_{p=1}^{M} \tag{5-8}$$

⑤ 重新获取 S_q 之顶点 z_{N+1} 处的响应。

⑥ 将 S_q 设定为下一轮迭代的起始单纯形。

图 5-4 所示为 DSA 算法流程图及其图解说明。

与传统的 Nelder-Mead 单纯形法和其他优化算法不同的是，DSA 并不需要进行是否收敛的判断。因为最优点在优化空间中是动态变化的。另一点不同的是下一轮迭代的起始单元总

是从本轮新生成的单纯形中产生，确保了任意相邻两轮迭代总始于不同的单纯形。这与动态优化过程中最优点具有时变特征是相适应的。因为试图跟踪一个移动的最优点，有时就会出现函数值增加的现象。

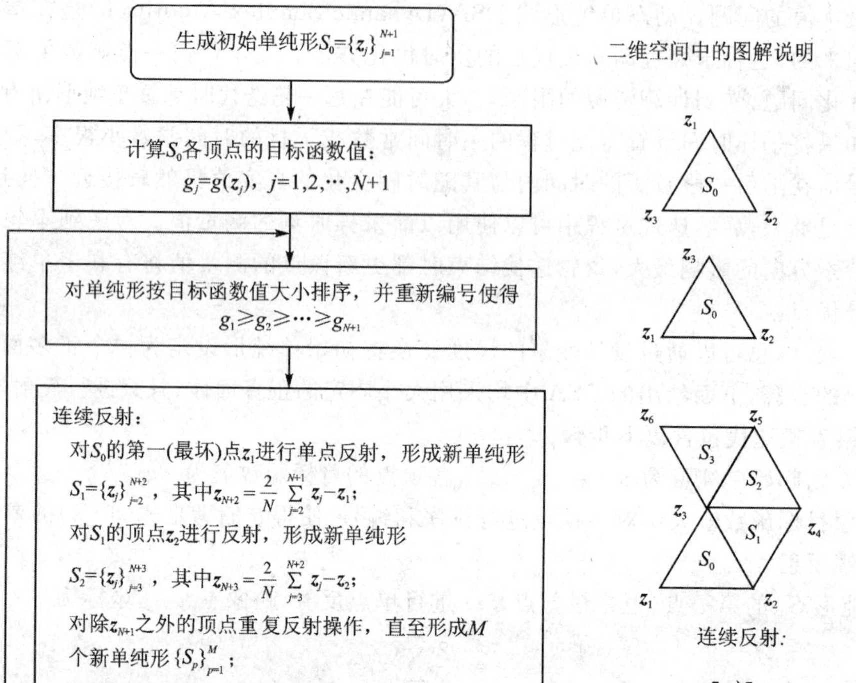

图 5-4　DSA 流程图及其图解说明

5.2.3　DSA 参数选择

单纯形大小 s 和连续反射次数 M 是影响 DSA 特性的两个参数。多数情况下 M 取一较小值即可，如取 $M=2$ 或 3。而 s 的大小应当适中。若 s 过大，则收敛于最优点的精度将降低；相反，若 s 过小，则导致单纯形可能跟不上最优点的移动速度，即动态响应能力下降。可以用

图 5－5 来反映单纯形大小对跟踪精度和动态响应的影响。该动态优化问题为车辆重心侧偏角和两侧路面附着系数的估计，工况为带有 AFS 和 DYC 集成控制功能的汽车在附着系数为 0.2 的路面上以约 11 m/s 的车速执行双移线操作。当单纯形（此问题中为正四面体，因为设计变量数为 3）的边长（用 l_s 表示）足够大时，参数估计值能迅速跟踪其实际值，但估计误差较大，如图 5－5(a)所示。若减小单纯形边长，总体估计精度提高，但初始阶段的动态响应变慢，如图 5－5(b)所示。如果进一步减小单纯形边长，则总体估计精度提高和动态响应变慢的趋势依然存在，如图 5－5(c)所示。图中的竖线表示初始阶段估计值追赶上实际值的大致时刻。

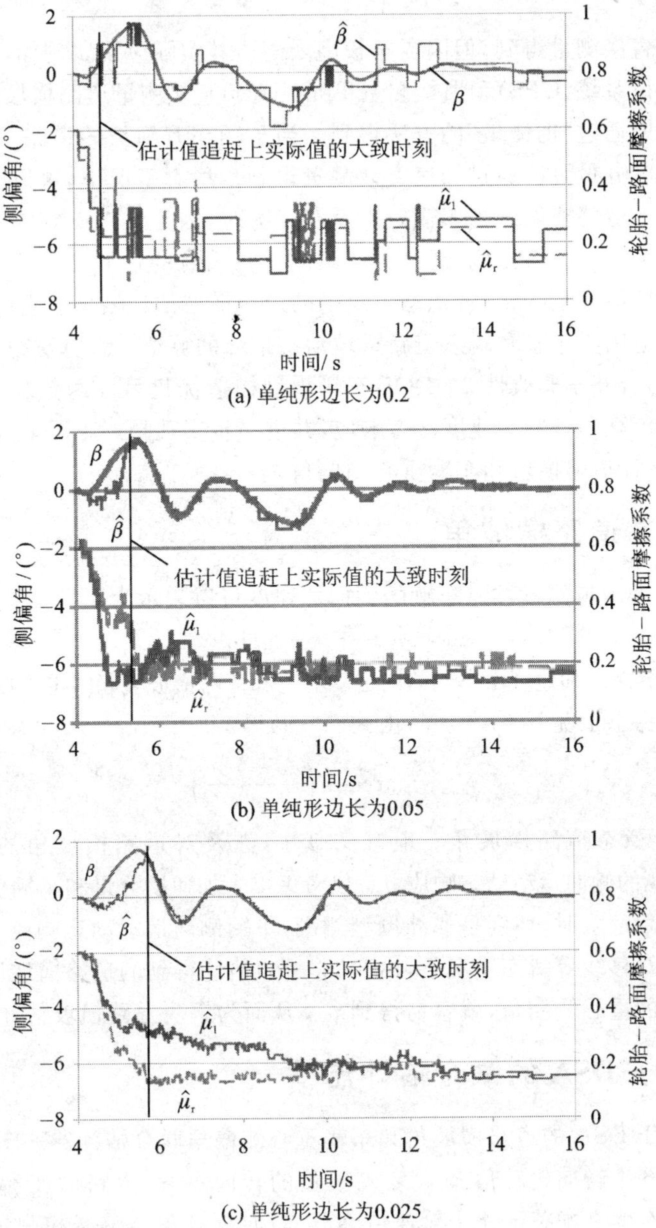

图 5－5　单纯形大小对估计精度和初始响应快慢的影响

5.3 DSA 算法的应用

本节以道路横坡估计为例介绍 DSA 算法的应用。路面附着系数、道路横向坡度和路面不平度等道路条件对车辆侧倾稳定性能有重要影响。作为测量量的车辆侧向加速度被广泛应用于车辆状态参数估计和主动安全控制，而道路横坡对该参数的测量结果有直接影响。如果不考虑道路横坡的影响，将可能导致较大的车辆状态参数估计误差，并影响主动安全控制系统的控制决策。

道路横坡可以直接测量得到，但因成本较高限制了其实际应用。例如，文献[31]中就介绍了一种使用全球定位系统(GPS)和惯性测量单元(IMU)直接测量道路横坡的方法。

道路横坡还可以通过“伪测量”的方法得到。当车辆在有横坡的道路上行驶时，重力加速度在簧载质量的侧向分量可以通过加速度计测量得到。稳态工况下，可以通过测量侧向加速度和横摆角速度估计道路横坡。当车辆处于瞬态工况时，因为难以确定测量的侧向加速度中由道路横坡引起的部分占多大比例，现有方法不能得到满意的估计结果。少数学者假定车辆行驶过程中道路横坡不发生变化，将稳态工况下的道路横坡估计结果扩大应用于瞬态工况。

这里提出一种适用于稳态和瞬态道路横坡动态估计的算法。该算法以车辆侧向加速度和横摆角速度等为输入，基于非线性 2-DOF 车辆模型构造优化目标函数。考虑到利用重心侧偏角可以更准确地计算车辆侧向速度动态响应，并进一步实现瞬态工况下的道路横坡估计，所以采用 DSA 同时估计道路横坡和车辆重心侧偏角。

5.3.1 稳态道路横坡角

参见图 2-16，考虑道路横坡时车辆的侧向加速度可以表示为

$$a_y = \dot{v}_y + v_x r + g\sin\phi_B \tag{5-9}$$

式(5-9)表明，车辆的侧向加速度由车辆侧向运动响应和道路横坡引起的重力加速度分量组成。

当车辆运行在稳态工况下，$\dot{v}_y = 0$，由式(5-9)得：

$$\phi_{B,S} = \arcsin\left(\frac{a_y - r v_x}{g}\right) \tag{5-10}$$

式中：$\phi_{B,S}$ 一般称为稳态道路横坡角。现有文献中，涉及对道路横坡角的估计大多基于式(5-10)，即忽略车辆的侧向运动动态响应 $\dot{v}_y$，仅考虑重力加速度分量和车辆横摆运动的影响。

但当车辆有侧翻危险时，特别是非绊倒型侧翻，车辆侧向运动动态响应一般均较大。例如在阶跃转向输入和双移线等瞬态工况下，由式(5-10)估计得到的道路横坡误差就较大。如果能够准确估计车辆的重心侧偏角，就容易得到 $\dot{v}_y$，从而为解决道路横坡估计提供有效途径。

5.3.2 基于 DSA 的联合估计器

下面将提出基于 DSA 的道路横坡角和车辆重心侧偏角联合估计器。图 5-6 所示为联合估计器的方框图。图中转向轮转角 δ_f 代表驾驶员的转向意图，道路横坡 ϕ_B 为设定的道路条件。假定仿真试验车辆上配备了 4 个轮速传感器、转向盘转角传感器和测量车辆重心处侧向加速度和横摆角加速度的单轴陀螺仪。车速根据轮速估计得到，而转向轮转角由转向盘转角除以转向系传动比得到。

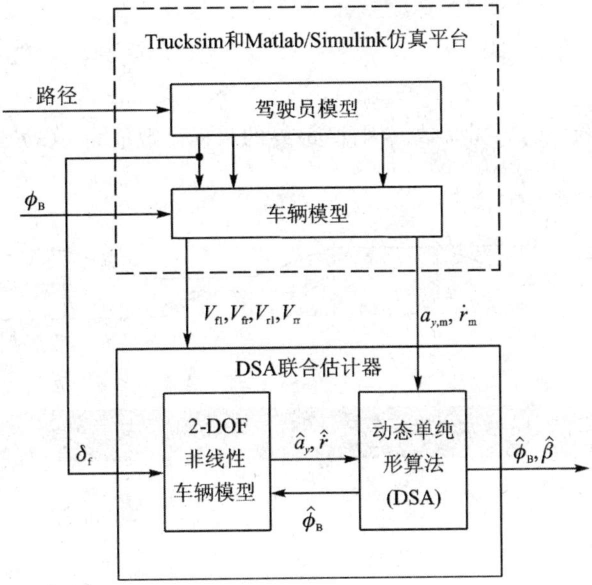

图 5-6　DSA 联合估计器及仿真平台方框图

该估计器首先以驾驶员转向输入 δ_f 和估计出的车速 $\hat{v}_x$ 为输入，根据第 2 章介绍的 2-DOF 非线性车辆模型式(2-32)和式(2-33)等计算出车辆的预期响应 $\hat{a}_y$ 和 $\hat{\dot{r}}$。该期望响应与它们的实测值 a_{ym} 和 $\dot{r}_m$ 共同作为 DSA 的输入。DSA 根据考虑道路横向坡度的车辆侧向加速度计算公式，构造合适的目标函数，实时估计道路横向坡度角和车辆重心侧偏角。

5.3.3　联合估计器的优化模型

将道路横坡角和车辆重心侧偏角作为 DSA 的优化设计变量。若这两个变量的估计误差越小，则根据图 5-6 所示的 2-DOF 非线性车辆模型计算出的 $\hat{a}_y$ 和 $\hat{\dot{r}}$ 将越接近于各自的实测值。采用预期响应与实测值的误差加权平方和作为目标函数，建立如下优化模型：

$$\left.\begin{aligned}&\boldsymbol{x}=[x_1,x_2]^{\mathrm{T}}=[\phi_{\mathrm{B}},\beta/\eta]^{\mathrm{T}}\\&\min f(\boldsymbol{x})=\rho(\hat{a}_y-a_{ym})^2+(\hat{\dot{r}}-\dot{r}_m)^2\\&\mathrm{s.t.}\ \phi_{\mathrm{B\,min}}\leqslant\phi_{\mathrm{B}}\leqslant\phi_{\mathrm{B\,max}}\\&\beta_{\min}\leqslant\beta\leqslant\beta_{\max}\end{aligned}\right\}\tag{5-11}$$

式中：ϕ_{Bmax} 和 $\beta_{\max}$ 分别为可能的最大道路横坡角和最大车辆重心侧偏角；η 是重心侧偏角的尺度变换系数，用于将所构造的单纯形正则化；ρ 是目标函数中的权重。

若式(5-11)中的约束条件不满足，采用罚函数与 $f(\boldsymbol{x})$ 相加得到最终的目标函数 $g(\boldsymbol{x})$。罚函数计算公式分别为

$$f_{\mathrm{p}\phi}=\begin{cases}\lambda_\phi(-\phi_{\mathrm{Bmax}}-x_1), & 若\ x_1<-\phi_{\mathrm{Bmax}}\\0, & 若\ -\phi_{\mathrm{Bmax}}\leqslant x_1\leqslant\phi_{\mathrm{Bmax}}\\\lambda_\phi(x_1-\phi_{\mathrm{Bmax}}), & 若\ x_1>\phi_{\mathrm{Bmax}}\end{cases}\tag{5-12}$$

$$f_{p\beta}=\begin{cases}\lambda_\beta(-\beta_{\max}-\eta x_2), & 若\ \eta x_2<-\beta_{\max}\\ 0, & 若-\beta_{\max}\leqslant \eta x_2\leqslant \beta_{\max}\\ \lambda_\beta(\eta x_2-\beta_{\max}), & 若\ \eta x_2\leqslant \beta_{\max}\end{cases} \tag{5-13}$$

式中：λ_ϕ 和 λ_β 为违反约束的惩罚系数。因此，最终的目标函数值为 $g(\boldsymbol{x})=f(\boldsymbol{x})+f_{p\phi}+f_{p\beta}$。

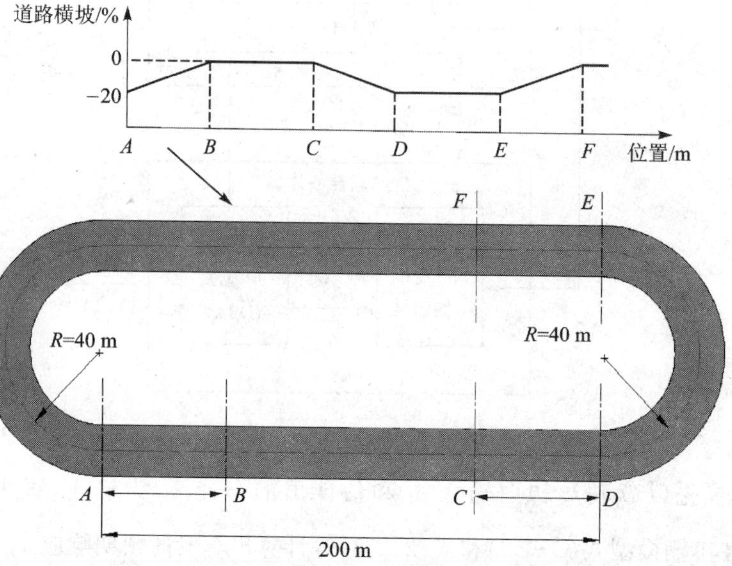

图 5－7　仿真试验场景设置

5.3.4　仿真结果

在 TruckSim/Simulink 仿真试验平台上采用图 5－7 所示的环形试验道路对大客车进行仿真，利用仿真实验数据验证并评价所设计 DSA 估计器。车辆模型所依据的大客车原型如图 5－8所示，并选择高、低两种附着系数作为路面附着条件。DSA 估计器采用表 5－1 所列的设计参数，仿真结果如图 5－9 和图 5－10 所示。

图 5－8　用于仿真试验的车辆模型原型

表 5-1　单纯形算法参数表

参　数	值	参　数	值
l_s /rad	0.01 （对于附着系数无量纲）	λ_β	1 152
		λ_ϕ	28 662
η	0.8	ϕ_{Bmax} /rad	0.45
ρ	1	β_{max} /rad	0.2

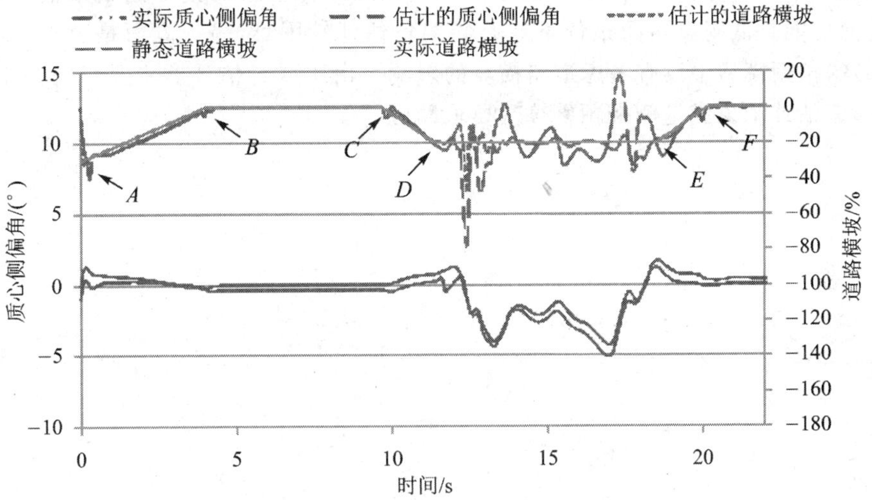

图 5-9　高附着渐变道路横坡条件下的估计结果

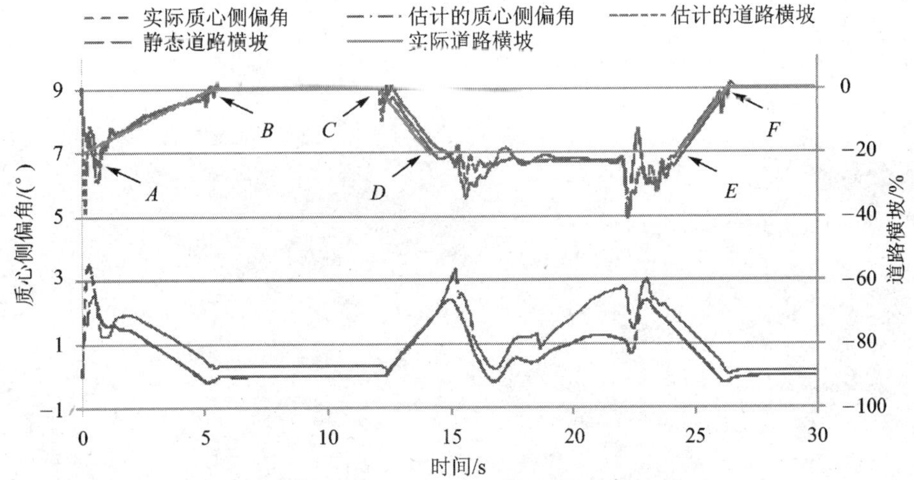

图 5-10　低附着渐变道路横坡条件下的估计结果

与图 5-9 估计结果对应的仿真实验条件为：路面附着系数 0.85，目标车速为 50 km/h。图中上、下两部分分别给出了道路横坡和重心侧偏角的估计结果。图中还给出了根据式(5-10)计算得到的稳态道路横坡值。可以看出，由于 $\dot{v}_y$ 在 A 至 D 点的直线段为 0，此时两种方法估计的道路横坡相差不大且都比较准确。但当车辆自 D 点开始进入弯道，所测量的侧向加速度受到车辆侧向动力学瞬态响应的影响。由于式(5-10)忽略了侧向速度瞬态响应,所以稳态道路横坡值估计误差较大。而DSA估计器较好地估计了重心侧偏角和$\dot{v}_y$的值,同时道路横坡的估计也较为准确。

与图5-10估计结果对应的仿真实验条件为:路面附着系数0.4,目标车速30 km/h。从图中可以看出,由于路面附着系数较小,所以车辆的侧向动力学响应较小。与高附着路面相比,低附着路面条件下的仿真实验采用两种方法估计的道路横坡都更接近真实的道路横坡,但仍然是DSA估计器的估计误差更小。

需要说明的是,低附着条件下车辆在*DE*圆弧路段行驶时的重心侧偏角估计误差较大。原因一方面可能是低附着路面条件下重心侧偏角估计较困难,另一方面是由于式(2-32)和式(2-33)的车辆模型中没有考虑道路横坡的影响。由于联合估计器主要目的在于估计道路横向坡度,其估计结果满足侧翻预警算法要求即可。

第6章　基于局部线性化的广义龙贝格观测器

6.1　广义龙贝格观测器概述

为实现状态反馈，须对控制系统的状态变量进行测量。但在实际系统中，并非所有的状态变量都能测量得到。因此，为了实现状态反馈控制律，就要设法利用已知的信息(输入量和输出量)，通过一个模型来对状态变量进行估计，称为状态观测器。状态观测器实际也是根据控制系统的外部变量(输入变量和输出变量)的实测值得到状态变量估计值的一类动态系统。龙贝格观测器是一种应用广泛的状态观测器，该观测器将输出变量的误差信息反馈给状态方程，以使状态变量估计值尽快逼近真实值。

对于一般形式的非线性系统，其状态方程和量测方程可分别表示为

$$\dot{\boldsymbol{x}} = \boldsymbol{f}(\boldsymbol{x},\boldsymbol{u}) \tag{6-1}$$

$$\boldsymbol{y} = \boldsymbol{h}(\boldsymbol{x},\boldsymbol{u}) \tag{6-2}$$

式中：$\boldsymbol{x}$、$\boldsymbol{y}$ 和 $\boldsymbol{u}$ 分别为状态变量、输出变量和输入变量，皆为一定维数的矢量形式。为了使状态变量估计值 $\hat{\boldsymbol{x}}$ 尽快逼近其真实值 $\boldsymbol{x}$，将输出变量 $\boldsymbol{y}$ 的误差 $\boldsymbol{y}-\hat{\boldsymbol{y}}$ 反馈给状态方程，建立如下形式的广义龙贝格状态观测器：

$$\dot{\hat{\boldsymbol{x}}} = \boldsymbol{f}(\hat{\boldsymbol{x}},\boldsymbol{u}) + \boldsymbol{L}(\hat{\boldsymbol{x}},\boldsymbol{u})(\boldsymbol{y}-\hat{\boldsymbol{y}}) \tag{6-3}$$

$$\hat{\boldsymbol{y}} = \boldsymbol{h}(\hat{\boldsymbol{x}},\boldsymbol{u}) \tag{6-4}$$

式中：$\boldsymbol{L}$ 为适当维数的反馈增益矩阵。

对于非线性系统，广义龙贝格状态观测器模型如图 6-1 所示。图中 $\boldsymbol{x}_0$ 和 $\hat{\boldsymbol{x}}_0$ 分别表示系统和观测器的积分初始值。

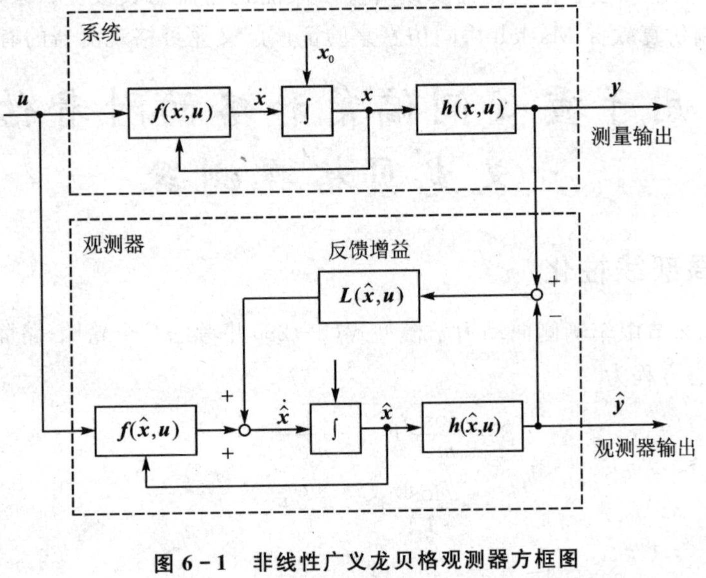

图 6-1　非线性广义龙贝格观测器方框图

定义状态的估计误差为

$$\tilde{\boldsymbol{x}} = \boldsymbol{x} - \hat{\boldsymbol{x}}$$

则由式(6－3)、(6－4)可得

$$\dot{\tilde{\boldsymbol{x}}} = \boldsymbol{f}(\boldsymbol{x},\boldsymbol{u}) - \boldsymbol{f}(\hat{\boldsymbol{x}},\boldsymbol{u}) - \boldsymbol{L}(\hat{\boldsymbol{x}},\boldsymbol{u})[\boldsymbol{h}(\boldsymbol{x},\boldsymbol{u}) - \boldsymbol{h}(\hat{\boldsymbol{x}},\boldsymbol{u})] \tag{6-5}$$

将函数 $\boldsymbol{f}(\boldsymbol{x},\boldsymbol{u})$ 及 $\boldsymbol{h}(\boldsymbol{x},\boldsymbol{u})$ 分别在状态估计量 $\hat{x}$ 附近作泰勒级数展开并忽略二阶及二阶以上各小量，则近似地有

$$\boldsymbol{f}(\boldsymbol{x},\boldsymbol{u}) = \boldsymbol{f}(\hat{\boldsymbol{x}},\boldsymbol{u}) + \left.\frac{\partial \boldsymbol{f}}{\partial \boldsymbol{x}}\right|_{x=\hat{x}} (\boldsymbol{x} - \hat{\boldsymbol{x}}) \tag{6-6}$$

$$\boldsymbol{h}(\boldsymbol{x},\boldsymbol{u}) = \boldsymbol{h}(\hat{\boldsymbol{x}},\boldsymbol{u}) + \left.\frac{\partial \boldsymbol{h}}{\partial \boldsymbol{x}}\right|_{x=\hat{x}} (\boldsymbol{x} - \hat{\boldsymbol{x}}) \tag{6-7}$$

代入式(6－5)，可简化为

$$\dot{\tilde{\boldsymbol{x}}} = [\boldsymbol{A}(\hat{\boldsymbol{x}},\boldsymbol{u}) - \boldsymbol{L}(\hat{\boldsymbol{x}},\boldsymbol{u})\boldsymbol{C}(\hat{\boldsymbol{x}},\boldsymbol{u})]\tilde{\boldsymbol{x}} \tag{6-8}$$

式中：$\boldsymbol{A} = \dfrac{\partial \boldsymbol{f}}{\partial \boldsymbol{x}}$ 和 $\boldsymbol{C} = \dfrac{\partial \boldsymbol{h}}{\partial \boldsymbol{x}}$ 分别为函数 $\boldsymbol{f}(\boldsymbol{x},\boldsymbol{u})$ 及 $\boldsymbol{h}(\boldsymbol{x},\boldsymbol{u})$ 在 $\hat{\boldsymbol{x}}$ 处的雅克比矩阵。

式(6－8)亦被称为误差方程，其误差矩阵定义为

$$\boldsymbol{F}(\hat{\boldsymbol{x}},\boldsymbol{u}) = \boldsymbol{A}(\hat{\boldsymbol{x}},\boldsymbol{u}) - \boldsymbol{L}(\hat{\boldsymbol{x}},\boldsymbol{u})\boldsymbol{C}(\hat{\boldsymbol{x}},\boldsymbol{u}) \tag{6-9}$$

汽车动力学及其控制系统为复杂的非线性系统，可通过局部线性化(即求状态方程和量测方程的雅克比矩阵)建立上述广义龙贝格状态观测器。如果能够应用控制理论的相应方法求得一个合适的反馈增益 $\boldsymbol{L}$，使得误差矩阵 $\boldsymbol{F}$ 的特征根位于 s 平面的左半平面，那么在任意的初始条件下，估计值将在有限时间内收敛于真实值。确定反馈增益的常用方法有极点配置法、李雅普诺夫方法等。

本章将设计一种用于重心侧偏角和路面附着系数联合估计的广义龙贝格观测器。该观测器对状态的估计是基于车辆的侧向和横摆运动响应而实现的。它采用精度较高、模型表达式相对简单的 Dugoff 轮胎模型，使得轮胎侧向力局部线性化的表达也较简单。将详细分析系统的可观性，并用极点配置法求得观测器反馈增益以保证观测器的收敛性。采用汽车动力学软件 Vedyna 和控制仿真软件 Matlab 协同仿真来验证该广义龙贝格观测器的有效性。

6.2 用于重心侧偏角和路面附着估计的广义龙贝格观测器

6.2.1 局部线性化

首先，利用 2.2 节中车辆侧向动力学模型式(2－25)并考虑一个轮胎-路面摩擦模型，得到系统的非线性状态方程为

$$\dot{\beta} = \frac{\cos\delta}{mv_x}F_{yf} + \frac{1}{mv_x}F_{yr} - r \tag{6-10}$$

$$\dot{r} = \frac{a\cos\delta}{I_z}F_{yf} - \frac{b}{I_z}F_{yr} \tag{6-11}$$

$$\dot{\mu} = 0 \tag{6-12}$$

其中,式(6-12)在一些文献中被称为轮胎-路面摩擦的“随机游走模型”。本书在 4.3 节中也曾提及“随机游走”概念。

为建立如式(6-3)和式(6-4)所示的、用于重心侧偏角和路面附着系数估计的广义龙贝格观测器,令

$$\boldsymbol{x} = [x_1 \quad x_2 \quad x_3]^{\mathrm{T}} = [\beta \quad r \quad \mu]^{\mathrm{T}}$$
$$\boldsymbol{y} = [a_y \quad r]^{\mathrm{T}}$$
$$\boldsymbol{u} = \boldsymbol{\delta}$$
$$\boldsymbol{L} = \begin{bmatrix} l_1 & k_1 \\ l_2 & k_2 \\ l_3 & k_3 \end{bmatrix}$$

对照式(6-1)、(6-2)与式(6-10)～(6-12),并利用反映汽车侧向加速度与侧向力关系的运动方程(牛顿第二定律),得到

$$\boldsymbol{f}(\boldsymbol{x},\boldsymbol{u}) = \begin{bmatrix} \dfrac{\cos\delta}{mv_x}F_{yf} + \dfrac{1}{mv_x}F_{yr} - r \\ \dfrac{a\cos\delta}{I_z}F_{yf} - \dfrac{b}{I_z}F_{yr} \\ 0 \end{bmatrix} \tag{6-13}$$

$$\boldsymbol{h}(\boldsymbol{x},\boldsymbol{u}) = \begin{bmatrix} (F_{yf}\cos\delta + F_{yr})/m \\ r \end{bmatrix} \tag{6-14}$$

将前、后轴侧向力看成其侧偏角和路面附着系数的函数,用以下符号表示侧向力的各偏导数

$$\tilde{c}_{\alpha f} = \frac{\partial F_{yf}}{\partial \alpha_f}, \quad \tilde{c}_{\alpha r} = \frac{\partial F_{yr}}{\partial \alpha_r}, \quad \tilde{c}_{\mu f} = \frac{\partial F_{yf}}{\partial \mu}, \quad \tilde{c}_{\mu r} = \frac{\partial F_{yr}}{\partial \mu} \tag{6-15}$$

式中:$\tilde{c}_{\alpha f}$、$c_{\alpha r}$ 分别称为前、后轴的瞬时侧偏刚度。

式(6-15)定义的偏导数可以根据第 2 章介绍的 Dugoff 轮胎模型计算。因为这里仅考虑侧向力而忽略纵向力,可令式(2-6)～(2-8)中的 $s=0$,然后根据这些方程求上述偏导数。因求出的表达式较复杂,为节省篇幅这里不再列出。以 $\tilde{c}_{\alpha f}$ 和 $\tilde{c}_{\mu f}$ 为例,图 6-2 所示为它们在任一工作点处的图解说明。

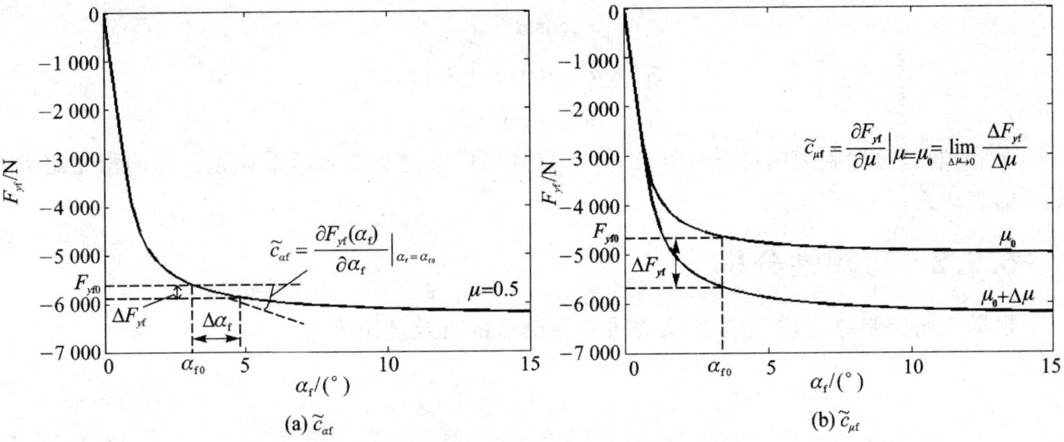

图 6-2　在任一工作点处的 $\tilde{c}_{\alpha f}$ 和 $\tilde{c}_{\mu f}$ 图解说明

当 $\mu=0.5$ 时，$\tilde{c}_{\mu f}$ 与 α_f 的关系如图 6-3 所示。从图中可以看出，当 $|\alpha_f|$ 很小时，存在一个死区，该区域内 $\tilde{c}_{\mu f}=0$ 。因为在轮胎力与侧偏角成比例的线性区，轮胎力不受路面附着的影响。换句话说，在轮胎线性范围内路面附着特性不可观测[6]。

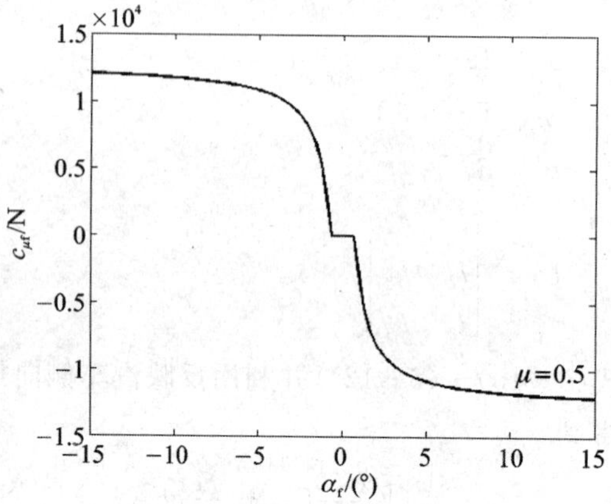

图 6-3　$\tilde{c}_{\mu f}$ 与 α_f 的关系示意图

根据式(6-13)和式(6-14)，并考虑式(2-22)和式(2-23)，计算得到雅克比矩阵 $\boldsymbol{A}$ 和 $\boldsymbol{C}$ 为

$$\boldsymbol{A}=\begin{bmatrix}\dfrac{\xi_1}{mv_x} & \dfrac{\xi_2}{mv_x^2}-1 & \dfrac{\xi_3}{mv_x}\\ \dfrac{\xi_2}{I_z} & \dfrac{\xi_4}{I_zv_x} & \dfrac{\xi_5}{I_z}\\ 0 & 0 & 0\end{bmatrix}$$

$$\boldsymbol{C}=\begin{bmatrix}\dfrac{\xi_1}{m} & \dfrac{\xi_2}{mv_x} & \dfrac{\xi_3}{m}\\ 0 & 1 & 0\end{bmatrix}$$

其中：

$$\xi_1=\tilde{c}_{\alpha f}\cos\delta+\tilde{c}_{\alpha r}$$

$$\xi_2=a\tilde{c}_{\alpha f}\cos\delta-b\tilde{c}_{\alpha r}$$

$$\xi_3=\tilde{c}_{\mu f}\cos\delta+\tilde{c}_{\mu r}$$

$$\xi_4=a^2\tilde{c}_{\alpha f}\cos\delta+b^2\tilde{c}_{\alpha r}$$

$$\xi_5=a\tilde{c}_{\mu f}\cos\delta-b\tilde{c}_{\mu r}$$

至此，通过对轮胎力的局部线性化，计算得到了广义龙贝格观测器误差方程的雅克比矩阵 $\boldsymbol{A}$、$\boldsymbol{C}$ 的表达式。

6.2.2　可观性分析

根据现代控制理论，若上述广义龙贝格观测器的可观性矩阵为

$$\boldsymbol{V}=\begin{bmatrix}\boldsymbol{C}\\ \boldsymbol{CA}\\ \vdots\\ \boldsymbol{CA}^{n-1}\end{bmatrix}$$

满秩，则该广义龙贝格观测器在状态估计值 $\hat{x}$ 处可观。为此，将雅克比矩阵 $\boldsymbol{A}$、$\boldsymbol{C}$ 的表达式代入上述可观性矩阵，得到

$$\boldsymbol{V}=\begin{bmatrix}\xi_1/m & \xi_2/(mv_x) & \xi_3/m\\ 0 & 1 & 0\\ * & * & *\\ \xi_2/I_z & \xi_4/(I_zv_x) & \xi_5/I_z\\ * & * & *\\ * & * & *\end{bmatrix}$$

此处为简单起见，以“ * ”表示矩阵 $\boldsymbol{V}$ 中的部分元素。

用 $\boldsymbol{O}$ 表示可观性矩阵第 1、2 和 4 行组成的三阶子阵，其行列式的值为

$$\det(\boldsymbol{O})=\begin{vmatrix}\dfrac{\xi_1}{m} & \dfrac{\xi_2}{mv_x} & \dfrac{\xi_3}{m}\\ 0 & 1 & 0\\ \dfrac{\xi_2}{I_z} & \dfrac{\xi_4}{I_zv_x} & \dfrac{\xi_5}{I_z}\end{vmatrix}=\frac{l\cos\delta}{mI_z}(\tilde{c}_{\mu f}\tilde{c}_{\alpha r}-\tilde{c}_{\mu r}\tilde{c}_{\alpha f})$$

当至少某一车轴的轮胎力处于非线性区时，$\tilde{c}_{\mu f}$ 和 $\tilde{c}_{\mu r}$ 的值不全为零。考虑到采用 Dugoff 轮胎模型时瞬时侧偏刚度的非零特性，只要 $\tilde{c}_{\mu f}\tilde{c}_{\alpha r}\neq\tilde{c}_{\mu r}\tilde{c}_{\alpha f}$，即有 $\det(\boldsymbol{O})\neq 0$。此时可观性矩阵 $\boldsymbol{V}$ 满秩，表明系统可观。相反，可以证明当 $\tilde{c}_{\mu f}\tilde{c}_{\alpha r}=\tilde{c}_{\mu r}\tilde{c}_{\alpha f}$ 时，$\boldsymbol{O}$ 以及 $\boldsymbol{V}$ 的其他所有 3×3 子矩阵的行列式值也都等于零，说明此时系统不完全可观。因此，系统的全局可观性取决于 $\tilde{c}_{\mu f}\tilde{c}_{\alpha r}\neq\tilde{c}_{\mu r}\tilde{c}_{\alpha f}$ 是否成立。

当轮胎力处于线性区时，$\tilde{c}_{\mu f}$ 和 $\tilde{c}_{\mu r}$ 的值都恒为零，故 $\tilde{c}_{\mu f}\tilde{c}_{\alpha r}=\tilde{c}_{\mu r}\tilde{c}_{\alpha f}$，系统不完全可观。实际上，$\tilde{c}_{\mu f}$ 和 $\tilde{c}_{\mu r}$ 都等于零将导致可观性矩阵 $\boldsymbol{V}$ 最后一列的 6 个元素全部为零，此时第 3 个状态变量即路面附着系数不可观。而这种情况下其他 2 个状态变量是否可观，需要进一步分析。实际上，由可观性矩阵 $\boldsymbol{V}$ 左上角 4 个元素构成的二阶子阵的行列式值为

$$\begin{vmatrix}\dfrac{\xi_1}{m} & \dfrac{\xi_2}{mv_x}\\ 0 & 1\end{vmatrix}=\frac{\tilde{c}_{\alpha f}\cos\delta+\tilde{c}_{\alpha r}}{m}\neq 0$$

这说明在轮胎力线性区可观性矩阵 $\boldsymbol{V}$ 的秩为 2，系统的前两个状态变量 β 和 r 可观。

通过上述分析可知，重心侧偏角 β 和横摆角速度 r 在线性区、非线性区均可观；而路面附着系数仅在非线性区可观，线性区无法观测。

6.2.3　反馈增益的确定

将关于矩阵 $\boldsymbol{A}$、$\boldsymbol{C}$ 和 $\boldsymbol{L}$ 的表达式代入式(6-9)，误差矩阵 $\boldsymbol{F}$ 可写成

$$
\mathbf{F}=\begin{bmatrix}
\frac{\xi_1}{m}\left(\frac{1}{v_x}-l_1\right) & \frac{\xi_2}{mv_x}\left(\frac{1}{v_x}-l_1\right)-1-k_1 & \frac{\xi_3}{m}\left(\frac{1}{v_x}-l_1\right) \\
\frac{\xi_2}{I_z}-\frac{\xi_1}{m} & \frac{\xi_4}{I_z v_x}-\frac{\xi_2}{mv_x}l_2-k_2 & \frac{\xi_5}{I_z}-\frac{\xi_3}{m}l_2 \\
-\frac{\xi_1}{m}l_3 & -\left(\frac{\xi_2}{mv_x}l_3+k_3\right) & -\frac{\xi_3}{m}l_3
\end{bmatrix} \tag{6-16}
$$

其特征方程可表示为

$$
a_n s^3 + a_{n1}s^2 + a_{n2}s + a_{n3} = 0 \tag{6-17}
$$

其中：

$$
\left.\begin{aligned}
a_n &= 1 \\
a_{n1} &= -\frac{\xi_4}{I_z v_x}+\frac{\xi_2}{mv_x}l_2+k_2+\frac{\xi_3}{m}l_3-\zeta_3 \\
a_{n2} &= \left(-\frac{\xi_4}{I_z v_x}+\frac{\xi_2}{mv_x}l_2+k_2\right)\frac{\xi_3}{m}l_3-\left(\frac{\xi_2}{mv_x}l_3+k_3\right)\zeta_2- \\
&\quad \left(-\frac{\xi_4}{I_z v_x}+\frac{\xi_2}{mv_x}l_2+k_2+\frac{\xi_3}{m}l_3\right)\zeta_3+\left(\frac{\xi_2}{\xi_1 v_x}\zeta_3-1-k_1\right)\zeta_1+\frac{\xi_3}{m}l_3\zeta_3 \\
a_{n3} &= -\left(-\frac{\xi_4}{I_z v_x}+\frac{\xi_2}{mv_x}l_2+k_2\right)\frac{\xi_3}{m}l_3\zeta_3+\left(\frac{\xi_2}{mv_x}l_3+k_3\right)\zeta_2\zeta_3+ \\
&\quad \left(\frac{\xi_2}{\xi_1 v_x}\zeta_3-1-k_1\right)l_3\left(\frac{\xi_3}{m}\zeta_1-\frac{\xi_1}{m}\zeta_2\right)+ \\
&\quad \frac{\xi_3^2}{\xi_1 m}l_3\left(-\frac{\xi_4}{I_z v_x}+\frac{\xi_2}{mv_x}l_2+k_2\right)\zeta_3+\frac{\xi_3}{\xi_1}\left(\frac{\xi_2}{mv_x}l_3+k_3\right)\zeta_1\zeta_3
\end{aligned}\right\} \tag{6-18}
$$

而 ζ_1、ζ_2、ζ_3 定义为

$$
\zeta_1 = -\frac{\xi_2}{I_z}+\frac{\xi_1}{m}l_2
$$

$$
\zeta_2 = -\frac{\xi_5}{I_z}+\frac{\xi_3}{m}l_2
$$

$$
\zeta_3 = \frac{\xi_1}{m}\left(\frac{1}{v_x}-l_1\right)
$$

根据劳斯判据，系统的稳定性条件为

$$
\begin{gathered}
a_n > 0 \\
a_{n1} > 0 \\
\begin{vmatrix} a_{n1} & 1 \\ a_{n3} & a_{n2} \end{vmatrix} > 0 \\
\begin{vmatrix} a_{n1} & 1 & 0 \\ a_{n3} & a_{n2} & a_{n1} \\ 0 & a_{n4} & a_{n3} \end{vmatrix} > 0
\end{gathered} \tag{6-19}
$$

此处，$a_n = 1 > 0$ 恒成立；而特征方程(6-17)中没有 a_{n4}，因此 $a_{n4} = 0$ 。

不等式组(6-19)通过化简可等价为

$$
a_{n1} > 0,\quad a_{n1}a_{n2} - a_{n3} > 0,\quad a_{n3} > 0
$$

令

$$\left.\begin{aligned}a_{n1}&=\varepsilon_1>0\\a_{n1}a_{n2}-a_{n3}&=\varepsilon_2>0\\a_{n3}&=\varepsilon_3>0\end{aligned}\right\}\tag{6-20}$$

式中：ε_1、ε_2 和 ε_3 为设计参数。

至此，若特征方程(6-17)的系数满足方程(6-20)的稳定性条件，则系统的收敛性得以保证。

取

$$l_1=\frac{1}{v_x}\tag{6-21}$$

则 $\zeta_3=0$。代入式(6-18)，化简为

$$\left.\begin{aligned}a_n&=1\\a_{n1}&=-\frac{\xi_4}{I_z v_x}+\frac{\xi_2}{mv_x}l_2+k_2+\frac{\xi_3}{m}l_3\\a_{n2}&=\left(-\frac{\xi_4}{I_z v_x}+\frac{\xi_2}{mv_x}l_2+k_2\right)\frac{\xi_3}{m}l_3-\left(\frac{\xi_2}{mv_x}l_3+k_3\right)\zeta_2-(1+k_1)\zeta_1\\a_{n3}&=(1+k_1)l_3\frac{\xi_2\xi_3-\xi_1\xi_5}{mI_z}\end{aligned}\right\}\tag{6-22}$$

将式(6-22)代入式(6-20)中各等式，得

$$\left.\begin{aligned}&-\frac{\xi_4}{I_z v_x}+\frac{\xi_2}{mv_x}l_2+k_2+\frac{\xi_3}{m}l_3=\varepsilon_1\\&\varepsilon_1\left[\left(\varepsilon_1-\frac{\xi_3}{m}l_3\right)\frac{\xi_3}{m}l_3-\left(\frac{\xi_2}{mv_x}l_3+k_3\right)\zeta_2-(1+k_1)\zeta_1\right]-\varepsilon_3=\varepsilon_2\\&(1+k_1)l_3\left(\frac{\xi_2\xi_3-\xi_1\xi_5}{mI_z}\right)=\varepsilon_3\end{aligned}\right\}\tag{6-23}$$

取

$$l_2=0$$

$$k_2=\frac{\xi_4}{I_z v_x}$$

则由式(6-23)得到 l_3、k_1 和 k_3 分别为

$$l_3=\frac{m}{\xi_3}\varepsilon_1\tag{6-24}$$

$$k_1=\frac{I_z\xi_3}{\xi_2\xi_3-\xi_1\xi_5}\frac{\varepsilon_3}{\varepsilon_1}-1\tag{6-25}$$

$$k_3=-\frac{(1+k_1)\zeta_1}{\zeta_2}-\frac{\varepsilon_2+\varepsilon_3}{\varepsilon_1\zeta_2}-\frac{\xi_2\varepsilon_1}{\xi_3 v_x}\tag{6-26}$$

由于 $l_2=0$，ζ_1 和 ζ_2 可化简为

$$\zeta_1=-\frac{\xi_2}{I_z},\ \zeta_2=-\frac{\xi_5}{I_z}$$

将其代入式 (6—26)，得

$$k_3=-\frac{(1+k_1)\xi_2}{\xi_5}+\frac{I_z(\varepsilon_2+\varepsilon_3)}{\varepsilon_1\xi_5}-\frac{\xi_2\varepsilon_1}{\xi_3 v_x}\tag{6-27}$$

再将式(6-25)代入式(6-27)，整理后列出各反馈增益的表达式为

$$\left.\begin{aligned} l_1 &= \frac{1}{v_x}, k_1 = \frac{I_z\xi_3}{\xi_2\xi_3 - \xi_1\xi_5}\frac{\varepsilon_3}{\varepsilon_1} - 1 \\ l_2 &= 0, k_2 = \frac{\xi_4}{I_z v_x} \\ l_3 &= \frac{m}{\xi_3}\varepsilon_1, k_3 = \frac{I_z\xi_2\xi_3}{(\xi_1\xi_5 - \xi_2\xi_3)\xi_5}\frac{\varepsilon_3}{\varepsilon_1} + \frac{I_z(\varepsilon_2+\varepsilon_3)}{\varepsilon_1\xi_5} - \frac{\xi_2\varepsilon_1}{\xi_3 v_x} \end{aligned}\right\} \tag{6-28}$$

对于设计参数 ε_1、ε_2 和 ε_3，采用试凑法确定。经调试 ε_1、ε_2 和 ε_3 的值，当它们分别取 160、1 和 0.5 时可获得良好的估计效果。

6.2.4 仿真验证

利用汽车动力学软件 Vedyna 和控制仿真软件 Matlab/Simulink 对上述广义龙贝格观测器的估计效果进行评价。仿真工况分别为：高附着路面（$\mu=0.8$）的双移线、车速为 130 km/h；低附着路面（$\mu=0.2$）的双移线、车速为 60 km/h。路面附着系数估计值的初值皆设定为 0.5，车辆参数如表 6-1 所列。

表 6-1 车辆参数

符 号	值	单 位
a	1.479	m
b	1.510	m
I_z	5 561	kg · m^{-2}
m	2 562	kg
i_s	14.7	—
$C_{\alpha f}$	−190	kN/rad
$C_{\alpha r}$	−190	kN/rad

重心侧偏角和路面附着系数龙贝格观测器的仿真结果如图 6-4 和图 6-5 所示。

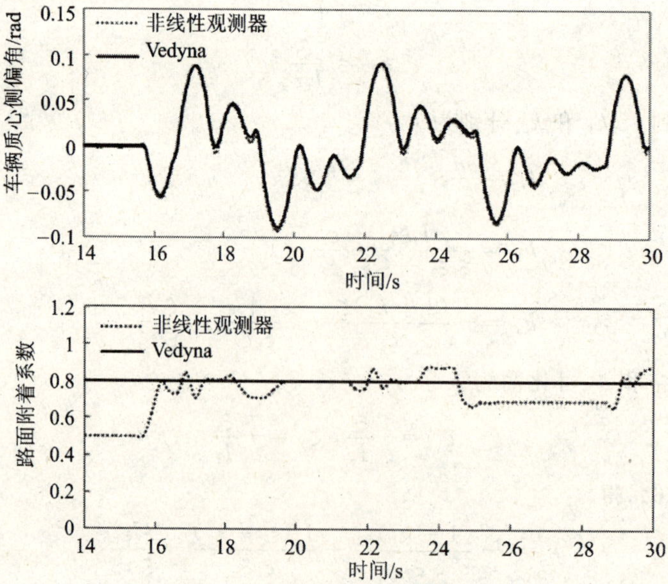

图 6-4 高附着路面双移线工况

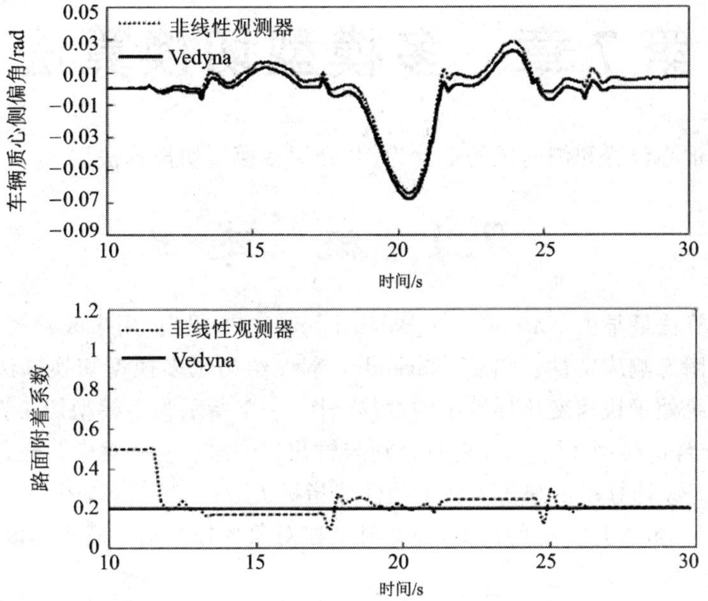

图 6-5　低附着路面双移线工况

由以上两种工况的仿真结果可知，$\hat{\beta}$ 在整个时间历程中能很好地跟随真实值，高附着和低附着工况估计误差的标准差分别为 2.2×10^{-3} rad(即 0.13°)和 4.6×10^{-3} rad(即 0.26°)，从主动控制系统和安全预警系统的应用需要来看，重心侧偏角的估计误差是可接受的；估计值 $\hat{\mu}$ 虽然总在波动，但总体上仍能较好地跟随真实值，表明它反映路面附着状况。

从图 6-4 和图 6-5 中还可以看出，路面附着系数估计的响应稍滞后于重心侧偏角，原因是路面附着系数在线性区不可估计；当重心侧偏角出现峰值时，路面附着系数估计得较准确，这是因为路面附着系数的可观测性在大的非线性区表现得较为明显。

以上仿真结果验证了该广义龙贝格观测器对重心侧偏角和路面附着系数估计的有效性。

第 7 章　多模型切换算法

本章以车辆重心位置和侧向风的估计为例，介绍多模型切换算法。

7.1　概　述

多模型切换算法最早由 Narendra 和 Balakrishnan[32-33]提出，用来改善模型参考自适应控制(MRAC)中的瞬态响应特性。稍后，Narendra 等[34]给出了多模型切换算法的更一般方法，以改善动力学系统处于快速变化环境中的性能。图 7-1 所示为多模型切换算法结构示意图。该算法中有 N 个辨识模型 $\{I_i\}_{i=1}^{N}$，它们分别与输出 $\{\hat{y}_i\}_{i=1}^{N}$ 一一对应。在任意时刻 t，根据辨识误差 $e_i=\hat{y}_i-y$ 计算出反映辨识精度的性能指标 $J_i(t)$，$i=1,2,\cdots,N$。进一步，找出具有最小性能指标值 $\min\limits_i\{J_i(t)\}$ 的模型，而此时被控对象的控制输入就根据该模型确定。

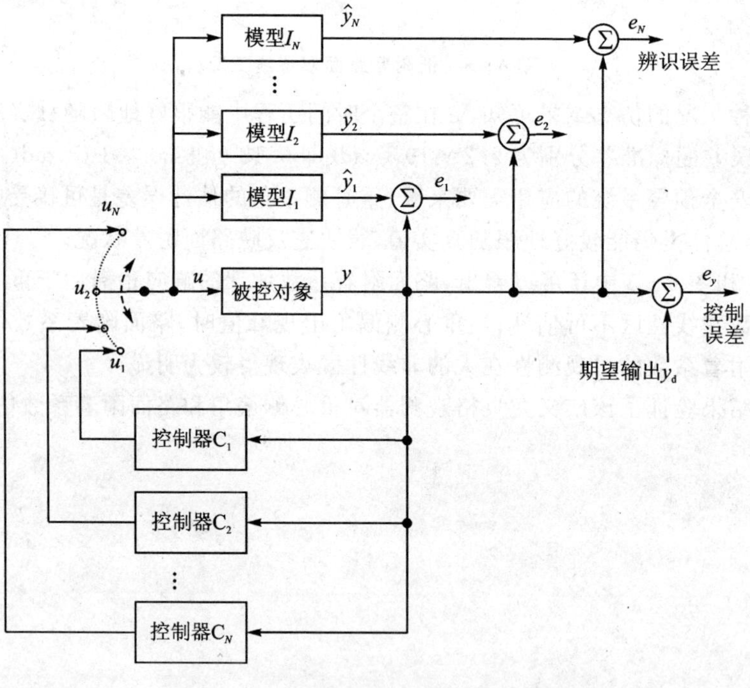

图 7-1　多模型切换算法结构示意图

多模型切换算法虽然是针对控制系统提出的，但它同样可以用于车辆参数的估计[35]。在车辆的各种参数中，重心位置和惯性特性对其操纵稳定性及安全性有重要影响。路面车辆的乘员人数和装载量变化范围大，故不应忽略重心位置的变化及其对车辆性能的影响。主动控制系统通常采用鲁棒控制策略，但设计时往往仅针对最坏的情形。对重心较高的 SUV 来说，常在车辆底部增加配重，从而有意将车辆设计得比通常重一些。这样虽然可以降低重心高度、减少载重及重心位置的变化幅度，但损害了正常行驶情况下汽车的使用性能。

美国交通部的技术报告对 2004 年轿车事故数据的分析表明，旅行车、货车和 SUV 等重心较高的车辆要比其他车辆更易发生侧翻事故。在 2004 年美国的车辆碰撞事故中，非车-车碰撞的侧翻事故仅占 2.3%，但其导致的死亡人数却占到总数的 10.6%。因此，非碰撞侧翻被认为是最危险的事故类型。仍然根据以上数据，轻型货车(皮卡、旅行车和 SUV)占所有侧翻事故的 70%，而仅 SUV 就占了总数的近 35%。因为重心位置是非绊倒型侧翻事件的最显著的影响因素，该参数的实时估计将对解决该问题带来极大帮助。重心位置的估计结果可以用于针对驾驶人的报警装置，或者方便地集成在改善操纵性的主动控制装置或防侧翻控制器中。

就防侧翻控制而言，几乎所有方法中都假定重心高度是已知的。而实际上很多车辆的重心高度是变化的，尤其是大型乘用车如 SUV。实时应用时要求估计算法不能太复杂，因此一般采用较简单的线性车辆模型。此外，应用中还要求尽量仅利用车辆上现有的传感器。

车辆行驶时除了受到来自地面的作用力外，还受到周围气流的气动力作用。气动力主要由行驶速度、车身外形、汽车周围环境和自然风决定。一定条件下对车辆操纵稳定性有重要影响的侧向风包括自然风和环境风。自然风具有强度及方向不稳定和随机的特性。环境风则一般由车辆穿越隧道、行经山脉隘口或峡谷、过桥墩以及会车、超车时产生。随着车辆实际行驶速度的增加，侧向风对于汽车瞬态转向特性影响加大。侧向风作用在高速行驶的车辆上时，驾驶员不得不频繁操纵转向盘进行修正，易造成精神紧张和驾驶疲劳。严重时有可能导致车辆偏离预期的行驶路径甚至侧翻，引发交通事故。

对于大型客车和货车，由于其侧面迎风面积较大且重心较高，当行驶过程中遭遇强烈侧向风作用时，会产生较大的侧倾力矩，极易引发车辆侧翻。2010 年 12 月 15 日，新疆乌鲁木齐市红雁池水库及乌拉泊片区刮起 9 级大风，瞬间风力达到 11～12 级，将一辆过往的货车吹翻在地。2011 年 12 月 1 日，美国加利福尼亚州遭遇来自美国西海岸的大风，风速高达 123 km/h，图 7-2 所示为一辆货车被大风吹翻在地。如果能准确预估侧向风的强度和方向，将为侧向风干扰下的车辆侧翻安全预警和侧倾稳定控制提供必要的信息。

图 7-2 侧向风引起车辆侧翻

7.2 车辆重心高度估计的多模型算法

假设侧向加速度 a_y、横摆角速度 r、轮速和转向角 δ 可以通过现代汽车上常见的 ESC 等装置采用的传感器测得，而车速 v_x 和汽车侧倾角则通过估计得到。如果汽车上配装了主动悬架系统如主动车身控制 ABC(Active Body Control),侧倾角也可以根据悬架弹簧位移传感器(位移变送器)测得。

假设汽车质量 m 是已知的,在一些文献中将它作为制动系统参数估计得到(譬如文献[36])。而 $C_{\alpha f}$、$C_{\alpha r}$、a、k_ϕ、c_ϕ 和 h_ϕ 是汽车的未知参数,由多模型切换算法估计得到。进一步假设这些参数在闭区间里按一定间隔变化:$C_{\alpha f} \in \mathcal{C}_{\alpha f}$,$C_{\alpha r} \in \mathcal{C}_{\alpha r}$,$a \in \mathcal{A}$,$k_\phi \in \mathcal{K}_\phi$,$c_\phi \in \mathcal{C}_\phi$ 和 $h_\phi \in \mathcal{H}_\phi$,且这些间隔由精确的数值模拟或实车试验得到。这些参数估算所需模型的数量及区间大小与估计精度要求有关。

以下介绍车辆重心高度和悬架系统参数的在线辨识。

7.2.1 多模型切换算法及其切换指数

本小节采用多模型切换算法并基于 2.2 节的车辆侧倾平面模型式(2-39)来估计重心高度 h 和悬架侧倾角刚度 k_ϕ 与阻尼 c_ϕ。侧倾中心高度 h_{RC} 近似为常数,所以根据 $h = h_{RC} + h_\phi \cos\phi$ 知道,重心高度可以通过 h_ϕ 的估计得到。假设每个未知参数分别属于以下的闭区间:$h_\phi \in \mathcal{H}_\phi$、$k_\phi \in \mathcal{K}_\phi$ 和 $c_\phi \in \mathcal{C}_\phi$。这些区间被足够数目的节点分成若干子区间,并可以用 $\mathcal{H}_\phi = \{h_{\phi 1}, h_{\phi 2}, h_{\phi 3}, \cdots, h_{\phi n_1}\}$,$\mathcal{K}_\phi = \{k_1, k_2, k_3, \cdots, k_{n_2}\}$ 和 $\mathcal{C}_\phi = \{c_1, c_2, c_3, \cdots, c_{n_3}\}$ 来表示这些节点的集合,其中 n_1、n_2 和 n_3 是各自的维数。

参数空间内不同节点交叉组合形成了 $n = n_1 \times n_2 \times n_3$ 个不同的模型。利用式(2-39),各模型相应的运动方程可表示为

$$\begin{bmatrix} \dot{\phi}_i \\ \dot{p}_i \end{bmatrix} = \begin{bmatrix} 0 & 1 \\ -\dfrac{k_{\phi_i} - mgh_{\phi_i}}{I_{x_{eq}}} & -\dfrac{c_{\phi_i}}{I_{x_{eq}}} \end{bmatrix} \begin{bmatrix} \phi_i \\ p_i \end{bmatrix} + \begin{bmatrix} 0 \\ \dfrac{mh_{\phi_i}}{I_{x_{eq}}} \end{bmatrix} a_y \tag{7-1}$$

式中:i 表示模型编号,$i = 1, 2, \cdots, n$。假设所有模型的初始条件都为 0,而输入都是传感器测得的 a_y,如图 7-3 所示。考虑被控对象(汽车)输出 y_{plant} 与各模型输出 $(y_{model})_i$ 之间的辨识误差 $e_i = y_{plant} - (y_{model})_i$,当量测量为侧倾角时,辨识误差为

$$e_i(t) = \phi(t) - \phi_i(t) \qquad i = 1, 2, \cdots, n \tag{7-2}$$

为了实现车辆参数的辨识,似乎只要找出误差 $\|e\|$ 最小的那组模型,其对应的参数就是辨识结果。然而,因为不确定因素(如非线性因素)和随机误差(如测量误差)的存在,在确定切换指数时既要考虑误差的瞬态值又要考虑其稳态值。这里采用由辨识误差决定的成本函数[32-34]作为切换指数,如下式所示:

$$J_i(t) = \rho_1 \|e_i(t)\| + \rho_2 \int_0^t e^{-\lambda(t-\tau)} \|e_i(\tau)\| d\tau \tag{7-3}$$

式中:ρ_1 和 ρ_2 为设计参数,其大小分别代表瞬态和稳态测量值的权重,$\rho_1 > 0$、$\rho_2 > 0$;λ 为遗忘因子,$\lambda \geq 0$。研究表明,模型切换采用 ρ_1 和 ρ_2 非零组合以及基于式(7-3)的成本函数,要比单独瞬态或者单独稳态具有更好的估计结果。根据式(7-3),辨识结果按累积辨识误差最小的模型确定,即

$$i^* = \arg \min_{i=1,2,\cdots,n} J_i(t) \tag{7-4}$$

而辨识结果就是第 i^* 个模型的参数 k_ϕ^*、c_ϕ^* 和 h_ϕ^*。

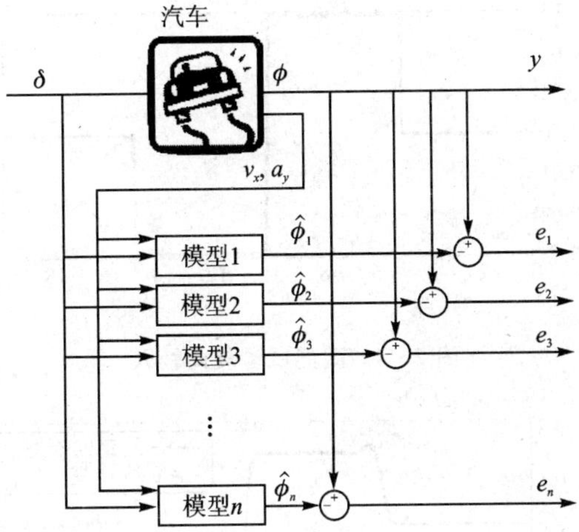

图 7－3　多模型系统识别算法

7.2.2　数值分析

表 7－1 所列为某车辆参考模型参数。对该车进行避障测试(通常也称为麋鹿试验)仿真，设定车速为 108 km/h、最大的转向盘转角为 30°(轮胎和转向盘之间的转向比为 1/18)，如图 7－4 所示。下面给出由模拟测量数据得到的重心高度 h 和线性悬架参数 k_ϕ 、c_ϕ 的估算结果。为简单起见，这里假定侧倾中心高度为零，故此时 $h \approx h_\phi$ (采用小角度假设)。匀布参数空间 $\mathcal{K}_\phi = [30\ 000, 40\ 000]$，其子空间长度为 2 000；$\mathcal{C}_\phi = [4\ 000, 6\ 000]$，其子空间长度为 500。$\mathcal{K}_\phi$ 和 $\mathcal{C}_\phi$ 都与悬架的参数空间一致。重心高度参数空间 $\mathcal{H} = [0.5, 0.85]$，其子空间长度为 0.05，它与重心高度范围一致。因此，模型空间总共由 5×6×8=240 个模型组成。此算例中的自由设计参数设定为：$\rho_1 = 0.01$，$\rho_2 = 1$，遗忘因子 λ 设为 0。

表 7－1　车辆参考模型参数

参　数	值	参　数	值
m/kg	1 300	b/m	1.3
g/(m・s^2)	9.81	L/m	2.5
v_x/(m・s^{-1})	30	h/m	0.7
δ_{peak}/(°)	30(1/18)	c_ϕ/(kg・m^2・s^{-1})	5 000
I_x/(kg・m^2)	400	k_ϕ/(kg・m^2・s^{-2})	36 000
I_z/(kg・m^2)	1 200	$C_{\alpha f}$/(N・rad^{-1})	60 000
a/m	1.2	$C_{\alpha r}$/(N・rad^{-1})	90 000

图 7－5 中比较了传感器和切换模型的输出结果，而图 7－6 则给出了重心高度估计结果。从中可以看出，多模型切换算法成功地估计出了重心高度为 0.7 m，与参考模型数据精确地吻合。图 7－7 还给出了悬架参数的估计结果。估计出的线性侧倾角刚度 k_ϕ 为 36 000 kg・m^2/s^2，与参考模型完全一样。侧倾阻尼系数 c_ϕ 估计值为 6 000 kg・m^2/s，相对于参考模型误差为 20%。

20%的侧倾阻尼系数 c_ϕ 估计误差是比较大的，主要原因是式(7－2)的模型辨识误差 $e_i(t)$ 仅取决于侧倾角测量值。从式(7－1)侧倾动力学表达式可以看出，阻尼系数 c_ϕ 还与侧倾角速度有关。这是 c_ϕ 有些偏离预期值的原因所在。

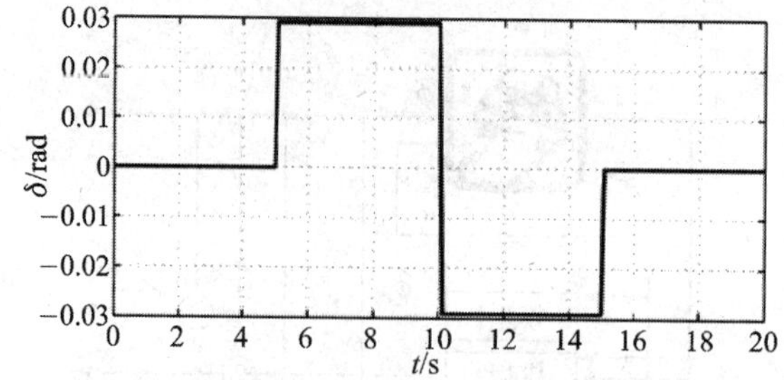

图 7-4　麋鹿试验转向输入

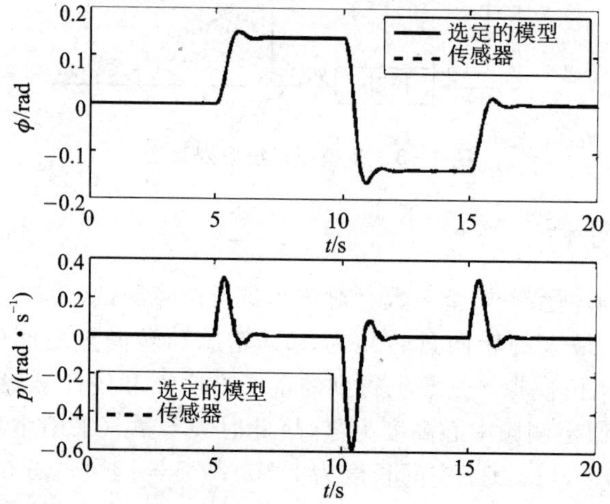

图 7-5　重心位置估计的传感器和选定模型输出结果对比

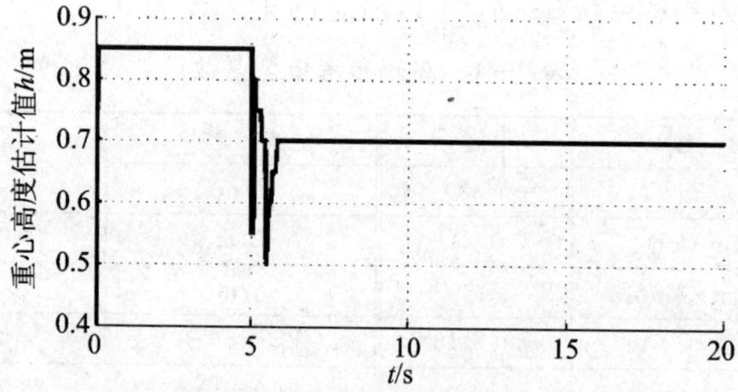

图 7-6　重心高度估计结果

尽管侧倾阻尼系数的估计有些误差，但是关注的重点是如何快速准确地估计出汽车的重心高度。因此，从实用的角度来说，此处的估计算法适用于汽车操纵稳定性主动控制装置，尤其是防侧翻控制。

以上的重心高度估计算法中没有考虑道路坡度。但如果测得或者估计出此参数，可将此处算法适当扩展，并不需要太多修改。扩展算法可采用 2.2 节中考虑道路横坡的侧倾平面模型式(2-42)或式(2-43)。

考虑到系统中的不确定性，上述参数集 $\mathcal{K}_\phi$ 、$\mathcal{C}_\phi$ 和 $\mathcal{H}_\phi$ 有可能不包含实际模型参数，此时估计算法只能保证选定模型的输出与传感器测量结果相匹配，但是并不一定保证选定模型在被

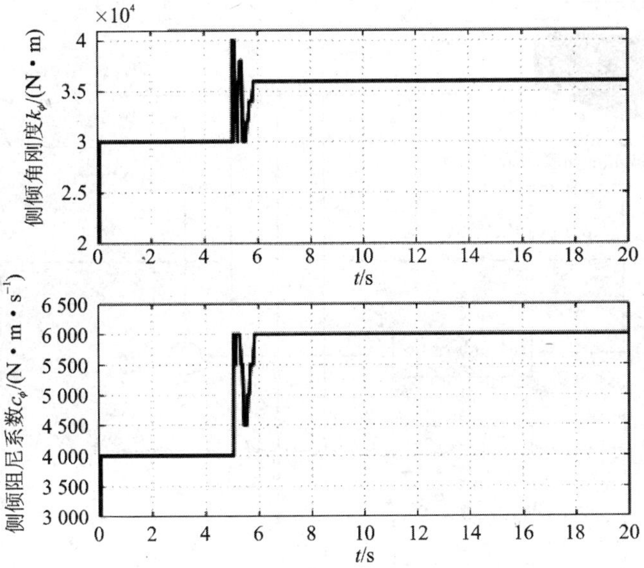

图 7-7　悬架参数估计结果

控对象参数空间中的距离误差最小。虽然可以通过采用增加网格点来解决这个问题,但由此带来的大运算量使这一方法难以在汽车上实施。作为替代,参数适应法或者参数空间再分配可以提供模型精确匹配,这是值得进一步研究的。当汽车载荷变化范围不大时,采用成员数量较少的参数集是可行的。

7.3　基于多模型算法的侧向风估计器

目前,研究侧向风估计的文献较少。一些学者在研究侧向风对车辆静态和动态动力学特性的影响时,分析了侧向风引起的等效侧向力。还有学者采用卡尔曼滤波估计侧向风等效侧向力,并据此设计了基于主动悬架的主动抗侧倾系统。

针对实际侧翻预警算法,要直接估计侧向风的大小较为困难。但由于侧向风对车辆侧倾稳定性的影响主要通过作用在车辆侧向迎风面而形成的侧向力的产生,所以估计由侧向风引起的等效侧向力要容易些。下面将介绍的侧向风估计实际都是由侧向风引起的等效侧向力估计,但为了叙述方便对它们不加以区分。所要设计的侧向风估计器是基于多模型切换算法和非线性车辆模型完成的。

7.3.1　估计器结构框图

图 7-8 所示为采用多模型切换算法的侧向风估计器结构框图。该估计器中设置了参数不同的多个 2-DOF 非线性车辆模型,各模型采用相同的输入 $\delta_f, V_{fl}, V_{fr}, V_{rl}, V_{rr}$ 。通过假定不同的侧向风输入 $F_{yw1}, F_{yw2}, \cdots, F_{ywn}$,计算各模型的响应值($a_{y1}, r_1$),($a_{y2}, r_2$),…,($a_{yn}$,$r_n$),并与车辆实际响应($a_y, r$)相比较。计算各模型的观测误差 $e_1, e_2, \cdots, e_n$,并进一步计算目标函数 $J_{e_1}, J_{e_2}, \cdots, J_{e_n}$,最终选择目标函数最小的模型作为输出。

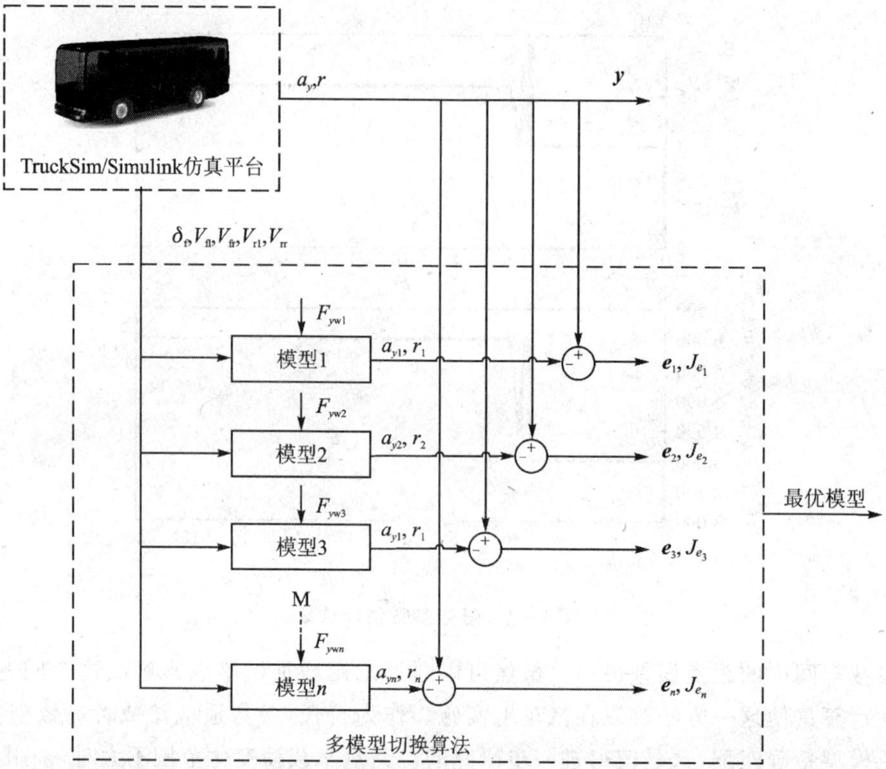

图 7-8　侧向风估计器结构框图

7.3.2　用于侧向风估计的多模型切换算法

所设计估计器假定该侧向力属于一个有限集合，即

$$F_{yw} \in \mathcal{F}_w \tag{7-5}$$

该集合包含了在该侧向力整个取值范围内的 n 个特征点：

$$\mathcal{F}_w = \{F_{ywi}\}_{i=1}^{n} \tag{7-6}$$

需要说明的是，$\mathcal{F}_w$ 包含的特征点的数目如果太多将导致算法的计算效率下降；相反，如果太少则会影响算法精度。考虑已采用非线性车辆模型，并参照国家标准 GB/T 19201—2006《热带气旋等级》中 1～11 级风垂直作用于所研究车辆侧面的等效侧向力，共选取 11 个特征点，即 $n=11$。特征点的等效侧向力取值按下式计算：

$$F_{ywi} = \frac{1}{2}\rho_a A_L C_y(\beta_w) V_{wri}^2 \qquad i = 1,2,\cdots,n \tag{7-7}$$

式中：ρ_a 表示侧风来流密度；A_L 表示车辆侧向迎风面投影面积；C_y 表示侧向力系数，是来流侧偏角 β_w 的函数，为简单起见其取值为 2；$\mathbf{V}_{wr}$ 表示相对风速，它是风速 $\mathbf{V}_w$ 与车速 $\mathbf{V}$ 的速度矢量差。来流侧偏角 β_w 定义为相对风速 $\mathbf{V}_{wr}$ 与车速 $\mathbf{V}$ 的夹角，而风向角 θ_w 为绝对风向与车辆纵轴的夹角。这些参数之间的关系如图 7-9 所示。因此

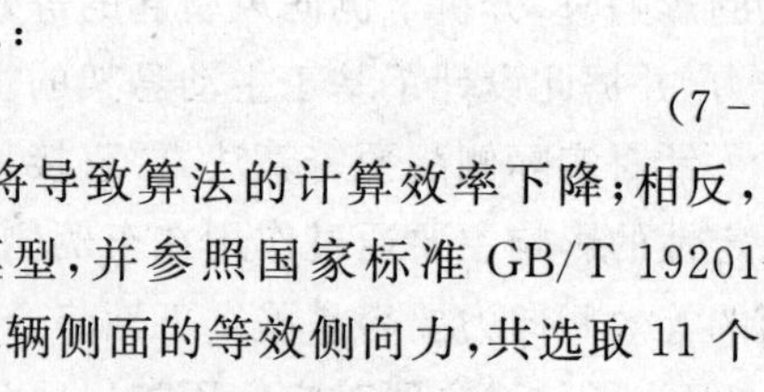

图 7-9　风速相对于车速的合成速度

$$V_{\mathrm{wr}} = \sqrt{V_{\mathrm{w}}^2 + V^2 + 2V_{\mathrm{w}}V\cos\theta_{\mathrm{w}}} \tag{7-8}$$

$$\tan\beta_{\mathrm{w}} = \frac{V_{\mathrm{w}}\sin\theta_{\mathrm{w}}}{V + V_{\mathrm{w}}\cos\theta_{\mathrm{w}}} \tag{7-9}$$

式中：V_{wr} 取值为实际风速 $V_{\mathrm{wr}\,i}$。$F_{y\mathrm{w}}$ 各特征点的参数值如表 7－2 所列。

表 7－2　风速范围和 $F_{y\mathrm{w}}$ 各特征点的参数值

风　级	风速/(km·h^{-1})		特征点风速/(km·h^{-1})	特征点侧向力/N
	下限	上限		
1	1.08	5.4	5	550
2	5.76	11.9	11	1 240
3	12.24	19.4	19	2 230
4	19.8	28.4	28	3 520
5	28.8	38.5	38	4 020
6	39.48	49.7	49	4 820
7	50.04	61.6	61	5 880
8	61.92	74.5	74	7 300
9	74.88	87.8	87	8 980
10	88.2	102	102	11 200
11	102.6	117	117	13 400
12	117.36	无		

根据表 7－2，集合 $\mathcal{F}_{\mathrm{w}}$ 定义为

$$\mathcal{F}_{\mathrm{w}} \triangleq \{550,1\,240,2\,230,3\,520,4\,020,4\,820,5\,880,7\,300,8\,980,11\,200,13\,400\}$$

每一个计算周期内，n 个模型中的 $F_{y\mathrm{w}}$ 依次赋值为 $\mathcal{F}_w$ 内的 n 个元素。计算相同输入（δ_{f}，V_{fl}，V_{fr}，V_{rl}，V_{rr}）下车辆的动力学响应（a_{yi}，r_i），并计算它们与实测值的误差。第 i 个特征点的输出误差向量为

$$\boldsymbol{e}_i(t) = \begin{bmatrix} a_y(t) - a_{yi}(t) \\ r(t) - r_i(t) \end{bmatrix} \qquad i = 1,2,3,\cdots,n \tag{7-10}$$

为了求得各模型的动力学响应（a_{yi}，r_i），考虑侧向风的作用但忽略侧向风引起的横摆力矩，改写式(2－32)和式(2－33)得到第 i 个模型的运动微分方程为

$$\dot{v}_{yi} = \frac{1}{m}[F_{x\mathrm{f}}\sin\delta + F_{y\mathrm{f}}\cos\delta + F_{y\mathrm{r}} + F_{y\mathrm{w}i}] - r_i v_x \tag{7-11}$$

$$\dot{r}_i = \frac{1}{I_z}\Big\{aF_{x\mathrm{f}}\sin\delta + aF_{y\mathrm{f}}\cos\delta - bF_{y\mathrm{r}} + \frac{t_{\mathrm{w}}}{2}[(F_{x\mathrm{fl}} - F_{x\mathrm{fr}})\cos\delta - (F_{y\mathrm{fl}} - F_{y\mathrm{fr}})\sin\delta + (F_{x\mathrm{rl}} - F_{x\mathrm{rr}})]\Big\} \tag{7-12}$$

这样，求解以上方程得到 $r_i(t)$。$a_{yi}(t)$ 可根据下式计算得到：

$$a_{y_i}(t) = \frac{1}{m}(F_{y\mathrm{f}} + F_{y\mathrm{r}} + F_{y\mathrm{w}i}) \tag{7-13}$$

通过计算各模型的输出误差向量，其中的最小者对应的侧向风参数即应作为估计结果。但要判断哪个输出误差"最小"须先定义一个合适的成本函数，且它能够综合考虑瞬态误差和稳态误差。这里仍采用式(7－3)定义的成本函数。

为了说明不同权重 ρ_1 和 ρ_2 对参数估计的影响，构造如下三种不同的成本函数：

$$J_{\mathrm{I}i} = e_i^2(t) \tag{7-14a}$$

$$J_{\mathrm{II}i} = \int_0^t e_i^2(\tau)\mathrm{d}\tau \tag{7-14b}$$

$$J_{\mathrm{III}i} = 0.15e_i^2(t) + 0.85\int_0^t e_i^2(\tau)\mathrm{d}\tau \tag{7-14c}$$

图 7 - 10 所示为采用上述三种成本函数的估计器对侧向风等效侧向力的估计结果。侧向风条件为从第 2 s 开始出现侧向风，风速在第 3 s 达到 60 km/h（不妨将此侧向风类型定义为准阶跃输入），侧向风的方向垂直于车辆行驶方向即风向角 $\theta_w = 90°$。该侧向风作用于车辆侧面的侧向力约为 5 800 N。从仿真试验结果中可以看出，采用成本函数Ⅰ得到的侧向力估计（图中方法 1）响应较快，在瞬态工况估计效果较好，但是在稳态工况下出现了抖振。采用成本函数Ⅱ（即方法 2）则响应较慢，但稳态工况下的估计较准确。成本函数Ⅲ（方法 3）则兼顾了Ⅰ和Ⅱ的优点，瞬态和稳态时的估计精度都较满意。虽然，采用方法 3 估计出的等效侧向力偶尔有些脉动，但不难通过简单的低通滤波加以解决。

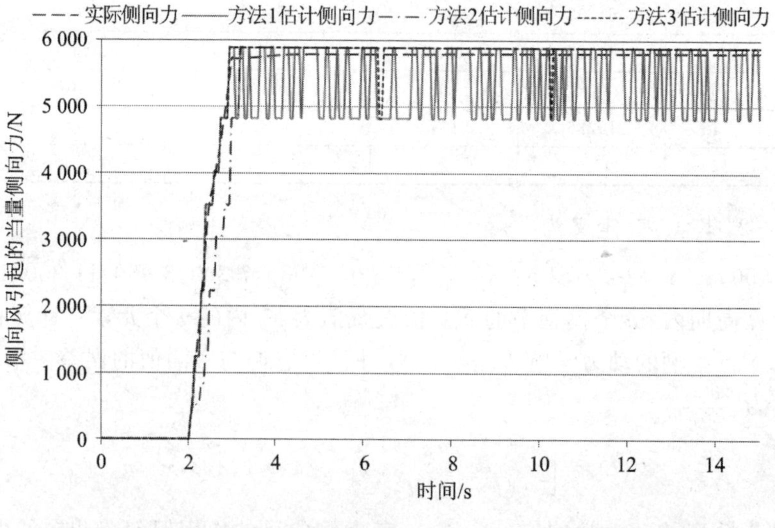

图 7 - 10　不同成本函数下的侧向风等效侧向力估计结果比较

成本函数Ⅲ中将 ρ_1 和 ρ_2 分别取为 0.15 和 0.85，是综合考虑瞬态误差和稳态误差、通过比较不同权重组合下的仿真结果确定的。

7.3.3 仿真结果

采用 TruckSim/Matlab 仿真实验平台验证所设计估计器的估计效果。试验工况条件如表 7 - 3 所列。

表 7 - 3　侧向风估计器仿真实验工况

工况序号	路面附着系数	行驶路径	车速/(km·h^{-1})	侧向风类型
Ⅰ	0.85	直线	60	准阶跃输入
Ⅱ	0.85	双移线	60	准阶跃输入
Ⅲ	0.85	直线	60	随机输入
Ⅳ	0.85	双移线	60	随机输入

工况Ⅰ和Ⅱ的侧向力估计结果分别如图 7－11 和图 7－12 所示。两种工况下侧向风的方向均垂直于车辆前进的方向。风速自第 2 s 开始均匀增加，至第 3 s 达到 60 km/h 并在其后维持不变。图 7－13 给出了工况Ⅱ转向盘转角输入和车辆侧向加速度响应。

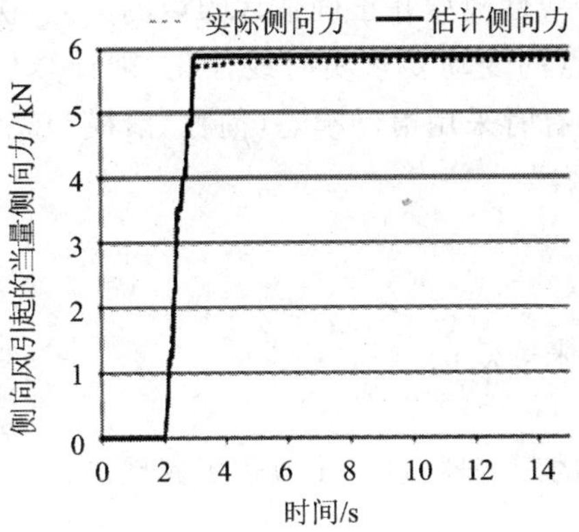

图 7－11　工况Ⅰ侧向力估计结果

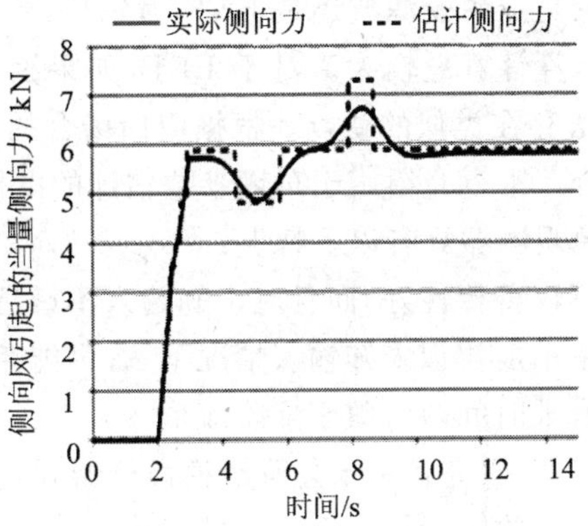

图 7－12　工况Ⅱ侧向力估计结果

从图 7－11 中可以看出，直线行驶的车辆在侧向风准阶跃输入的作用下，估计器能够较快速、准确地估计侧向风引起的侧向力。图 7－13 中的结果则表明，双移线工况下车辆侧向运动导致侧向风侧向力发生波动，但估计器仍给出了较好的估计结果（见图 7－12）。

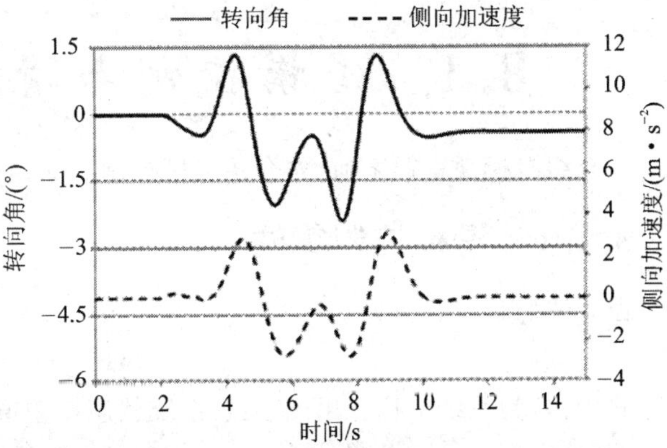

图 7－13　工况Ⅱ的驾驶员转向输入和车辆响应

图 7－14 和图 7－15 给出了工况Ⅲ和Ⅳ的侧向力估计结果。两种工况下侧向风的方向和速度均为随机变化。从两图中可以看出，在随机侧向风的条件下，估计器的动态估计精度仍较高。

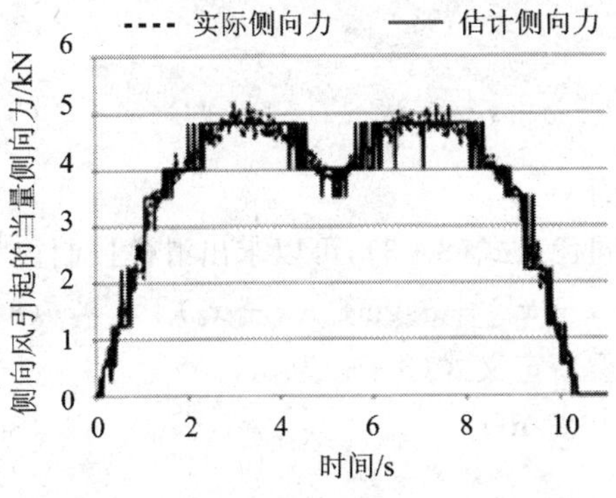

图 7－14　工况Ⅲ侧向力估计结果

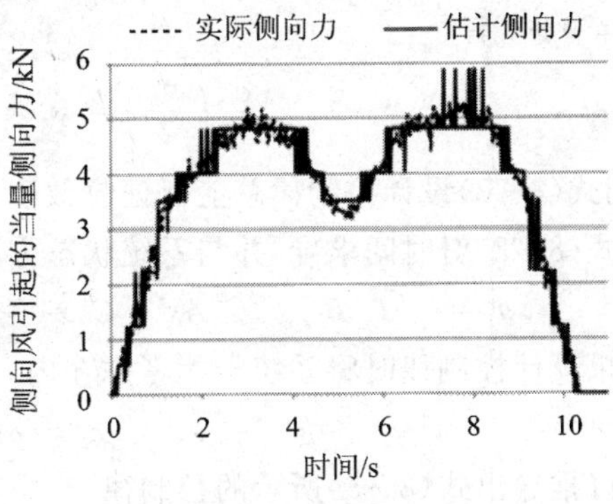

图 7－15　工况Ⅳ侧向力估计结果

第 8 章　滑模状态观测器

无论是卡尔曼滤波还是 EKF，都需要建立一个线性模型并正确估计噪声的方差-协方差，且矩阵运算计算量较大。对于 EKF，如果因工作点的变动要求实时线性化，则计算量更大。RLS 算法存在类似的缺点。根据应用场合的不同，有时采用滑动模态（简称“滑模”）观测器可能更适合。本章介绍用于车辆参数估计的滑模观测器。

滑模观测器具有以下特点：

- 不仅鲁棒性好，而且对未知输入不敏感；
- 在不能辨识未知输入情况下，有可能用输出来等效；
- 有限时间内收敛于降阶流形。

近年来，研究者基于高阶滑模微分器开发了新的观测器，进一步改进了其性能：

- 能够收敛于状态变量的精确值；
- 可以在没有滤波的情况下获得精确观察；
- 保证状态估计对于采样步长和确定性噪声具有尽可能高的精度。

8.1　滑模控制与滑模状态观测器

在介绍滑模观察器之前，先介绍滑模控制。这是一种适用于非线性系统的常用控制方法。

8.1.1　滑模控制算法

设系统的状态方程为

$$\dot{\boldsymbol{x}} = \boldsymbol{A}\boldsymbol{x} + \boldsymbol{B}\boldsymbol{u} + \boldsymbol{d} \tag{8-1}$$

式中：$\boldsymbol{d}$ 为系统干扰。用 $\boldsymbol{x}_\mathrm{d}$ 表示系统状态期望值。定义滑动面为

$$s \equiv \boldsymbol{C}^\mathrm{T}(\boldsymbol{x} - \boldsymbol{x}_\mathrm{d}) \tag{8-2}$$

令

$$\dot{s} = -\rho s - \alpha \operatorname{sgn} s = -\rho s - \alpha \frac{|s|}{s} \qquad \rho, \alpha > 0 \tag{8-3}$$

则当 $s \neq 0$ 时，有

$$\frac{\mathrm{d}}{\mathrm{d}t}\left(\frac{s^2}{2}\right) = s\dot{s} = -\rho s^2 - \alpha \mid s \mid < 0 \tag{8-4}$$

因此，用式(8-3)设计控制律总能保证收敛于滑动面 $s=0$。

将式(8-2)对时间求导，并与系统状态方程一同代入式(8-3)，可以求出滑模控制律为

$$\boldsymbol{u} = -[\boldsymbol{C}^\mathrm{T}\boldsymbol{B}]^{-1}[\boldsymbol{C}^\mathrm{T}\boldsymbol{A}\boldsymbol{x} - \boldsymbol{C}^\mathrm{T}\dot{\boldsymbol{x}}_\mathrm{d} + \rho\boldsymbol{C}^\mathrm{T}(\boldsymbol{x} - \boldsymbol{x}_\mathrm{d}) + \alpha \operatorname{sgn} \boldsymbol{C}^\mathrm{T}(\boldsymbol{x} - \boldsymbol{x}_\mathrm{d})] \tag{8-5}$$

如果设计控制律时将系统干扰考虑在内，只需重新定义式(8-3)为

$$\dot{s} = -\rho s - \alpha \operatorname{sgn} s + \boldsymbol{C}^\mathrm{T}\mathbf{d}(t) \tag{8-6}$$

则也可以推导出式(8-5)所示的控制律。

如果干扰 $\boldsymbol{d}$ 有界，可令

$$|\boldsymbol{C}^{\mathrm{T}}\boldsymbol{d}(t)| \leqslant \beta \tag{8-7}$$

那么

$$\frac{\mathrm{d}}{\mathrm{d}t}\left(\frac{s^2}{2}\right) = s\dot{s} = -\rho s^2 - \alpha|s| - \boldsymbol{C}^{\mathrm{T}}\boldsymbol{d}(t)s \leqslant$$

$$-\rho s^2 - \alpha|s| + \beta|s| = -\rho s^2 - (\alpha-\beta)|s| \tag{8-8}$$

这说明只要 $\alpha > \beta$ 就能保证收敛。

以上虽然证明了只要 α 足够大,式(8-5)所代表的控制律总能保证系统对干扰和参数变化具有鲁棒性,但它可能导致众所周知的抖振问题。解决办法可以是采用一个在 $s=0$ 的较小邻域内具有在$[-1,1]$区间内连续过渡的函数替代符号函数,比如分式函数 $s/(|s|+\varepsilon)$(ε 为一较小正数)和反正切函数$\frac{2}{\pi}\arctan(\lambda s)(\lambda>0)$等。图 8-1 所示的函数图像表明,$\varepsilon$ 越小或 λ 越大,则这些替代函数越接近符号函数。

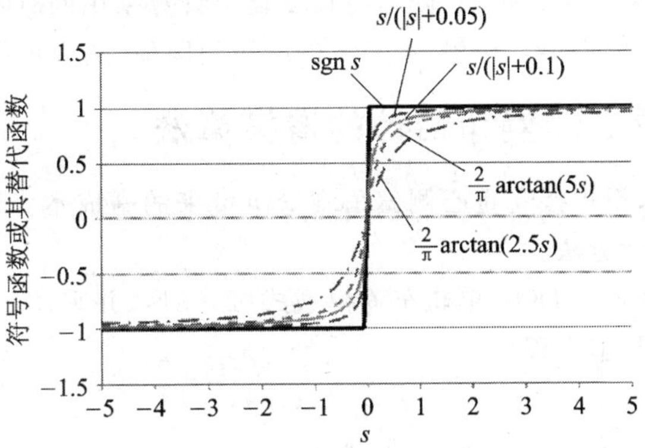

图 8-1　符号函数及其具有连续过渡特性的若干替代函数

8.1.2　车轮加速度估计的滑模算法

下面仍以汽车 ABS 车轮加速度估计为例介绍如何利用滑模控制算法设计滑模观察器。对于式(8-1)所代表的系统,令 $x_1 = v_{\mathrm{w}}, x_2 = a_{\mathrm{w}}$,则 $\boldsymbol{A}=\begin{bmatrix}0 & 1\\0 & 0\end{bmatrix}$。用 v_{wm} 表示轮速测量值,同时将其设定为轮速的期望值($\boldsymbol{x}_{\mathrm{d}}$ 的第一个分量)。令 $\boldsymbol{C}=[1\quad 0]^{\mathrm{T}}$,根据式(8-2)滑动面的定义得 $s = v_{\mathrm{w}} - v_{\mathrm{wm}}$ 。再假设 $\boldsymbol{B}=[g_1\quad g_2]^{\mathrm{T}}$ 为观测器增益,下式与式(8-5)共同构成轮速与车轮加速度滑模观测器模型:

$$\left.\begin{aligned}\dot{\hat{\boldsymbol{x}}} &= \boldsymbol{A}\hat{\boldsymbol{x}} + \boldsymbol{B}u\\ s &= \boldsymbol{C}^{\mathrm{T}}(\hat{\boldsymbol{x}} - \boldsymbol{x}_{\mathrm{d}}) = \hat{v}_{\mathrm{m}} - v_{\mathrm{wm}}\end{aligned}\right\} \tag{8-9}$$

因观测器输入 u 按式(8-5)计算,推导得

$$u = -\frac{1}{g_1}[\hat{a}_{\mathrm{w}} - \dot{v}_{\mathrm{wm}} + \rho(\hat{v}_{\mathrm{w}} - v_{\mathrm{wm}}) + \alpha\,\mathrm{sgn_{eq}}(\hat{v}_{\mathrm{w}} - v_{\mathrm{wm}})]$$

式中:$\mathrm{sgn_{eq}}$表示符号函数的替代函数。接下来的例子中采用前述的分式函数,即令 $\mathrm{sgn_{eq}}(s) = s/(|s|+\varepsilon)$ 。

实际应用时,通过对上述观测器模型离散化和单步积分实现轮速及其加速度的估计。但

问题是观测器输入 u 的计算要用到车轮加速度的测量值 $\dot{v}_{\text{wm}}$ 。由于它并不直接测量，可以利用轮速测量值在若干个连续采样周期内的变化率作为 $\dot{v}_{\text{wm}}$ 的近似值，例如

$$\dot{v}_{\text{wm}} \approx \frac{v_{\text{wm}\,k} - v_{\text{wm}\,k-1}}{T_{\text{s}}}$$

或者

$$\dot{v}_{\text{wm}} \approx \frac{v_{\text{wm}\,k} - v_{\text{wm}\,k-2}}{2T_{\text{s}}}$$

或者

$$\dot{v}_{\text{wm}} \approx \frac{v_{\text{wm}\,k} - v_{\text{wm}\,k-3}}{3T_{\text{s}}}$$

式中：T_{s} 为采样时间。

采用与 3.2 节中轮速卡尔曼滤波相同的数据，轮速和车轮加速度的滑模观察结果如图 8 - 2 所示。滑模观测器的有关设计参数为：$\varepsilon = 0.05, \rho = 10, \alpha = 20, \boldsymbol{B} = [1 \quad 15]^{\text{T}}$。图 8 - 2 (a)、(b)和(c)的区别仅在于 $\dot{v}_{\text{wm}}$ 的计算采用了不同近似方法。为便于比较，图中同时给出了车轮加速度的卡尔曼滤波结果。可以看出，随着轮速变化率计算采用的时间间隔的加大，车轮加速度观测值的波动变缓和，但都能正确触发 ABS 的减压门限值(图中水平线)。

8.1.3　车辆重心侧偏角估计的滑模算法

对于普通轿车来说，很难接受重心侧偏角测量所带来的高成本。这里介绍一种汽车重心侧偏角的滑模观测器设计方法。

采用 2.2 节中介绍的 3 - DOF 单轨车辆模型式(2 - 31)，并采用 2.1 节的线性轮胎模型，建立车辆模型的非线性状态方程为

$$\dot{\boldsymbol{x}} = \boldsymbol{f}(\boldsymbol{x}, \boldsymbol{u}) \tag{8-10}$$

式中：$\boldsymbol{x} = [v_x \quad v_y \quad r]^{\text{T}}, \boldsymbol{u} = [\delta \quad F_{x\text{f}} \quad F_{x\text{r}}]^{\text{T}}$。

重新列出式(2 - 31)为

$$\left.\begin{aligned}
\dot{x}_1 &= \frac{1}{m}\left[u_2 + C_{\alpha\text{f}}\left(\frac{x_2 + ax_3}{x_1} - u_1\right)u_1 + u_3\right] + x_3 x_2 \\
\dot{x}_2 &= \frac{1}{m}\left[u_2 u_1 - C_{\alpha\text{f}}\left(\frac{x_2 + ax_3}{x_1} - u_1\right) - C_{\alpha\text{r}}\left(\frac{x_2 - bx_3}{x_1}\right)\right] - x_3 x_1 \\
\dot{x}_3 &= \frac{1}{I_z}\left[au_2 u_1 - aC_{\alpha\text{f}}\left(\frac{x_2 + ax_3}{x_1} - u_1\right) + bC_{\alpha\text{r}}\left(\frac{x_2 - bx_3}{x_1}\right)\right]
\end{aligned}\right\} \tag{8-11}$$

对式(8 - 10)表示的非线性车辆模型，设计如图 8 - 3 所示的滑模观测器。其中 $\boldsymbol{z} = [v_x \quad r]^{\text{T}}$ 表示测量量。v_x 可以根据 ABS 的轮速传感器信号计算得到，这在 3.2 节中已经介绍。第二个测量量 r 在大多数 ESC 系统中是直接测量的。

滑模观测器方程为

$$\begin{cases}
\dot{\hat{\boldsymbol{x}}} = \boldsymbol{f}(\hat{\boldsymbol{x}}, \boldsymbol{u}) + \boldsymbol{\Lambda}\text{sgn}_{\text{eq}}(\boldsymbol{z} - \hat{\boldsymbol{z}}) \\
\hat{\boldsymbol{z}} = \boldsymbol{C}\hat{\boldsymbol{x}}
\end{cases} \tag{8-12}$$

式中：$\boldsymbol{\Lambda}$ 为观测器增益矩阵，$\boldsymbol{\Lambda} \in \mathbf{R}^{3\times 2}$；$\boldsymbol{C} = \begin{bmatrix} 1 & 0 & 0 \\ 0 & 0 & 1 \end{bmatrix}$。为消除抖振，函数 $\text{sgn}_{\text{eq}}(\varepsilon_x)$ 采用前述的反正切函数替代符号函数：

$$\text{sgn}_{\text{eq}}(\varepsilon_x) = \frac{2}{\pi}\arctan(\lambda\varepsilon_x) \tag{8-13}$$

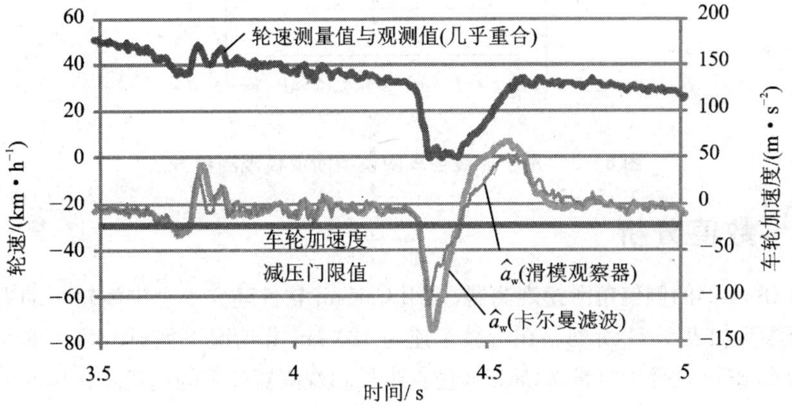

(a) 按1个采样周期计算轮速变化率

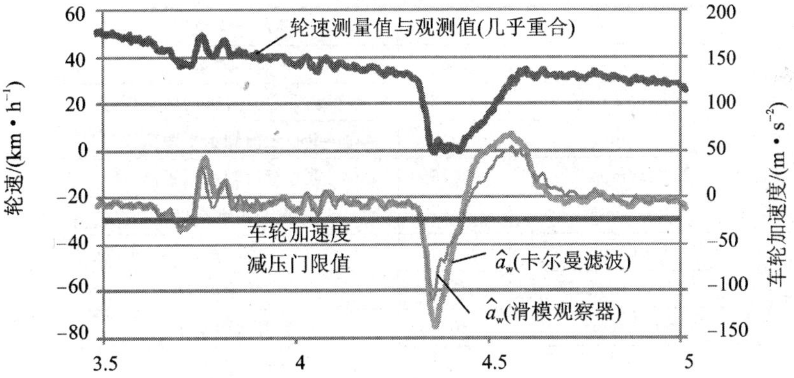

(b) 按2个采样周期计算轮速变化率

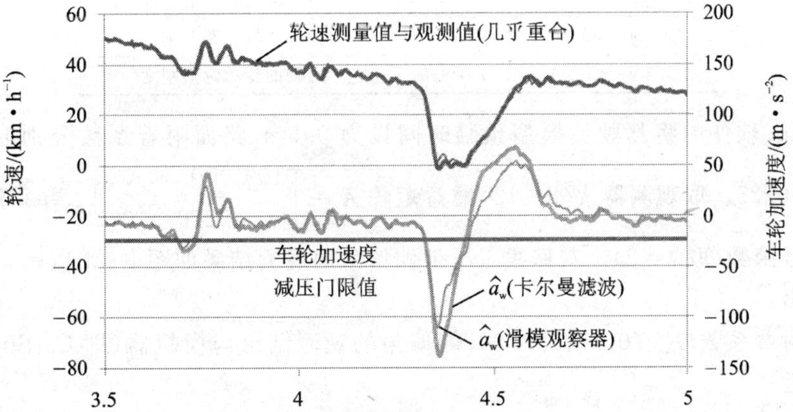

(c) 按3个采样周期计算轮速变化率

图 8-2　轮速及其加速度估计的滑模观察器结果

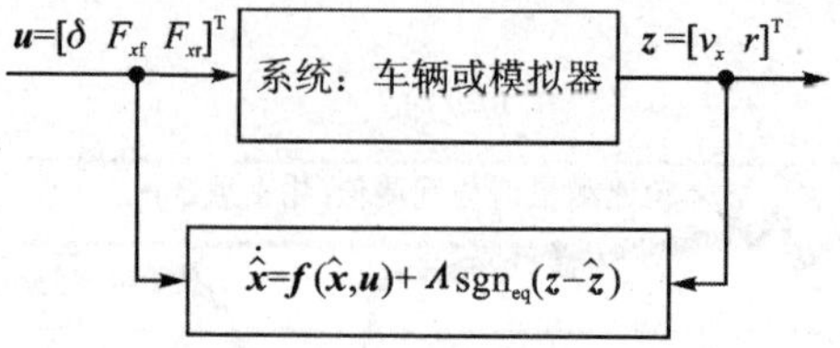

图 8-3 用于非线性车辆模型的滑模观测器方法

8.1.4 数值分析

为验证式(8-12)的侧偏角滑模观测器,采用 CarSim 软件建立一个中型轿车动力学模型,车辆及轮胎的部分参数如表 8-1 所列。在行驶车速为 120 km/h 情况下完成 ISO-3888 双移线操作。驾驶员模型为 CarSim 软件中自带。CarSim 仿真步长和观测器计算的迭代步长均取为 0.01 s。

表 8-1 算例的车辆及轮胎部分参数

参 数	值	参数含义说明
m/kg	1 687	整车质量
I_{zz}/kg · m^2	2 742	整车绕重心垂直轴的转动惯量
a/mm	1 014	重心至前轴水平距离
b/mm	1 676	重心至后轴水平距离
h_g/mm	542	重心离地高度
B_1/mm	1 540	前轮距
B_2/mm	1 530	后轮距
r_r/mm	301	轮胎有效滚动半径
i_s/	16	转向传动比
C_{sf}/(N · slip^{-1})	173 640	前轴的轮胎纵滑刚度
C_{sr}/(N · slip^{-1})	108 926	后轴的轮胎纵滑刚度
$C_{\alpha f}$/(N · rad^{-1})	150 170	前轴的轮胎侧偏刚度
$C_{\alpha r}$/(N · rad^{-1})	104 990	后轴的轮胎侧偏刚度

在 CarSim 软件中将驾驶员模型预瞄时间设为 0.5 s,路面附着系数分别取 0.85、0.7、0.55、0.4 和 0.25。取观测器式(8-12)增益矩阵 $\boldsymbol{\Lambda}=\begin{bmatrix}100 & 0 & 0\\ 0 & 270 & 100\end{bmatrix}^T$,并采用式(8-13)作为等效符号函数(取 λ=2)。双移线工况下侧偏角的观测结果如图 8-4 所示。分析图中观测结果可看出:

①路面附着系数较大(0.85、0.7)时,侧偏角的观测结果与模拟器(即 CarSim 软件)的输出结果较接近;

②在中等路面附着系数(0.55)条件下,观测结果与模拟器输出结果在侧偏角 ±1.9°范围内的绝对值增大阶段非常接近,而在其他阶段则观测误差较大;

③路面附着系数较小(0.4、0.25)时,滑模观测器误差较大。

以上结果表明观测器对路面附着系数变化的鲁棒性较差。其原因在于滑模观测器中对轮胎侧偏力建模时采用线性模型,而模拟器中的轮胎模型为与实际轮胎特性更为接近的非线性模型。图 8-5 所示为不同路面附着条件下的单个前轮轮胎偏侧力曲线。在附着系数较大的路面上执行双移线的过程中，因车辆侧偏角和轮胎侧偏角都较小，观测器侧偏力模型与模拟器很接近。因此，高附着条件下滑模观测器观测结果与模拟器结果非常接近。而在中等附着工况下，车辆侧偏角和轮胎侧偏角都较大，此时模拟器中的轮胎侧偏力进入了非线性饱和区。与此同时，因滑模观测器仍采用线性侧偏力模型，它与模拟器计算得到的侧偏力差别很大，所以滑模观测器观测结果与模拟器输出结果相差也较大。而在很低的附着路面条件下，虽然模拟器重心侧偏角并不太大，但侧偏力仍然进入了饱和区。这种情况下，因观测器轮胎模型与模拟器相差很大，观测结果误差也很大。

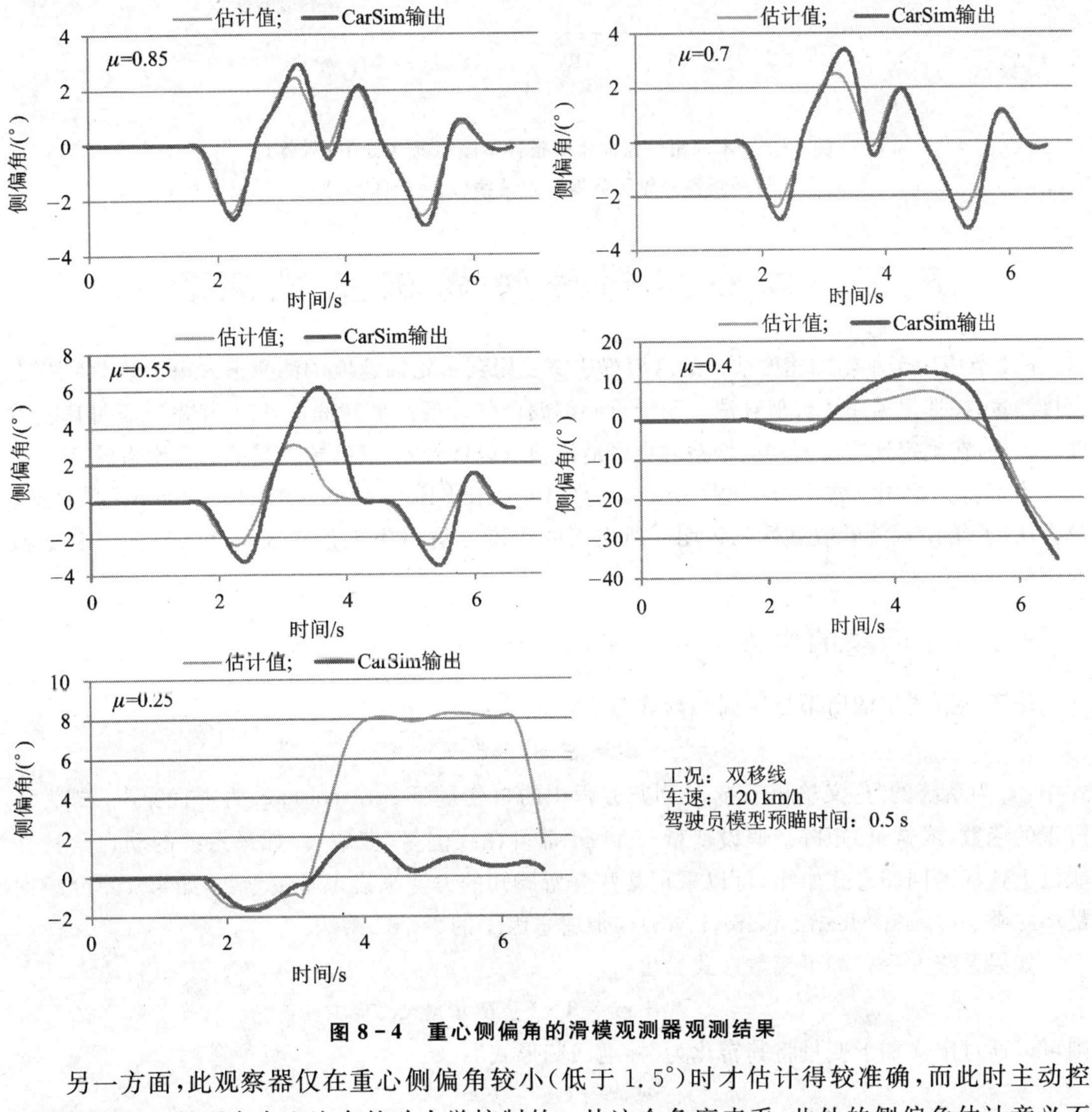

图 8－4　重心侧偏角的滑模观测器观测结果

另一方面，此观察器仅在重心侧偏角较小（低于 1.5°）时才估计得较准确，而此时主动控制系统实际上是不会介入汽车的动力学控制的。从这个角度来看，此处的侧偏角估计意义不大。但是，如果能结合路面摩擦的估计并采用精度较高的非线性轮胎模型，滑膜观察器应当可以在侧偏角较大时也估计得较准确。采用非线性轮胎模型的侧偏角滑膜观察器在文献中较常见，有兴趣的读者可自行研究。

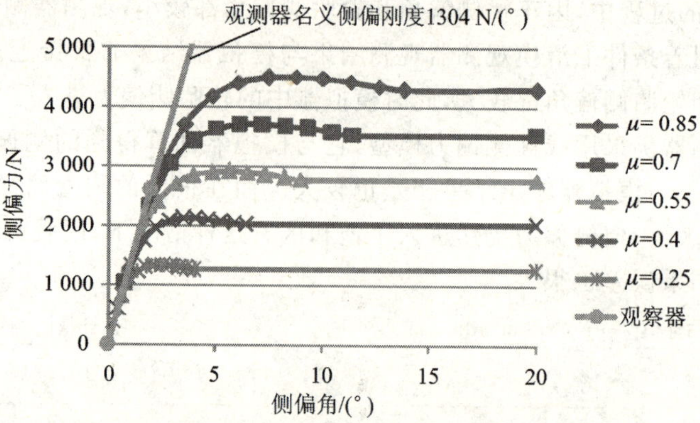

图 8-5　不同附着路面系数条件下模拟器(CarSim 软件)与观测器的轮胎侧偏特性曲线(F_z=5 100 N)

8.2　二阶超螺旋滑模状态观测器

8.1 节中用于车轮加速度估计的滑模算法需要用到车轮加速度的测量值。由于该参数并未直接测量,在那里采用了近似算法。至于重心侧偏角估计的滑模观测器,8.1 节并未证明其收敛性。另外,在确定这些观测器的增益时更多地依赖于设计者的经验,缺乏足够的理论指导。

本节将介绍用于常微分方程(Ordinary Differential Equations,ODE)参数辨识的二阶滑模方法,并给出观测器收敛性的证明。所提出的滑模方法适用于存在确定性有界输入和随机噪声的系统。

8.2.1　问题的由来

用于参数辨识的所谓标准回归形式为

$$\boldsymbol{z}_t = \boldsymbol{\Xi}_t \boldsymbol{\varphi}_t + \boldsymbol{\xi}_t$$

式中:$\boldsymbol{z}_t$ 为系统的"广义输出";$\boldsymbol{\varphi}_t$ 是回归方程中的自变量(Regressor);$\boldsymbol{\xi}_t$ 为干扰噪声;$\boldsymbol{\Xi}_t$ 为待辨识的函数(或常量)矩阵。假设变量 $\boldsymbol{z}_t$ 和 $\boldsymbol{\varphi}_t$ 都可在线测量(获取)。如果系统的动力学特性能以上述标准回归形式给出,可以采用某些众所周知的方法来辨识常量参数,如第 3 章介绍的最小二乘法(Least Mean Square,LMS)或带遗忘因子的最小二乘法。

如果系统方程以如下离散形式给出:

$$\boldsymbol{x}_{t+1} = \boldsymbol{x}_t + \boldsymbol{A}_t \boldsymbol{x}_t + \boldsymbol{B}_t \boldsymbol{u}_t + \boldsymbol{\xi}_t$$

则可以通过定义如下变量将其转化为"标准回归形式":

$$\boldsymbol{z}_t := \boldsymbol{x}_{t+1} - \boldsymbol{x}_t$$

$$\boldsymbol{\Xi}_t := [\boldsymbol{A}_t \vdots \boldsymbol{B}_t]$$

$$\boldsymbol{\varphi}_t := \begin{bmatrix} \boldsymbol{x}_t \\ \boldsymbol{u}_t \end{bmatrix}$$

对于连续变量的情况,当系统动力学方程采用如下的常微分方程:

$$\dot{\boldsymbol{x}}_t = \boldsymbol{A}_t \boldsymbol{x}_t + \boldsymbol{B}_t \boldsymbol{u}_t + \boldsymbol{\xi}_t$$

时，则为了获得标准回归形式，需要将变量写成

$$z_t := \dot{x}_t$$
$$\Xi_t := [A_t \vdots B_t]$$
$$\varphi_t := \begin{bmatrix} x_t \\ \hline u_t \end{bmatrix}$$

这意味着要测量的变量不止是 (x_t, u_t)，还要包括 $\dot{x}_t$。这是连续系统参数辨识中的主要问题，这在上一节估计车轮加速度时已经遇到。参数为常量情况下，此问题通过动力学方程的简单积分即可得到解决，即

$$x_{t+h} - x_t = A\int_{s=t}^{t+h} x_s \mathrm{d}s + B\int_{s=t}^{t+h} u_s \mathrm{d}s + \int_{s=t}^{t+h} \xi_s \mathrm{d}s$$

因此，对应的标准回归形式为

$$z_t := x_{t+h} - x_t$$
$$\Xi_t := [A \quad B]$$
$$\varphi_t := \begin{bmatrix} \int_{s=t}^{t+h} x_s \mathrm{d}s \\ \hline \int_{s=t}^{t+h} u_s \mathrm{d}s \end{bmatrix}$$

上述时变参数的"技巧"在实际应用中是行不通的，对已有辨识方法的应用仍然需要估计导数 $\dot{x}_t$。下面提出的滑模技术将成功解决该问题，并可以在期望的短时间内精确地估计出导数 $\dot{x}_t$ 的值。

8.2.2 采用超螺旋(super - twisting)算法的二阶滑模观测器[37]

文献[37]针对以下具有有界参数的仿射系统提出了一种一阶滑模观测器：

$$\begin{cases} \dot{x} = A_t \varphi_t(x) + \psi_t(x) \\ y = x \end{cases} \tag{8-14}$$

式中：$x \in \mathbf{R}^n$，$\varphi_t \in \mathbf{R}^n$ 且 $\psi_t \in \mathbf{R}^n$，它们是已知的 Lipschitz 矢量场；$y \in \mathbf{R}^n$ 为测量矢量；$A = A_t$ 为常量矩阵。上述问题可以归结为：为式(8 - 14)所示的系统设计一个滑模参数观测器，它使估计误差至少渐进收敛，即

$$\lim_{t\to\infty} \| A_t - \hat{A}_t \| = 0 \tag{8-15}$$

由于所提出的一阶滑模观测器需要采用低通滤波(Low - Pass Filter，LPF)，仅能获得待辨识矩阵的近似估计，又提出一种采用超螺旋(super - twisting)算法的二阶滑模观测器[37]。该观测器可使滑动变量及其对时间的导数在有限时间内收敛，下面予以介绍。

考虑如下系统：

$$\left.\begin{aligned} \dot{x}_1 &= x_2 \\ \dot{x}_2 &= f(t, x_1, x_2, u) + \zeta(t, x_1, x_2, u) \\ y &= x_1 \end{aligned}\right\} \tag{8-16}$$

其中：x_1 和 x_2 为系统状态；u 为系统输入；y 为系统输出；f 为 x_2 状态方程的名义模型函数；ζ 为干扰。当 x_1 和 u 为被测量且名义模型函数 f 为已知时，观测器模型为

$$\left.\begin{aligned}\dot{\hat{x}}_1 &= \hat{x}_2 + z_1 \\ \dot{\hat{x}}_2 &= f(t, x_1, \hat{x}_2, u) + z_2\end{aligned}\right\} \tag{8-17}$$

式中：$\hat{x}_1$ 和 $\hat{x}_2$ 分别表示状态 x_1 和 x_2 的估计；z_1 和 z_2 为修正变量。当采用超螺旋算法时，有

$$\left.\begin{aligned}z_1 &= \beta|x_1 - \hat{x}_1|^{\frac{1}{2}}\mathrm{sgn}(x_1 - \hat{x}_1), \beta > 0 \\ z_2 &= \alpha\mathrm{sgn}(x_1 - \hat{x}_1), \alpha > 0\end{aligned}\right\} \tag{8-18}$$

为保证收敛，对式(8-17)积分时应将初始条件设为 $\hat{x}_1 = x_{10}, \hat{x}_2 = 0$。令误差 $\tilde{x}_i = x_i - \hat{x}_i$，$i = 1,2$，得误差方程为

$$\left.\begin{aligned}\dot{\tilde{x}}_1 &= \tilde{x}_2 - \beta|\tilde{x}_1|^{\frac{1}{2}}\mathrm{sgn}(\tilde{x}_1) \\ \dot{\tilde{x}}_2 &= F_t(x_1, x_2, \hat{x}_2) - \alpha\,\mathrm{sgn}(\tilde{x}_1)\end{aligned}\right\} \tag{8-19}$$

式中：

$$F_t(x_1, x_2, \hat{x}_2) = f_t(\boldsymbol{x}, U_t(\boldsymbol{x})) - f_t(x_1, \hat{x}_2, U_t(\boldsymbol{x})) + \xi_t(\boldsymbol{x}, U_t(\boldsymbol{x}))$$

$$\boldsymbol{x} = [x_1 \quad x_2]^{\mathrm{T}}$$

假设系统状态有界，则可保证存在常数 f^+，它使得对任意 t、x_1、x_2 以及 $|\hat{x}_2| \leqslant 2\sup|x_2|$，以下不等式成立：

$$|F_t(x_1, x_2, \hat{x}_2)| < f^+ \tag{8-20}$$

选取 α 和 β，使它们满足以下不等式：

$$\left.\begin{aligned}&\alpha > f^+ \\ &\beta > \sqrt{\frac{2}{\alpha - f^+}}\,\frac{(\alpha + f^+)(1+p)}{1-p}\end{aligned}\right\} \tag{8-21}$$

式中：p 为选取的常数，$0 < p < 1$。

定　理　对系统(式(8-16))设计的观测器模型(式(8-17))和模型(式(8-18))能够保证状态的估计值在有限时间内收敛于它们的真实值，即 $(\hat{x}_1, \hat{x}_2) \to (x_1, x_2)$。

证　明　先证明状态误差 $\tilde{x}_1$ 及其导数 $\dot{\tilde{x}}_1$ 收敛于0。假设式(8-20)在所有时间内都成立(留待后面证明)。根据式(8-19)和式(8-20)，估计误差 $\tilde{x}_1$ 和 $\tilde{x}_2$ 的导数满足以下包含关系式：

$$\left.\begin{aligned}\dot{\tilde{x}}_1 &= \tilde{x}_2 - \beta|\tilde{x}_1|^{\frac{1}{2}}\mathrm{sgn}(\tilde{x}_1) \\ \dot{\tilde{x}}_2 &\in [-f^+, +f^+] - \alpha\,\mathrm{agn}(\tilde{x}_1)\end{aligned}\right\} \tag{8-22}$$

注意，式(8-22)的解在任意初始条件都是存在的，并可在整个时间范围内无限延伸。在 $\tilde{x}_1 \neq 0$ 的条件下，计算 $\dot{\tilde{x}}_1$ 的导数。利用关系式 $\frac{\mathrm{d}}{\mathrm{d}t}|x| = \dot{x}\,\mathrm{sgn}(x)$，有

$$\ddot{\tilde{x}}_1 \in [-f^+, +f^+] - \left(\frac{1}{2}\beta\frac{\dot{\tilde{x}}_1}{|\tilde{x}_1|^{\frac{1}{2}}} + \alpha\,\mathrm{agn}(\tilde{x}_1)\right) \tag{8-23}$$

关系式(8-23)可被用来绘制相平面图(估计误差的运动轨迹)控制曲线，如图8-6所示。在初始时刻 $\tilde{x}_1 = 0, \tilde{x}_2 = x_2 - 0 = x_2$。若 x_2 初始值为正，则轨迹进入右半平面 $\tilde{x}_1 > 0$；反之，则进入左半平面 $\tilde{x}_1 < 0$。

假定进入右半平面 $\tilde{x}_1 > 0$，则只要 $\dot{\tilde{x}}_1 > 0$，相轨迹就被限定在坐标轴 $\tilde{x}_1 = 0$、$\dot{\tilde{x}}_1 = 0$ 以及方程 $\ddot{\tilde{x}}_1 = -(\alpha - f^+)$ 所决定的运动轨迹(见图8-6中控制曲线Ⅰ)之间。用 $\tilde{x}_{1M}$ 表示控制

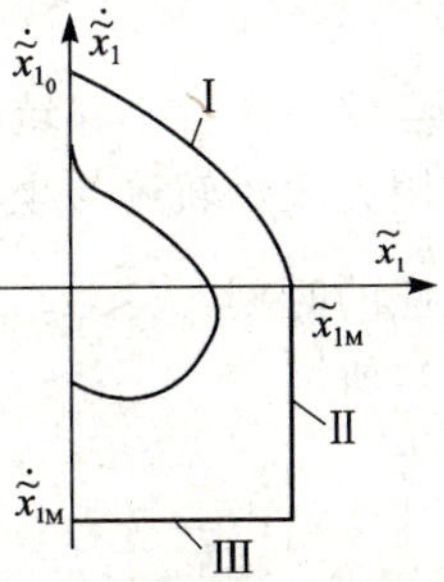

图 8-6　超螺旋二阶滑模观测器的相轨迹

曲线Ⅰ与坐标轴 $\dot{\tilde{x}}_1=0$ 的交点。显见，$2(\alpha-f^+)\tilde{x}_{1M}=\dot{\tilde{x}}_{1_0}{}^2$，其中 $\dot{\tilde{x}}_{1_0}$ 是 $\dot{\tilde{x}}_1$ 在 $\tilde{x}_1=0$ 时的值。由式(8-23)易看出，只要 $\tilde{x}_1>0$，$\dot{\tilde{x}}_1>0$，以下不等式成立：

$$\ddot{\tilde{x}}_1\leqslant f^+-\alpha\,\mathrm{sgn}(\tilde{x}_1)-\frac{1}{2}\beta\frac{\dot{\tilde{x}}_1}{|\tilde{x}_1|^{\frac{1}{2}}}<0 \tag{8-24}$$

这意味着轨迹趋近于坐标轴 $\dot{\tilde{x}}_1=0$。

当控制曲线Ⅰ坐标范围为 $\tilde{x}_1>0$、$\dot{\tilde{x}}_1\geqslant 0$ 时，它满足以下方程：

$$\dot{\tilde{x}}_1^2=2(\alpha-f^+)(\tilde{x}_{1M}-\tilde{x}_1)\qquad \text{当}\,\dot{\tilde{x}}_1>0\,\text{时} \tag{8-25}$$

$\tilde{x}_1>0$ 和 $\dot{\tilde{x}}_1\leqslant 0$ 时的控制曲线由两部分组成。第一部分可看成由点 $(\tilde{x}_{1M},0)$ 垂直降至点 $\left(\tilde{x}_{1M},\frac{2}{\beta}(f^++\alpha)\tilde{x}_{1M}{}^{\frac{1}{2}}\right)$ 构成，如图 8-6 中控制曲线Ⅱ所示。曲线Ⅱ对应的是“最坏情况”，即式(8-23)右边等于零。该曲线的第二部分为位于点 $\left(\tilde{x}_{1M},\frac{2}{\beta}(f^++\alpha)\tilde{x}_{1M}{}^{\frac{1}{2}}\right)=(\tilde{x}_{1M},\dot{\tilde{x}}_{1M})$ 与 $(0,\dot{\tilde{x}}_{1M})$ 之间的水平线段，即图 8-6 中的线段Ⅲ。线段Ⅲ之所以构成控制曲线，理由如下：

在 $\tilde{x}_1>0$，$\dot{\tilde{x}}_1\leqslant 0$ 的情况下，$\ddot{\tilde{x}}_1=0$ 时 $\dot{\tilde{x}}_1$ 取得极小值。此时

$$\ddot{\tilde{x}}_1=F_t(x_1,x_2,\hat{x}_2)-\left(\frac{1}{2}\beta\frac{\dot{\tilde{x}}_1}{|\tilde{x}_1|^{\frac{1}{2}}}+\alpha\right)=0$$

所以 $\dot{\tilde{x}}_1$ 的极小值为

$$\begin{aligned}\dot{\tilde{x}}_{1\min}&=\frac{2}{\beta}|\tilde{x}_1|^{\frac{1}{2}}[F_t(x_1,x_2,\hat{x}_2)-\alpha]>\\&\frac{2}{\beta}|\tilde{x}_1|^{\frac{1}{2}}(-f^+-\alpha)=-\frac{2}{\beta}|\tilde{x}_1|^{\frac{1}{2}}(\alpha+f^+)\end{aligned}$$

说明在 $\tilde{x}_1>0$，$\dot{\tilde{x}}_1\leqslant 0$ 的情况下，$(\tilde{x}_1,\dot{\tilde{x}}_1)$ 的轨迹位于直线 $\dot{\tilde{x}}_1=-\frac{2}{\beta}|\tilde{x}_1|^{\frac{1}{2}}(\alpha+f^+)$ 的上方。

由条件(8-21)推论得

$$\frac{|\dot{\tilde{x}}_{1M}|}{|\dot{\tilde{x}}_{1_0}|}<\frac{1-p}{1+p}<1$$

这一不等式保证了状态 $(\tilde{x}_{1_i},\dot{\tilde{x}}_{1_i})$ 收敛于 $\tilde{x}_1=\dot{\tilde{x}}_1=0$，也保证了 $\sum_0^{\infty}|\dot{\tilde{x}}_{1_i}|$ 的收敛。为了证明是在有限时间内收敛，考虑 $\tilde{x}_2$ 的运动。由式(8-22)的第一个方程知，在 $\tilde{x}_1=0$ 的任意时刻都有 $\tilde{x}_2=\dot{\tilde{x}}_1$。根据式(8-19)的第二个方程，得

$$\dot{\tilde{x}}_2=F_t(x_1,x_2,\hat{x}_2)-\alpha\,\mathrm{sgn}(\tilde{x}_1)=\begin{cases}-(\alpha-F_t(x_1,x_2,\hat{x}_2)), & \text{若}\ \tilde{x}_1>0\\(\alpha+F_t(x_1,x_2,\hat{x}_2)), & \text{若}\ \tilde{x}_1<0\end{cases}$$

因此，下列不等式：

$$0 < \alpha - f^{+} \leqslant |\dot{\tilde{x}}_2| \leqslant \alpha + f^{+}$$

在原点的一个较小邻域内成立。

用 t_i 表示轨迹与坐标轴 $\tilde{x}_1 = 0$ 连续两个交点的时间间隔，并分别用 t_s 和 t_e 表示这两个交点对应的时刻，$t_s < t_e$ 。由于在各时间间隔 t_i 内 $\dot{\tilde{x}}_2$ 的正、负号不变（$\tilde{x}_1 > 0$ 时为负，$\tilde{x}_1 < 0$ 时为正），所以

$$\int_{t_s}^{t_e} |\dot{\tilde{x}}_2| \mathrm{d}t = |\tilde{x}_2|_{t=t_s} + |\tilde{x}_2|_{t=t_e} = |\dot{\tilde{x}}_{1_i}| + |\dot{\tilde{x}}_{1_{i+1}}| \geqslant (\alpha - f^{+}) t_i \qquad i = 0,1,2,\cdots$$

进一步

$$t_i \leqslant \frac{|\dot{\tilde{x}}_{1_i}| + |\dot{\tilde{x}}_{1_{i+1}}|}{(\alpha - f^{+})} < \frac{|\dot{\tilde{x}}_{1_i}|}{(\alpha - f^{+})/2} \qquad i = 0,1,2,\cdots$$

而总的收敛时间 T 满足

$$T = \sum_{i=0}^{\infty} t_i < \frac{2}{(\alpha - f^{+})} \sum_{i=0}^{\infty} |\dot{\tilde{x}}_{1_i}|$$

故 T 有限，表明状态估计在有限时间内收敛于其真实值。

上述证明是基于不等式(8-20)得到的。以上已经说明足够大的 f^{+} 可以使得 $|\tilde{x}_2| \leqslant |\tilde{x}_{2,0}| = |\tilde{x}_{2,t_0}|$（$t_0$ 是初始时刻，$\tilde{x}_{2,0}$ 表示 $\tilde{x}_2$ 的初始值，$\tilde{x}_{2,t_0}$ 表示 $\tilde{x}_2$ 在 t_0 时刻的值）。这意味着 $|\hat{x}_2| \leqslant |\tilde{x}_{2,0}| + |x_2| = 2\sup|x_2|$ 。因此，以上所选择的 f^{+} 是有效的。

8.2.3 汽车制动减速度超螺旋二阶滑模观测器算例

在汽车动力学特性测试过程中，车速是常测量的参数之一。比较方便的车速测量方法是采用 GPS，本例中 GPS 数据更新频率为 20 Hz。下面介绍以车速测量数据为输入，如何采用超螺旋滑模算法估计汽车的加速度。

首先构造类似于式(8-16)的系统，只要令式(8-16)中 $x_1 = v_x, x_2 = a_x, f(t, x_1, x_2, u) = 0$ 即可。观测器模型采用式(8-17)和式(8-18)，但其中的符号函数替换为分式函数 $\mathrm{sgn}_{\mathrm{eq}}(s) = s/(|s| + \varepsilon)$ 。分别取车速和加速度的单位为 m/s 和 m/s²，观测器参数为 $\beta = 47.5, \alpha = 45, \varepsilon = 0.3$，初始条件设为 $\hat{x}_1 = 10, \hat{x}_2 = 0$，观测结果如图 8-7 所示。图 8-8 给出了加速度观测值与实测值的对比。虽然加速度观测时未利用实测加速度的任何信息，但它们仍符合得较好，只是观测结果要比实测值滞后一些。

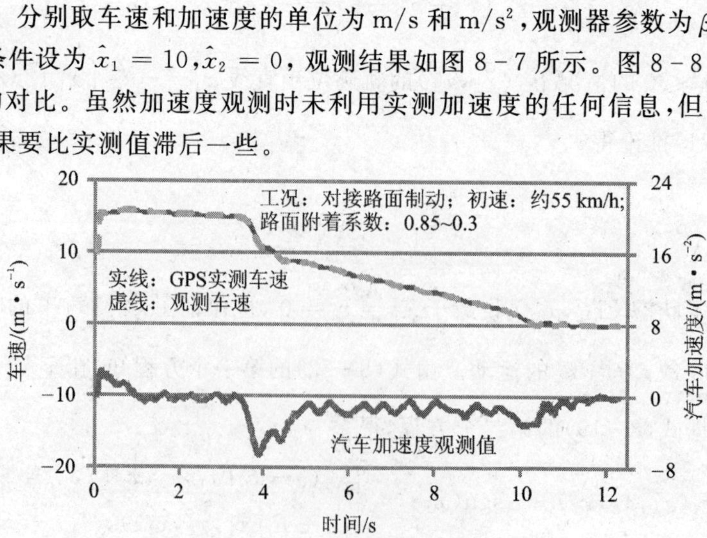

图 8-7 汽车加速度观测结果

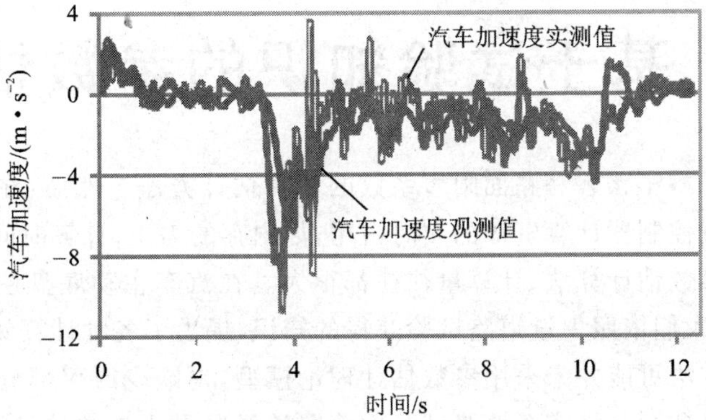

图 8－8　汽车加速度观测结果与实测值对比

第 9 章　基于试验知识的参数估计方法

前面已经介绍了汽车状态和路面附着系数的多种估计方法。然而，在实际应用中还必须考虑这些方法对车载控制器计算资源的实时占用，如内存的需求、计算时间的消耗等。特别是基于非线性模型的参数估计算法，计算量往往都很大。在汽车主动底盘控制系统和安全预警系统的开发过程中，人们依照大量道路试验获得的知识，提出了各种计算效率较高且实用的参数估计方法。这些方法可能并未采用参数估计理论模型，也缺少或仅部分地采用了车辆系统模型。另一个共同特征则是将实车道路试验中获取的经验融入参数估计算法中，例如在算法中采用模糊规则，或者根据试验知识确定算法中的一些设计参数。因具有简单实用的优点，这些被称为“基于试验知识的参数估计方法”在实际中也获得了广泛应用。

本章主要介绍如何根据试验知识估计车速和轮胎-路面附着系数。

9.1　依据轮速和纵向加速度测量的车速估计

本节的车速估计采用基于模糊规则的卡尔曼滤波方法[38]。除了轮速，还要测量加速度。卡尔曼滤波主要用来去除轮速和加速度信号中的噪声和不确定因素，而模糊逻辑用来调节协方差并根据滑动率重置滤波器初始参数。这里，模糊规则或模糊逻辑即根据试验知识确定。

在轮速和加速度信号中，测量误差可能是由下列原因引起：

- 振动引起的加速度计高频噪声；
- 车辆振动引起的轮速噪声；
- 由突然加速或制动引起的滑动率突变，或者由高附着路面跃变到低附着路面；
- 行驶过程中轮胎与路面突起的交互作用导致的车轮半径突然改变；
- 由轮胎磨损、充气压力变化以及车辆载荷改变引起的值虽小但大小一定的车轮变化。

图 9-1 所示为用于估计车速的基于模糊规则的卡尔曼滤波算法基本结构图。采用 3.1 节介绍的卡尔曼滤波算法对纵向加速度和轮速的测量值 a_m 和 v_m 分别进行滤波，就得到纵向加速度、轮速和车轮加速度的估计值。对于车速估计的卡尔曼滤波，其方差参数 S_w、S_z 和 P 的值则取决于模糊规则逻辑。

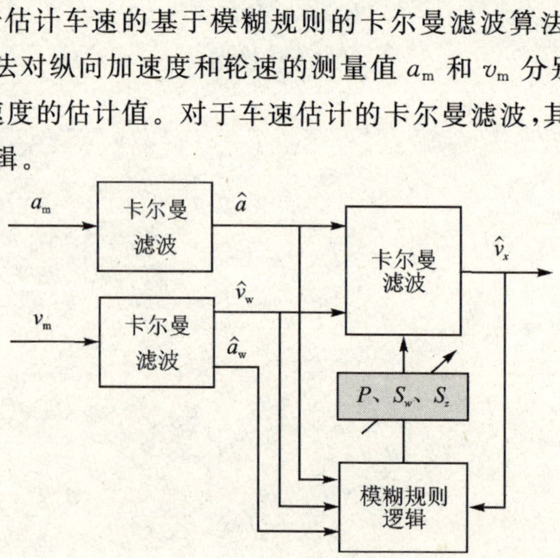

图 9-1　基于模糊规则的卡尔曼滤波算法基本结构

车速和轮速可以用下面的方程描述：

$$\left.\begin{aligned}\dot{v}_x(t) &= a(t)\\ v_{\mathrm{w}}(t) &= v_x(t)+\xi(t)\end{aligned}\right\}\tag{9-1}$$

式中：$\xi(t)$ 代表了车轮滑动对轮速的影响。根据第 2 章关于滑动率 s 的定义，不难得到

$$\xi(t) = s\times \max(v_{\mathrm{w}}, v_x)$$

为了建立估计车速 v_x 的卡尔曼滤波公式，将估计值 $\hat{a}$ 和 $\hat{v}_{\mathrm{w}}$ 代入式(9-1)，得到如下动态模型：

$$\dot{v}_x(t) = \hat{a}(t)+w(t)\tag{9-2}$$

$$\hat{v}_{\mathrm{w}}(t) = v_x(t)+z(t)\tag{9-3}$$

式中：$w(t)$ 和 $z(t)$ 分别为过程噪声和测量噪声。但实际上 $z(t)$ 并非真正的测量噪声，它由两部分组成，即 $z(t) = z_v(t)+\xi(t)$ 。真正的测量噪声应该是 $z_v(t)$ ，而 $\xi(t)$ 只是用车速作为轮速所产生的误差，这个误差由车轮滑动引起。为了能够运用卡尔曼滤波，需要假定过程噪声和测量噪声是零均值、相互独立的高斯噪声，并需要将式(9-2)和式(9-3)离散化变成式(3-1)和式(3-2)的形式。

用前向一阶差分 $\dfrac{v_{x_{k+1}}-v_{x_k}}{T_{\mathrm{s}}}$ 替代 $\dot{v}_x$ ，式(9-2)和式(9-3)离散化为

$$\left.\begin{aligned}v_{x_{k+1}} &= v_{x_k}+T_{\mathrm{s}}\hat{a}_k+T_{\mathrm{s}}w_k\\ \hat{v}_{\mathrm{w}_k} &= v_{x_k}+z_k\end{aligned}\right\}\tag{9-4}$$

对照式(3-1)和式(3-2)，式(9-4)可看成是一组 $A=1$ 、$B=T_{\mathrm{s}}$ 和 $C=1$ 的状态方程和测量方程。对其运用式(3-9)所示的卡尔曼方程，则可以推导出车速估计的迭代公式为

$$\left.\begin{aligned}\hat{v}_{x_{k+1}} &= \frac{S_z(\hat{u}_k+T_{\mathrm{s}}\hat{a}_k)+(P_k+S_w)\hat{v}_{\mathrm{w}_{k+1}}}{P_k+S_w+S_z}\\ P_{k+1} &= \frac{(P_k+S_w)S_z}{P_k+S_w+S_z}\end{aligned}\right\}\tag{9-5}$$

式中：S_w 和 S_z 分别为 $T_{\mathrm{s}}w(t)$ 和 $z(t)$ 的方差。可以看出，如果所有方差为常数，则 $\hat{u}_{k+1}$ 就可简单地看成是上一步估计值 $\hat{v}_{x_k}$ 、滤波后的当前测量值 $\hat{a}_k$ 和 $\hat{v}_{w_{k+1}}$ 的加权和，权重则取决于方差的大小。

正常行驶状态，恰当地选择 S_w 、S_z 和 P 的值，采用式(9-5)对车速进行卡尔曼滤波可以得到准确的估计值。然而，这个估计值几乎没什么意义。感兴趣的是诸如 ABS/TCS 工作时能否准确估计车速。此时存在滑动率可能发生突然变化等情况，将导致不能很快收敛。这就需要动态地调整 S_w 、S_z 和 P 的值，以提高车速估计的准确性。这里采用模糊控制逻辑来调整方差的值。

车轮是否出现滑动可以根据 $\hat{v}_{\mathrm{w}}$ 和 $\hat{v}_x$ 的差值来判别，也可以根据 $\hat{a}_{\mathrm{w}}$ 和 $\hat{a}$ 的差值来判别。当 $|\hat{v}_{\mathrm{w}}-\hat{v}_x|$ 和 $|\hat{a}_{\mathrm{w}}-\hat{a}|$ 的值较大时，用式(9-5)进行卡尔曼滤波时更多地依赖加速度信号而给予轮速信号较小的可信度。例如，这一思路可以用以下的模糊规则实现：

如果 $|\hat{v}_{\mathrm{w}}-\hat{v}_x|$ 小且 $|\hat{a}_{\mathrm{w}}-\hat{a}|$ 也小，则 S_z 就小；

如果 $|\hat{v}_{\mathrm{w}}-\hat{v}_x|$ 小且 $|\hat{a}_{\mathrm{w}}-\hat{a}|$ 中，则 S_z 就中；

如果 $|\hat{v}_{\mathrm{w}}-\hat{v}_x|$ 小且 $|\hat{a}_{\mathrm{w}}-\hat{a}|$ 大，则 S_z 就大；

如果 $|\hat{v}_{\mathrm{w}}-\hat{v}_x|$ 中且 $|\hat{a}_{\mathrm{w}}-\hat{a}|$ 小，则 S_z 就中；

如果 $|\hat{v}_w - \hat{v}_x|$ 中且 $|\hat{a}_w - \hat{a}|$ 也中，则 S_z 就大；

如果 $|\hat{v}_w - \hat{v}_x|$ 中且 $|\hat{a}_w - \hat{a}|$ 大，则 S_z 就大；

如果 $|\hat{v}_w - \hat{v}_x|$ 大且 $|\hat{a}_w - \hat{a}|$ 小，则 S_z 就中；

如果 $|\hat{v}_w - \hat{v}_x|$ 大且 $|\hat{a}_w - \hat{a}|$ 中，则 S_z 就大；

如果 $|\hat{v}_w - \hat{v}_x|$ 大且 $|\hat{a}_w - \hat{a}|$ 也大，则 S_z 就大。

以上“小”、“中”和“大”表示在对应的模糊变量域中模糊值分别为较小、中等和较大。

低速时，因信噪比低且存在零点漂移，加速度传感器的输出可能不准。此时应更多地依赖轮速信号而给予加速度信号较小的可信度。例如，可以采用以下模糊规则：

如果 $\hat{v}_w$ 小且 $|\hat{a}|$ 也小，则 S_w 就大；

如果 $\hat{v}_w$ 大且 $|\hat{a}|$ 小，则 S_w 就小；

如果 $|\hat{a}|$ 大，则 S_w 就小。

此外，还可以通过重置 P 和给定 u 的限值来改善估计值的收敛性。比如，若出现估计的车速为负值，就将车速估计重置为零。同时，将 P 重置为初值 P_0。

为检验本节估计算法的效果，下面用两组实测的 ABS 数据加以说明。图 9－2 所示为 ABS 对开路面试验结果。实测的车速、加速度 a_m 和四路轮速 v_m 采样周期皆为 0.005 s。检验算法时仅以 a_m 和 v_m 为其输入，而实测的车速仅用于结果评价，并不参与估计。

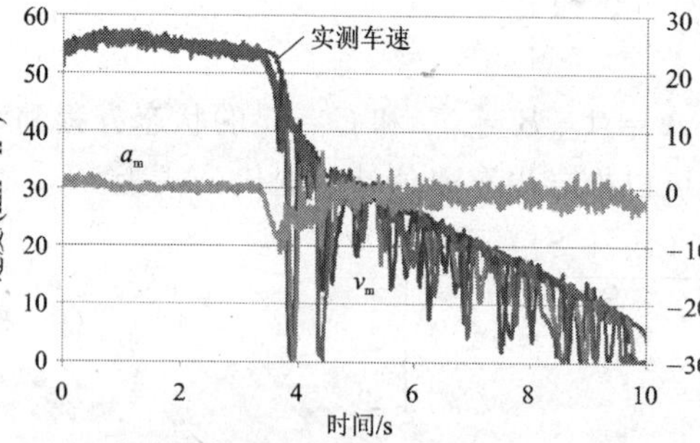

(a) 由高附着路面开始制动跃变至低附着路面

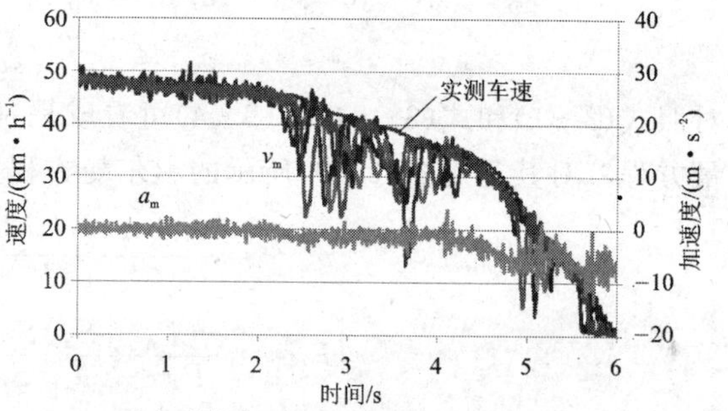

(b) 由低附着路面开始制动跃变至高附着路面

图 9－2　ABS 对开路面试验结果及根据车速产生的加速度

如图 9－1 所示，理论上说只需要测量加速度和一路轮速即可估计车速。考虑到制动过程中还可能伴随转向，由此导致左右两侧车轮处的纵向速度略有差异。因此，这里分开估计左、右侧的参考车速，而所需要的轮速输入数据采用同侧两轮速之较大者，以体现 ABS 参考车速估计的“轮速大者优先”原则。两侧参考车速分开估计的另一个好处是还可以为汽车横摆角速度的估计提供依据，相关内容见 10.3 节。

加速度和轮速按式(3－9)进行稳态卡尔曼滤波，有关参数选取如下：

①加速度测量值卡尔曼滤波：$\boldsymbol{K}=[0.027\,73\quad 0.077\,95]^{\mathrm{T}}$，$\boldsymbol{P}=\begin{bmatrix}27.73 & 77.95\\ 77.95 & 441.5\end{bmatrix}$。

②轮速测量值卡尔曼滤波：$\boldsymbol{K}=[0.100\,3\quad 1.060\,5]^{\mathrm{T}}$，$\boldsymbol{P}=\begin{bmatrix}0.502 & 5.302\\ 5.302 & 115.1\end{bmatrix}$。

车速按式(9－5)进行卡尔曼滤波，其中的时变参数 P、S_w、S_z 应由前述模糊规则逻辑确定。但此处采用了简化的模糊规则，以便节省运算时间。有关参数选取如下：

$$S_w = 0.05$$

$$S_{z_{k+1}} = \begin{cases} S_{z\min}, \text{如果 } 2\hat{v}_{w_{k+1}} - \hat{v}_{w_{k-4}} \geqslant \hat{v}_{x_k} \\ 2S_{z\max} - S_{z\min} - 2(S_{z\max} - S_{z\min}) \dfrac{2\hat{v}_{w_{k+1}} - \hat{v}_{w_{k-4}}}{\hat{v}_{x_k}}, \text{其他} \end{cases}$$

$$S_{z\min} = 20, S_{z\max} = 2\ 000$$

$$P_0 = 1$$

有必要说明的是，这里 $2\hat{v}_{w_{k+1}} - \hat{v}_{w_{k-4}}$ 实际代表了轮速输入的预测值。另外，实际应用时还应对一些变量做限值处理，以避免出现不合理的值。比如，可以限定 $\dfrac{2\hat{v}_{w_{k+1}} - \hat{v}_{w_{k-4}}}{\hat{v}_{x_k}}$ 的最小值为0.5，从而可保证 S_z 不超过设定的最大值 $S_{z\max}$ 。

根据图 9－2 所示的数据估计得到的左、右侧参考车速如图 9－3 和图 9－4 所示。图中还给出了方差 P 的动态值。从中可以看出，估计得到的参考车速与实际车速在大多数情况下是很接近的。当同侧车轮的滑移率都较大时，估计误差也较大。以图 9－4(d)为例，当时间为3 s左右，滑移率最大值约为 17.8%，而这一阶段车速估计的最大误差为 7.51%。另外，3.5 s左右时滑移率有一个更大的峰值，但相应阶段的车速估计误差反而小些。究其原因，此阶段的制动减速度更小些(见图 9－4(c))，使得车速估计值下降得不是那么快。这也反映出加速度测量所起的作用。从图 9－3 和图 9－4 中的估计结果还发现，车速估计误差一般只在轮速回升阶段才较大，此时没有车轮抱死的顾虑。因此，尽管车速估计存在误差，但不会影响 ABS 的控制。

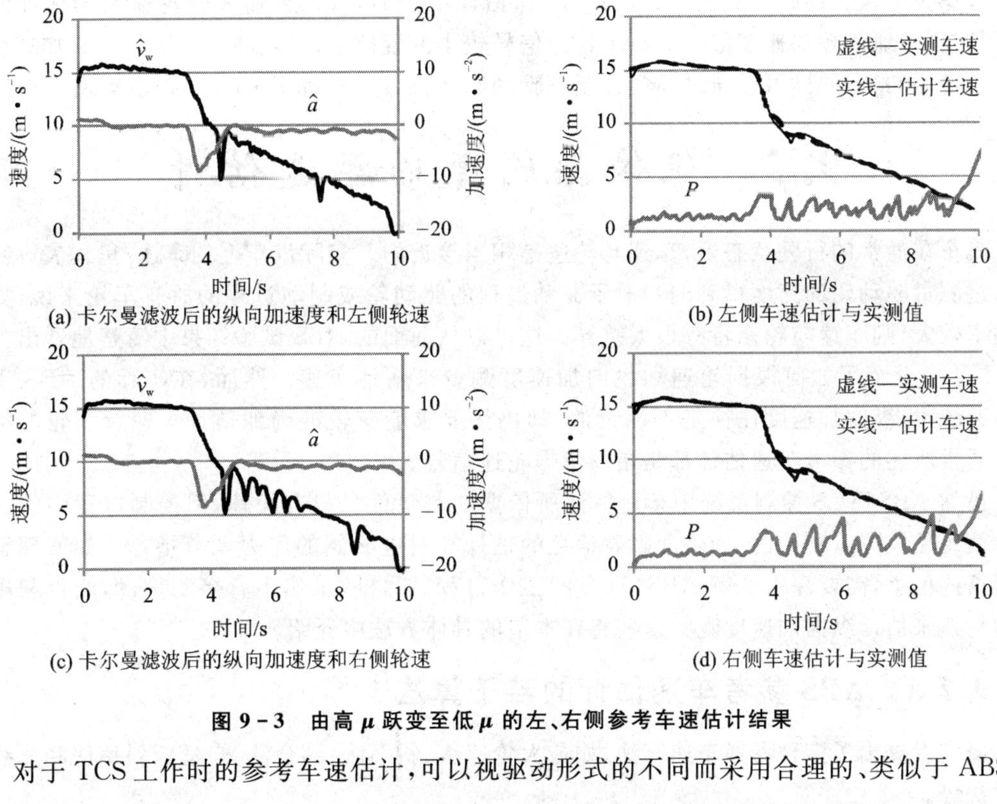

(a) 卡尔曼滤波后的纵向加速度和左侧轮速　(b) 左侧车速估计与实测值
(c) 卡尔曼滤波后的纵向加速度和右侧轮速　(d) 右侧车速估计与实测值

图 9－3　由高 μ 跃变至低 μ 的左、右侧参考车速估计结果

对于 TCS 工作时的参考车速估计，可以视驱动形式的不同而采用合理的、类似于 ABS 的

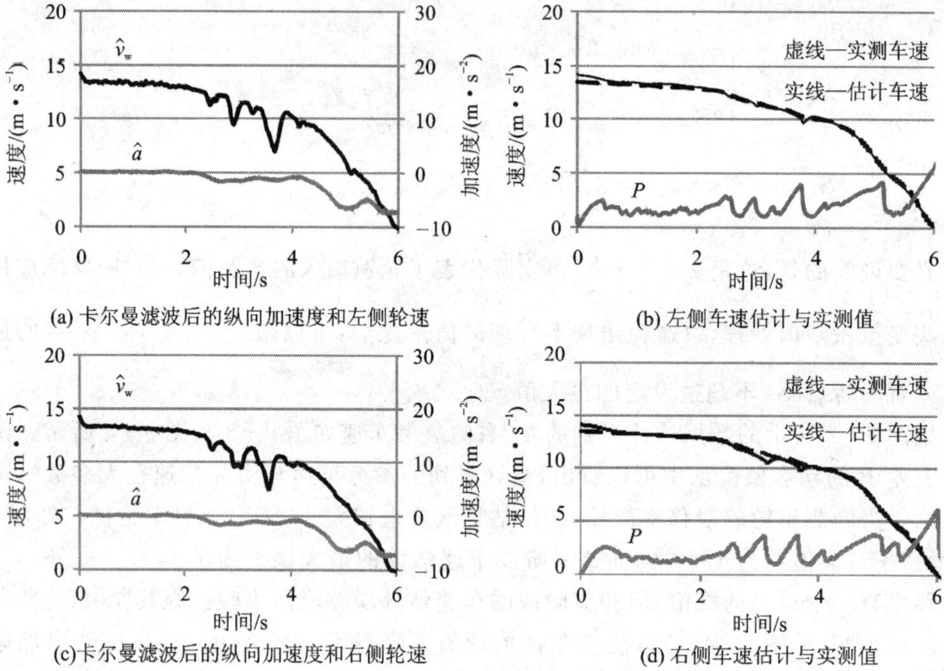

(a) 卡尔曼滤波后的纵向加速度和左侧轮速　(b) 左侧车速估计与实测值

(c) 卡尔曼滤波后的纵向加速度和右侧轮速　(d) 右侧车速估计与实测值

图 9-4　由低 μ 跃变至高 μ 的左、右侧参考车速估计结果

策略。如果是两轮驱动，则以非驱动轮的轮速作为输入。如果是四轮驱动，则将同侧车轮轮速较小者作为输入。还有一点与 ABS 参考车速估计不同的是，如果输入的轮速高于估计的车速，则应更多地依赖加速度信号而给予轮速信号较小的置信度；反之亦然。对轮速和加速度输入置信度的调整，同样可以通过模糊控制逻辑动态调整 S_w、S_z 和 P 的值而得以实现。

9.2　仅依据轮速的车速估计

汽车在通常的行驶状态下，车速与轮速是相当接近的。实际汽车上的车速/里程表读数就是通过测量驱动轮的速度得到的。对于驱动过程的驱动轮或制动过程的所有车轮来说，如果滑动率较大，则车速与轮速将有很大差异。这可以从前面的 ABS 试验结果中清楚地看出。

9.1 节介绍了如何根据轮速和纵向加速度测量来估计车速。然而，在实际的 ABS/TCS 控制系统中，纵向加速度往往是不测量的，却仍然要求能够较准确地估计车速及车轮的滑动率。通常所述的参考车速估计都是指仅依据轮速信号。

虽然 ABS/TCS 控制系统中车速估计所依据的测量信号只有轮速，但控制过程中的一些其他信息还是可以利用的，如路面附着信息的估计和对电磁阀的压力调节指令。如何理解和利用这些信息，需要深入了解 ABS/TCS 的工作过程。另外，虽然不直接测量，但能否利用已有的轮速来估计纵向加速度呢？这些将在本节的具体方法中介绍。

9.2.1　ABS 参考车速估计的若干算法

研究者提出了多种参考车速算法，如最大轮速法、斜率法、综合法、自适应斜率法和非线性滤波法等。

最大轮速法是取四个车轮轮速的最大值作为车辆速度的估计值。它的算法最为简单，但主要缺点是当所有车轮的滑移率都较大时，估计出的参考车速与实际值的偏差也较大。

斜率法以 ABS 介入制动调节时刻的最大轮速作为初始车速（初始点），以此时各车轮最小减速度作为汽车减速度，并以此计算后续的参考车速。如果在 ABS 控制过程中通过路面识别和对制动防抱死过程特征的分析，不断更新斜率法的初始点和减速度，并计算参考车速。这种方法就称为自适应斜率法。

综合法是指利用最大轮速法和（自适应）斜率法分别实时计算车速，选取二者中的较大者作为实时的参考车速。

文献[39]提出一种非线性滤波方法估计参考车速，但其本质仍是最大轮速法和自适应斜率法的综合。

在 ABS 开发实践中，文献[42]研究了制动过程中轮速和压力的变化规律，并以上述参考车速算法为基础提出一种根据控制循环实时调整车辆减速度的参考车速自适应算法，具有良好的实际效果。

9.2.2 非线性滤波方法[39]

非线性滤波方程为

$$\left.\begin{aligned} \dot{y}(t) &= -R_g \operatorname{sgn}[y(t)-x(t)] \\ y(0) &= y_0 \end{aligned}\right\} \tag{9-6}$$

式中：$x(t)$ 和 $y(t)$ 分别为输入和输出；y_0 为初始值；R_g 为滤波系数，为系统输入和输出的函数。对车速估计来说，输入为轮速而输出为车速。

当 ABS 刚开始介入制动压力调节时，可以获知的信息有限，故一般将 R_g 的初值设为汽车最大制动减速度。根据式(9-6)，只要作为输入的轮速始终低于作为输出的估计车速，后者将以 R_g 为制动减速度一直下降。但这种局面将很快被打破——原因可能是轮速在 ABS 的控制作用下回升，或者路面附着系数较低不足以产生所设定的制动减速度。因此，R_g 应当在制动过程持续更新。文献[39]推荐的更新方式如下：

①将 R_g 调整为估计出的汽车减速度。减速度估计值采用轮速曲线的两峰值的速度差与时间差之比值。这一估计隐含的假设是这些峰值处的轮速接近真实车速。从 ABS 试验结果来看，大部分情况下该假设是成立的（例如图 9-2 中的试验曲线）。

②如果轮速测量值超过车速估计值，就用轮速作为车速估计。这是因为制动过程中轮速总是要比车速慢些才能产生向后的制动力。

上述算法可以用图 9-5 说明。图中粗线代表滤波后的轮速，细线代表估计出的参考车速。点①是 ABS 介入压力调节的起始点，此处参考车速设为与轮速相等。点①之后车轮在持续升高的制动压力作用下迅速下降，而车速是不可能以这么大的减速度下降的。按照前面的假设，在第一控制循环制动减速度为汽车最大制动减速度，如 0.8g。ECU 不断将角减速度与设定的门限值比较，当判断出车轮有抱死趋势时就发出减压指令。轮缸压力下降后，轮速经过短暂滞后开始回升。当参考车速沿着设定的最大减速度下降与回升的轮速相遇时，它们相交于点②。随后继续回升的轮速将超过按照起始车速和设定的最大减速度计算得到的车速。这表明最初设定的制动减速度太大了，因此点②之后用轮速作为参考车速。

当轮速在 ABS 介入制动后第一次达到峰值点③时，车速估计的第一控制循环结束。点③

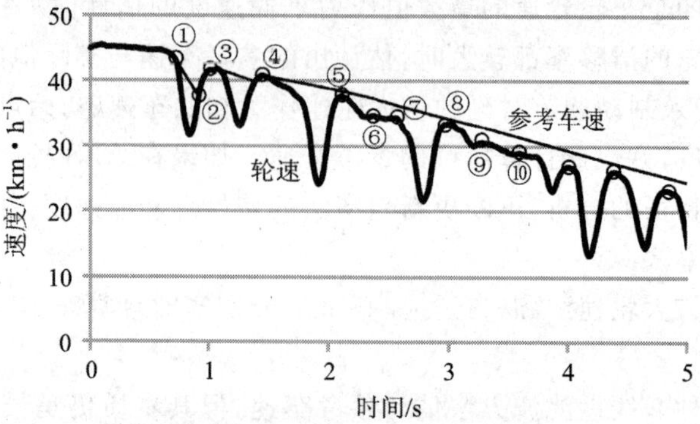

图 9-5 参考车速估计示意图

处的轮速值通常与真实车速值接近，所以按照点①和点③的轮速计算出这一段时间内的平均制动减速度，并以此作为第二控制循环的制动减速度。从滤波方程(9-6)来看，其滤波系数 R_g 在点③调整为计算出的平均制动减速度。

随后，每当轮速达到一个新的峰值点时，如点④、点⑤、点⑥和点⑦等，都要重新计算 R_g 的值，以反映当前制动减速度。在某些峰值点之前如点④，若再次出现轮速超过车速估计值的情况，仍应以轮速作为参考车速。

为了降低峰值含有的噪声对车速估计的影响，总是以当前峰值点与 ABS 介入起始点①之间的斜率确定制动减速度，而不是以相邻峰值的斜率来确定。

对于有 4 个轮速传感器的汽车来说，可以估计出 4 个不同的值。对于制动工况，最终的参考车速取这 4 个值中的最大值；而对于加速或正常行驶工况，则取其中的最小值。

当整个制动过程的制动减速度变化不大时，用图 9-5 所示算法通常都能获得较满意的车速估计。然而，对于路面条件在制动过程发生变化的工况，变化后的车速估计将有较大误差。主要原因是该算法所采用的“总是以当前峰值点与 ABS 介入起始点①之间的斜率确定制动减速度”的方法不尽合理。若制动工况为低附着跃变至高附着的对接路面，则此算法很可能失效——因为进入高附着路面后，不仅制动减速度估计误差较大，而且参考车速将一直大于轮速且没有机会用轮速更新(“更新”是指图 9-5 中点②和点③之间的情况)。

具体应用上述算法时，还存在误判断峰值点的可能。图 9-5 中点⑥、点⑨和点⑩名义上都是峰值点，因为其轮速值确实都比左、右相邻点的值大。但有时这类峰值点处的轮速可能与实际车速相差很大，这样将影响车速估计的准确性。

下面介绍一种基于控制循环状态信息的参考车速自适应算法。

9.2.3 参考车速自适应算法[42]

与非线性滤波方法不同，参考车速自适应算法并不过多依赖于可能导致估计精度下降的峰值点信息。该算法根据 ABS 控制过程中每个控制循环的车轮速度信息，在相邻两个控制循环分界点处重新确定汽车参考速度的起始点、起始参考车速和制动减速度。

如图 9-6 所示，自适应算法选择初始制动速度点①并设定汽车制动减速度，从点①到点②过程中按斜率法估算车辆参考车速，从点②到点③过程中将轮速作为参考车速估计值。点③既是第一控制循环的结束点，也是第二循环的起始点(稍后将介绍如何确定相邻两个控制循环的分界点)。在新的控制循环,以前一个循环的平均减速度作为制动减速度,而以前一个循环结束时的轮速作为本循环的起始车速。

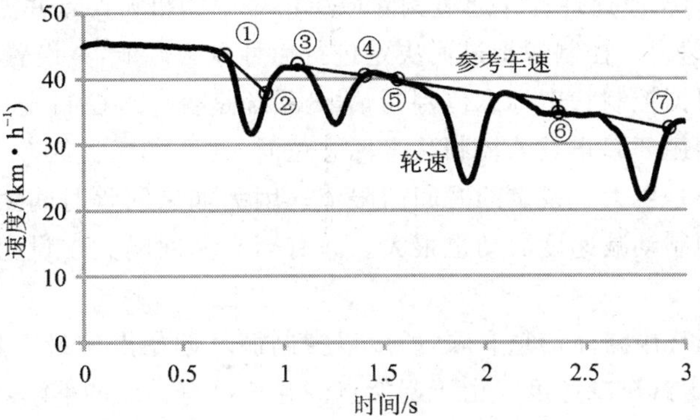

图 9-6　参考车速自适应算法示意图

同样地,从点③到点④过程中按斜率法估算车辆参考车速,从点④到点⑤过程中将车轮速度作为参考车速估计值。点⑤同时也是下一个控制循环的起始点,与点③作同样处理。依次类推直至制动结束或解除。

此自适应算法能够很好地识别路面,提高了自适应性。但是,此方法实现的难度在于如何准确选取各控制循环的起止点。此外,此方法是利用前一个控制循环的斜率作为汽车参考减速度来估算下一个循环的参考车速,具有一定的时间延迟。

下面介绍如何确定每个控制循环的起始点和终止点,分第一个控制循环和后续控制循环两种情况。

1. 第一个控制循环起止点的确定

图 9-7 所示为高 μ 路面上汽车 ABS 试验第一个循环的轮速、车速和压力变化情况。图中的实际车速、轮速和制动压力由试验数据采集系统测量得到。在制动初始阶段,制动管路内的压力迅速增大。由于制动系统的响应滞后以及车轮本身转动惯量的影响,在一定的时间内轮速并没有急剧下降,车轮角减速度平缓增大。之后车轮的角减速度迅速增大,在图中竖线位置达到角减速度门限值,轮缸开始保压(也可能是减压,依不同的控制逻辑和制动工况而定)。从角减速度迅速增大到门限值只有很短的时间,轮速下降不大,所以在第一个控制循环内就以达到角减速度门限值的时刻,即 ABS 介入控制的时刻作为本循环的起始点。

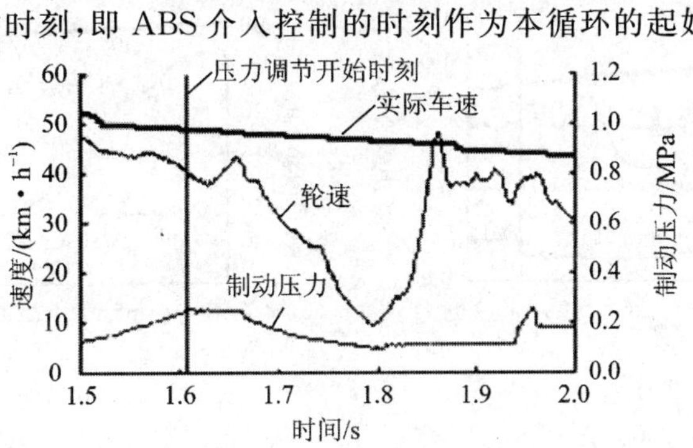

图 9-7　高 μ 路面 ABS 试验第一个循环

本循环的终止点设为阶梯增压的开始时刻，原因将在讨论后续控制循环起止点时解释。

采用该自适应算法确定参考车速起止点时，需要用到 ABS 控制逻辑提供的压力控制状态信息。ECU 软件中的轮速处理程序通过剔除原始信号中的粗大误差并滤波，获得作为控制依据的轮速和角加/减速度。控制逻辑进而决定进行何种压力调节，并设置相应的控制状态标志位。参考车速算法根据控制状态标志位判断 ABS 系统是否介入控制或开始阶梯增压。另外，当出现可以作为控制循环起止点的控制状态标志位时，还要判断此时刻与上一个作为控制循环起止点的时间间隔是否大于设定的时间门限值。因为如果间隔时间太短，可能出现的轮速振荡将造成估计出的制动减速度波动也很大。只有当时间间隔大于设定的门限值时，才进入新的控制循环。

在第一个控制循环中路面信息有限，所以以控制循环起始点的最大轮速作为初始参考车速，按高附着路面设定汽车减速度。由于起始点的轮速已有一定的下降，所以要根据经验数据补偿车轮速度和汽车速度的差值，对参考车速进行修正。一般补偿的办法是在参考车速的基础上加一个固定值，通过 ABS 道路试验确定该补偿值。

2. 后续控制循环起止点的确定

后续控制循环的起止点设定在阶梯增压开始时刻。对 ABS 控制逻辑和试验数据的分析表明，将阶梯增压作为控制循环的起止点满足参考车速估计的需要。是否可以作为控制循环的起止点，关键要看该点轮速是否与真实车速很接近，因为后一控制循环的起始车速以及制动减速度估计值的更新都很大程度依赖于该轮速。

博世(BOSCH)公司的逻辑门限值控制方法采用的门限值主要有车轮角减速度门限 a_1、车轮角加速度门限 a_2、车轮角加速度第二门限 A_k 以及参考滑移率第一和第二门限 S_1、S_2。压力的调节方式由门限值决定，包括增压、减压、保压、阶梯增压和阶梯减压等模式。

分析博世控制逻辑可知，阶梯增压是一个完整的控制循环中必然出现的压力调节方式。因为经过减压和保压调节后制动压力已较低且轮速已回升，此时车轮滑移率一般较小。采用阶梯增压的目的在于在提高制动压力水平的同时，还使得车轮在峰值附着系数附近的稳定区域维持尽可能长的时间，以获得尽可能大的地面制动力。阶梯增压开始时刻的制动压力较低且轮速较为接近汽车实际速度，这一特征是将此刻作为控制循环分界点的关键所在。图 9-8 所示的实际轮速和压力曲线证实了该特征。

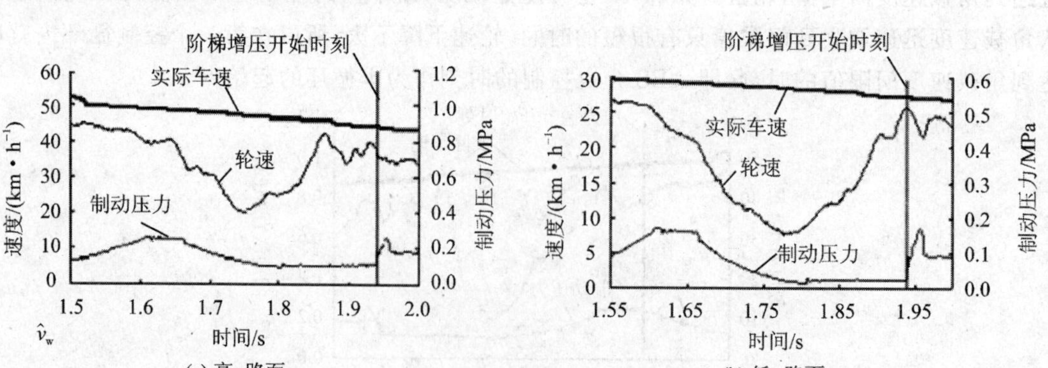

图 9-8　ABS 试验第一个循环及阶梯增压时刻

3. 自适应算法的程序实现及试验验证

根据上述参考车速自适应算法，编写了相应的程序。图 9－9 所示为其流程图。

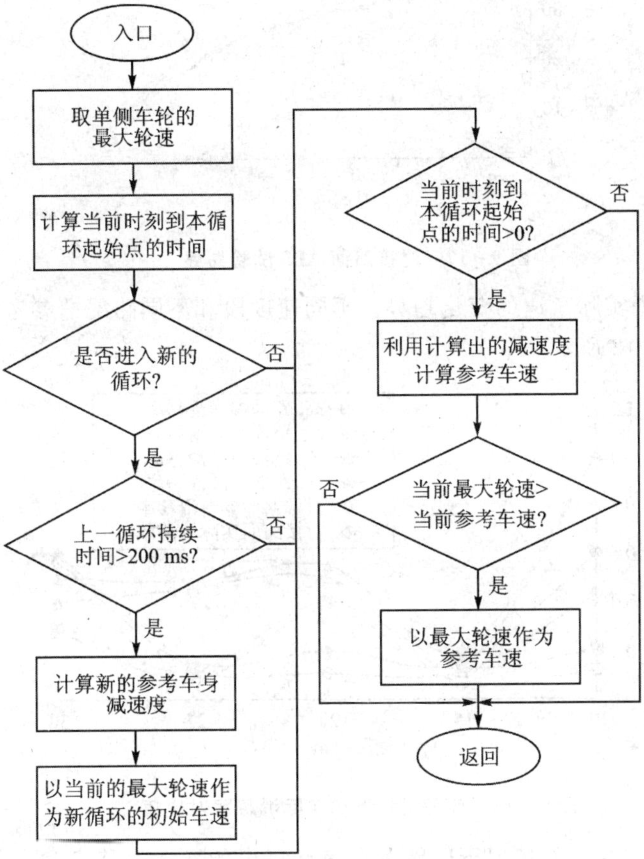

图 9－9　参考车速计算流程图

根据国家标准《机动车和挂车防抱制动性能和试验方法》的要求，将开发完成的 ABS 控制器安装在某型商用车上进行高附着、低附着和对接等路面条件下的制动试验。图 9－10～图 9－12所示为部分试验结果。

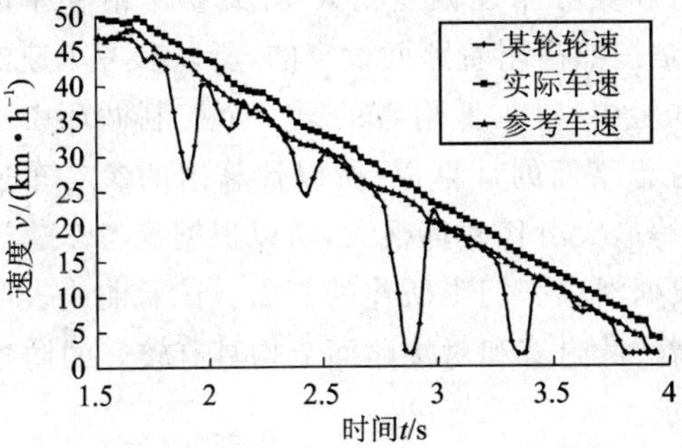

图 9－10　高 μ 路面 ABS 试验曲线

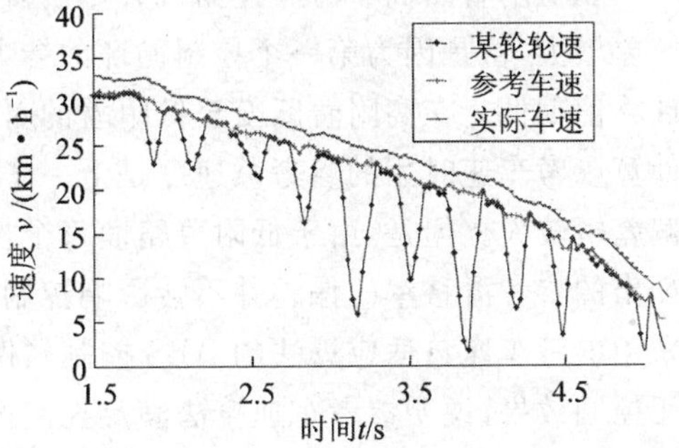

图 9－11　低 μ 路面 ABS 试验曲线

从试验曲线可以看出，参考车速虽然与实际车速有一定偏差，但是偏差值较小而且参考车

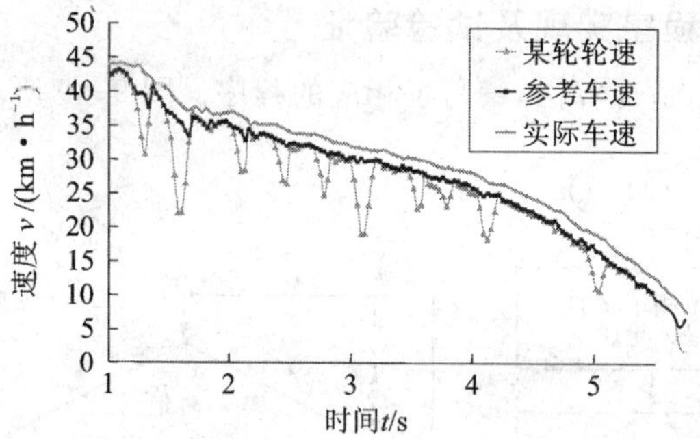

图 9-12　对接路面 ABS 试验曲线

速的计算值基本反映了实际车速的变化趋势。不同速度段和不同路况的参考滑移率和实际滑移率的对比值如图 9-13 所示。

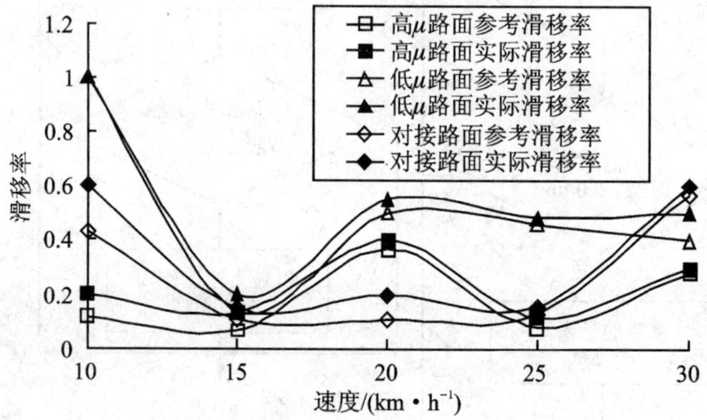

图 9-13　参考滑移率和实际滑移率对比值

由图 9-13 可以看出，一般情况下以参考车速计算出的参考滑移率和实际滑移率相差不大，可以满足滑移率门限控制需要。计算滑移率略小于实际滑移率，这是因为在应用自适应斜率法计算参考车速时，每个控制循环的初始车速选取的是当时的最大轮速值。由于制动压力的存在，最大轮速值总是略小于当时的实际车速。所以，由此计算出的参考车速都略小于实际车速，计算滑移率也略小于实际滑移率。

在低附着路面参考车速曲线开始阶段其计算值和实际车速偏差较大，导致参考滑移率的偏差增大，这是因为第一个控制循环的参考减速度是按照高附着路面设定的，所以参考车速的计算值偏低。在高附着跃变至低附着的对接路面试验中，进入低附着的第一个控制循环由于计算参考车速时用的参考减速度是上一个循环高附着路面的计算值，所以计算出的参考车速偏差也较大。但是，由于低附着路面每个控制循环的最大滑移率都很大，所以根据参考车速计算出的参考滑移率的偏差并不会影响控制过程中根据滑移率门限所作的判断。试验曲线表明采用参考车速自适应算法的 ABS 控制软件在高附着、低附着和对接路面上均具有较好的防抱死控制效果，说明参考车速算法满足控制逻辑的要求。

理论分析和试验研究表明，上述自适应参考车速算法比一些传统算法在逻辑上更合理，并且易于在微控制器上实现。该算法中制动减速度估计值能够及时更新，提高了参考车速算法对路面变化的适应性。由于在阶梯增压开始时刻轮速与实际车速接近，以此作为控制循环分界点更新参考车速起始值并估计制动减速度，要比采用轮速峰值点更可靠。

9.3　正常行驶工况下的路面附着系数估计

4.2 节中概述了轮胎-路面摩擦系数(简称路面摩擦)的估计方法。本节和 9.4 节将主要介绍基于车轮滑动率测量/估计的路面摩擦估计方法。

正常行驶时轮胎滑动率很小，此时轮胎纵向力与滑动率成正比，且一般认为摩擦力大小与路面特性无关，仅取决于轮胎自身特性。若果真如此，则这种工况下路面摩擦理论上是不可观察的，这与第 6 章中路面摩擦可观性分析结果是一致的。然而，Dieckmann[41] 和 Gustafsson[40] 等人的研究表明，不同路面附着条件下轮胎纵向力特性在线性区域内仍然有区别——尽管差异很小。

人们可以利用这种很小的差异来识别路面摩擦。正常行驶工况下，驱动轮的滑转率可以根据它们的轮速以及非驱动轮的轮速计算得到，因为此时非驱动轮的轮速近似等于车速。图 9-14 所示为纵向力系数曲线。感兴趣的固然是峰值纵向力系数 μ_p，但正常行驶工况下 μ 是不会超过 0.2 的。现在的问题是能否利用小滑动率条件下的 μ 和 λ 值推测 μ_p 的值?

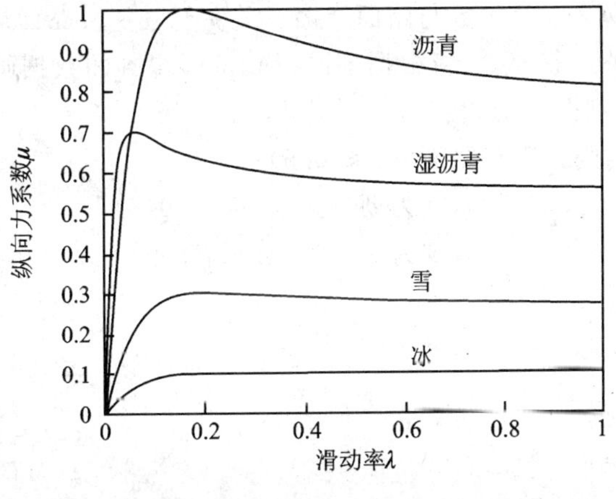

图 9-14　不同路面 μ-λ 曲线示意图

(原点处斜率的差异被夸大了)

图 9-15 所示为利用 ABS 轮速传感器测得的 μ 和 λ 数据，路面条件分别为沥青和压实雪地。用直线拟合这些数据，发现它们的斜率在这两种路面上有些差异。该斜率实际上就是第 2 章定义的纵滑刚度系数 C_s。正是因为不同路面上 C_s 值不同，才能利用它提供的信息来估计路面峰值附着系数。

对图 9-15 中的 μ 和 λ 数据用直线拟合后还发现，它们一般并不经过原点。令

$$\delta = \lambda \mid_{\mu=0} \tag{9-7}$$

这表明附着力为零时轮胎滑动率可能并不为零。主要原因是车轮有效滚动半径有差异，在估计纵滑刚度系数时应该对偏移量 δ 进行补偿。

如果仅根据纵滑刚度系数来估计路面摩擦，对于砾石路则会碰到问题。试验表明砾石路面上纵滑刚度系数可以是任何值。在砾石路面行驶时，车轮角速度的波动要比其他路面大，这一点可被用来将它与其他路面区分开来。用 $\tilde{v}_w$ 表示车速恒定条件下轮速 v_w 相对于其一段时

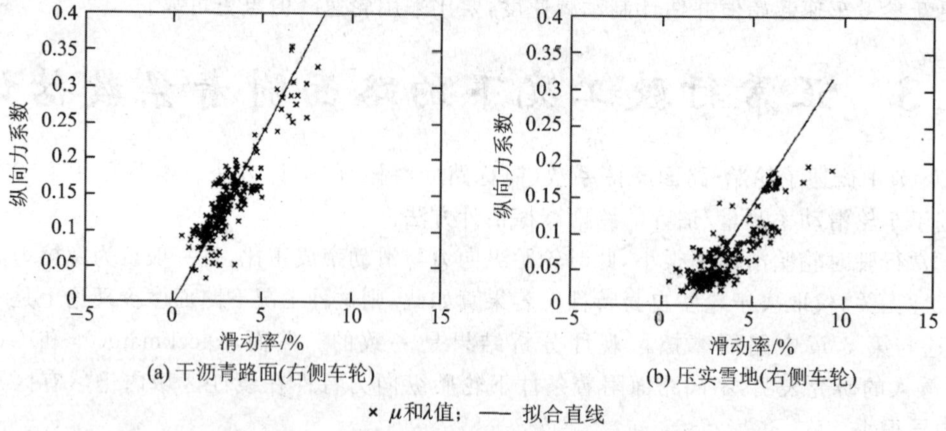

图 9-15　根据实测的 ABS 传感器信号计算得到的 μ 和 λ 分布图

间内均值的偏离量，定义路面结构参数 γ 为 4 倍的 $\tilde{v}_w$ 的方差，即

$$\gamma = 4\sigma_{\tilde{v}_w}^2 \tag{9-8}$$

然后用参数 γ 来识别砾石路面。

现在已经有 C_s、δ 和 γ 三个参数与路面摩擦有关。行驶一段路面后把这些参数计算出来，就得到一组（C_s，δ，γ）值。忽略 δ，将根据多次行驶试验得到的数据画在图 9-16 中，可以据此确定路面划分的一些判据。例如：

➢ 如果 $\gamma > 0.027$，则为砾石路面（$\mu_p \approx 0.5$）；
➢ 如果 $\gamma < 0.027$ 且 $C_s > 30$，则为沥青路面（$\mu_p > 0.8$）；
➢ 如果 $\gamma < 0.027$ 且 $C_s < 30$，则为压实雪地或结冰路面（$\mu < 0.3$）。

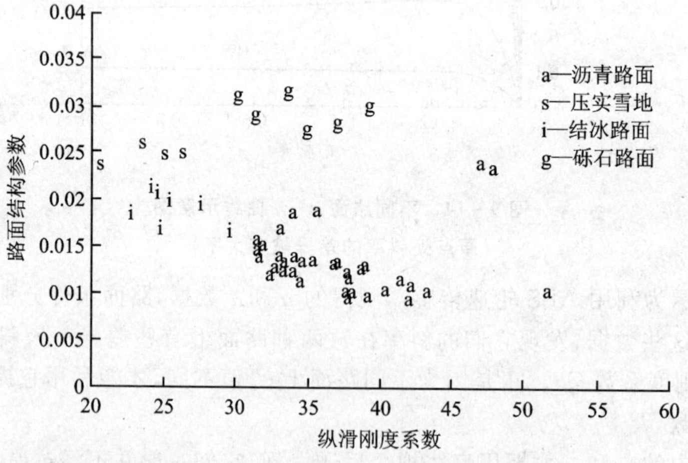

图 9-16　不同路面条件下的纵滑刚度系数和路面结构参数分布

按上述方法确定路面划分判据可能半年后就不起作用了，或者更换轮胎后，甚至在另一辆车上都不适用。这意味着路面划分判据还需要有适应能力，这是一个关键问题。但不管怎么说，区分路面摩擦是缓慢变化还是快速变化是可能的。

文献[40]对测量得到的 μ 和 λ 数据，采用卡尔曼滤波并辅助以失效检测算法识别 C_s 和 δ。将待估计参数看成随机游走变量，建立如下状态空间模型：

$$
\left.\begin{aligned}
\boldsymbol{x}(t+1) &= \boldsymbol{x}(t) + \boldsymbol{w}(t) \\
\boldsymbol{y}(t) &= \boldsymbol{C}(t)\boldsymbol{x}(t) + \boldsymbol{z}(t)
\end{aligned}\right\} \tag{9-9}
$$

式中：

$$
\boldsymbol{x}(t) = \begin{bmatrix} \dfrac{1}{C_{s,l}(t)} & \dfrac{1}{C_{s,r}(t)} & \delta_l(t) & \delta_r(t) \end{bmatrix}^{T}
$$

$$
\boldsymbol{y}(t) = \begin{bmatrix} s_{m,l}(t) & s_{m,r}(t) \end{bmatrix}^{T}
$$

$$
\boldsymbol{C}(t) = \begin{bmatrix} \mu_l & 0 & 1 & 0 \\ 0 & \mu_r & 0 & 1 \end{bmatrix}
$$

$\boldsymbol{w}(t)$ 和 $\boldsymbol{z}(t)$ 分别为过程噪声和测量噪声；此处角标 l 和 r 分别表示左侧和右侧驱动轮，m 表示测量值。

式(9－9)与第 3 章中式(3－1)和式(3－2)有相同的形式，因而可以采用卡尔曼方程式(3－9)求解。

从应用的角度来看，希望滤波器能对因附着条件变差导致的 C_s 值突然下降做出快速反应。解决的办法是设计一个与卡尔曼滤波并行运行的失效检测算法。可以重新审视一下图 9－4，当路面附着系数或轮速突然变化时，方差 $\boldsymbol{P}$ 都会大幅度增加。这就提示我们如果卡尔曼滤波方程中的误差协方差矩阵所有元素都增加到一个较大的值，说明发生了某种变化。有兴趣的读者可以参考文献[40]中介绍的失效检测算法。

还要强调的是，该路面摩擦估计算法是为普通行驶工况设计的，对于急转弯、制动、驱动转矩发生变化、侧滑以及发动机冷机状态等工况是不适用的。

9.4　ABS 制动工况下的路面附着系数估计

本节主要介绍通过提取与路面附着系数相关的制动过程特征参数，建立 ABS 车辆在全力制动工况下的路面附着估计方法。

在不同附着系数的路面上制动时，ABS 的控制参数和控制逻辑一般都要作相应调整，以便改善防抱死控制效果。即便只能估计出路面附着的大致范围，对 ABS 的控制也是很有用的。实际上，实用的 ABS 大多正是采用这种粗略估计的，譬如只须辨识出高、低附着路面即可。从应用角度来看，算法简单则意味着内存占用少、计算效率高，容易在车载控制器上实现。

9.4.1　路面附着识别的依据和思路

假设制动时发动机处于脱开状态，此时 $T_d = 0$，代入式(2－47)得

$$
I_w \dot{v}_w = -r_r^2 F_x - r_r T_b \tag{9-10}
$$

制动工况下，式(9－10)轮胎纵向力 F_x 在数值上等于地面法向力 F_z 和制动力系数 μ_b 的乘积，但其符号按规定为负。将 $F_x = -\mu_b F_z$ 代入式(9－10)得到

$$
\dot{v}_w = \frac{r_r^2 \mu_b F_z - r_r T_b}{I_w} \tag{9-11}
$$

为了能够用式(9－11)在仅测量轮速的情况下估计出路面附着系数，假设：

Ⅰ——制动压力足够低，认为 T_b 对 $\dot{v}_w$ 的影响可忽略；

Ⅱ——滑移率足够大、轮胎制动力处于饱和状态。

其中,假设Ⅱ意味着此时式(9-11)中的 μ_b 在数值上就等于路面名义附着系数 μ_n 。令 $T_b=0, \mu_b=\mu_n$,代入式(9-11) 则得到

$$\mu_n \approx \frac{I_w}{r_r^2 F_z}\dot{v}_w \tag{9-12}$$

这说明在满足上述两个假设的特定工况下,如果确切地知道 I_w、r_r、F_z 和 $\dot{v}_w$ 的值,则可以用式(9-12)估计路面的名义附着系数 μ_n 。实际上,I_w 和 r_r 为常数,一般轿车的 F_z 变化不大,而 $\dot{v}_w$ 可以通过测量轮速得到。

但采用式(9-12)估计路面名义附着系数的困难在于很难准确判断车轮何时进入上述"特定工况",且 F_z 和 $\dot{v}_w$ 等参数还受到装载条件变化、路面不平造成的轮胎垂直力波动、轮速的测量误差等各种不确定因素的影响。

那么,能否通过分析 ABS 制动过程提取出与路面附着系数相关的特征参数呢?图 9-17 所示为一组在由高附着跃变至低附着的对接路面上(约 3.5 s 处为高、低附着的分界点)制动时右前轮轮速回升阶段的加速度和滑移率曲线,其中车轮加速度只取非负值,小于零的值用零替代。从图中可以看到,在各个阶段中每个加速度峰值之前总有一个滑移率峰值。另外,在高附着阶段车轮加速度的峰值普遍高于低附着时的加速度峰值,而所对应的滑移率峰值则普遍小于低附着阶段的峰值。这一差异导致如下的路面附着辨识设想:通过研究不同制动工况下车轮加速度峰值-滑移率峰值在车轮加速度-滑移率坐标平面(简称特征平面)内的分布规律,能否找到一条能够区分出高、低附着路面的分界线呢?

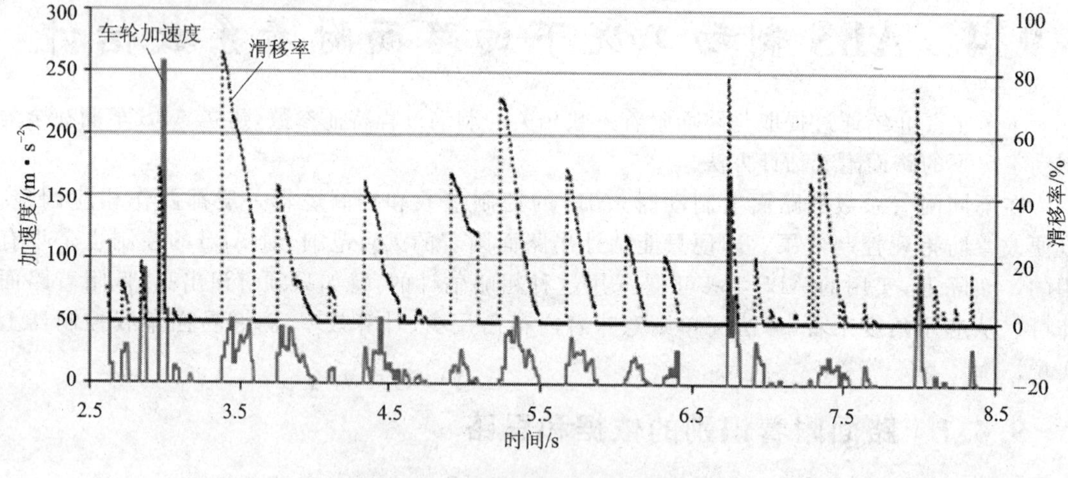

图 9-17　右前轮的加速度和滑移率曲线

进一步的研究表明,用以判断高、低附着路面的上述分界线是存在的,但有少量车轮加速度-滑移率峰值点越界。为了防止误识别,通过制动减速度值对上述方法确定的路面附着进行辅助判断。具体做法是:若制动减速度大于某一值,则路面附着全部判定为高附着;若低于某一值,则判定为低附着。其中,制动减速度由轮速估计得到。

9.4.2　路面附着识别的方法和步骤

如上所述,识别路面附着的关键是如何在特征平面内找到一条能够区分高、低附着路面的

分界线。下面通过分析一组对开路面和一组由高附着跃变至低附着的对接路面上的 ABS 制动试验结果，说明如何寻找这样的分界线。

图 9-18 给出了上述两种制动工况下获得的车轮加速度峰值与滑移率峰值在特征平面内的分布。从图中可以看出，高附点（即图中标记为▲的点）和低附点（即图中标记为●的点）分别大致位于第Ⅰ象限的右下方和左上方。因此，找到一条高、低附着分界线的设想是可行的。

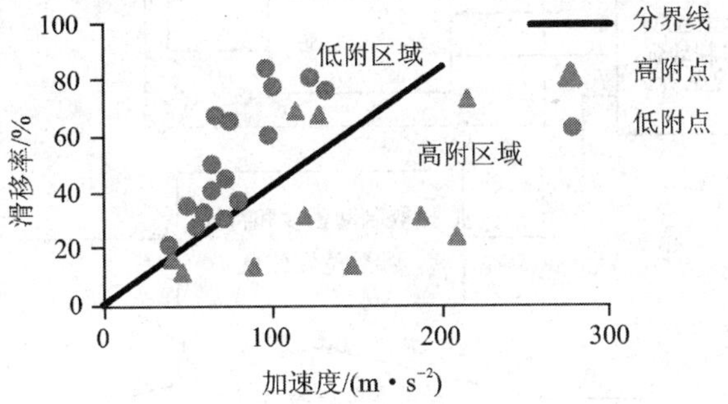

图 9-18　两种制动工况下车轮加速度峰值与滑移率峰值的分布

分界线应当能够最大限度地区分高、低附着点。在分析了多组试验数据的基础上，经过反复调整分界线的形状和斜率，最终确定了一条从原点出发且斜率固定的直线，如图 9-18 所示。但该图中仍有两个高附点落在了分界线的左上方，不妨称其为越界点。在其他一些试验数据中同样发现有少量越界点。另外还发现，无论怎样确定分界线，都无法避免越界点的存在。这说明此处仅依靠特征参数的路面附着识别算法还不完全可行。

为防止越界点导致路面附着的误识别，这里采用制动减速度对识别结果加以辅助判断修正。汽车在不同附着系数的路面上制动时，获得的制动减速度也不同。制动减速度和制动强度可以根据参考车速[42]得到。汽车在左、右附着条件相同的均匀路面上制动时，一个性能良好的 ABS 应能保证制动强度接近附着系数；而对于对开路面，制动强度则介于左、右两侧附着系数值之间。

对于图 9-18 中的两个越界点，对应的制动强度估计值实际分别约为 0.70 和 0.75，与高附着路面上的附着系数相差不大。因此，可根据制动强度估计值将它们修正为高附点。

经过对多组试验数据越界点的分析，总结出越界点的修正条件如下：

①对于按特征参数识别得到的高附点，若制动强度最新估计值＜0.25，则修正为低附点；

②对于按特征参数识别得到的低附点，若制动强度最新估计值＞0.6，则修正为高附点。

根据以上分析，确定的路面识别步骤如图 9-19 所示，主要包括以下三个部分：

①参考车速估计。具体方法为 9.2 节介绍的一种改进的参考车速自适应算法[42]。

②特征参数计算及路面附着的初步识别。首先，由轮速信号和参考车速计算出滑移率；再根据压力调节状态判断出减压开始后，搜索最大滑移率；最后，在轮速回升阶段根据轮速信号计算车轮加速度并确定其最大值。

③路面附着识别。根据车轮加速度峰值和滑移率峰值初步识别路面附着；若制动强度最新估计值小于 0.25 或大于 0.6，则根据上述修正条件进行辅助判断。

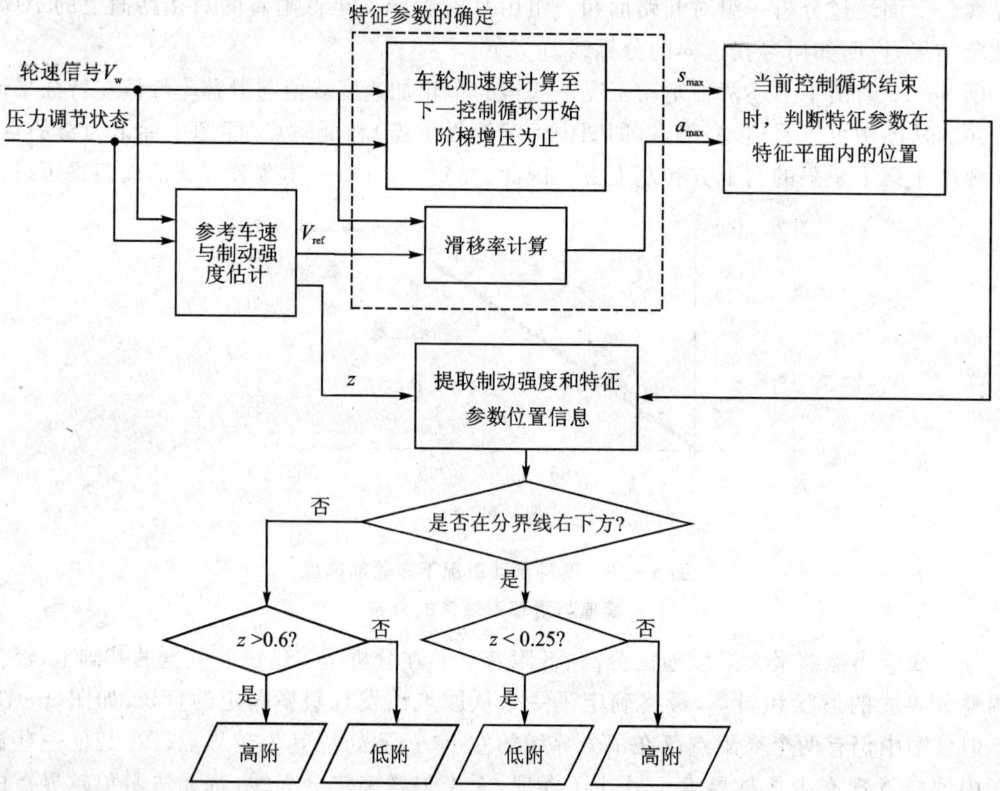

图 9-19　路面识别步骤流程图

第 10 章 参数估计的集成算法

10.1 基于运动学方程和状态观测器的侧偏角估计集成算法

基于状态观测器(第 6 章)和卡尔曼滤波(第 3 章)等的参数估计算法都依赖于轮胎模型。对这些基于模型的算法来说，如果模型中的轮胎参数准确，则侧偏角估计精度就高；相反，当轮胎侧偏刚度等参数因路面附着条件或轮胎磨损而发生变化时，则估计精度可能会受到参数误差的影响。

纯运动学方法克服了上述基于模型的算法的缺点，因为它不依赖于轮胎和车辆模型，故不受模型参数误差的影响。侧偏角虽不直接测量，但它对时间的导数可以利用线性单轨汽车模型即用一个运动学方程表示。由于侧向和纵向加速度、车速和横摆角速度通常可由车载传感器在线测量或估计得到，通过对反映汽车动态过程参数之间关系的该运动学方程积分即可估计出侧偏角。这就是侧偏角估计纯运动学方法的实质。但问题是对该运动学方程进行积分将导致渐进漂移或产生累积误差，这在 4.3 节中介绍车辆重心侧偏角估计的 RLS 算法时已经提到过。虽然可通过对测量信号进行高通滤波解决漂移问题，但其适用范围缩小至仅限于瞬态工况。

本节介绍综合上述两种方法优点的侧偏角估计集成算法[30]，主要包括一个运动学方程和一个基于汽车单轨模型的状态观测器。侧偏角由适用于瞬态工况的运动学方程和适用于稳态工况的状态观测器分别估计，而最终估计结果取二者的加权平均。该集成算法的基本思路还在于利用瞬态时由运动学方程得到的数据对单轨模型的轮胎侧偏刚度等参数进行更新，使状态观测器具有一定的参数自适应能力。采用模糊逻辑来判断工况是稳态还是瞬态，并据此确定权重系数。

10.1.1 侧偏角估计的集成算法

图 10-1 所示为所提出汽车侧偏角估计集成算法的框图。该算法的输入为采用车载测量装置获取或估计的信号，包括侧向加速度 a_y、纵向加速度 a_x、车速 v_x、横摆角速度 r 和转向角 δ。

图 10-1 中的若干方框中都利用了这些信号所包含的信息。第一个方框采用运动学方法估计侧偏角，其输出为 $\hat{\beta}_K$；第二个方框实际上是一个状态观测器，它给出侧偏角的另一个估计 $\hat{\beta}_O$。然后根据参数 w 确定这两个估计的权重，而 w 的值取决于稳态指数 α。稳态指数将车辆运动状态分为稳态($\alpha \approx 1$)或瞬态($\alpha \approx 0$)两类，它在基于模糊逻辑的第三个方框中计算。

采用运动学方法估计侧偏角，估计的过程就是积分的过程。如果车辆运动被确定为以瞬态为主 ($\alpha < 0.1$)，则意味着 $\hat{\beta}$ 主要是采用基于运动学方法估计得到的。$\alpha < 0.1$ 时，所识别出的侧偏角还被引入单轨车辆模型计算出新的轮胎侧偏刚度，并以此更新状态观测器的参数。

1. 运动学方法

利用式(2-23)的第一个近似表达式，在小侧偏角下有 $v_y = v_x\beta$，求导得

$$\dot{v}_y = v_x\dot{\beta} + \beta\dot{v}_x \tag{10-1}$$

第 2 章在介绍 2-DOF 单轨车辆模型时，给出了车辆纵向和侧向加速度运动学关系式，重

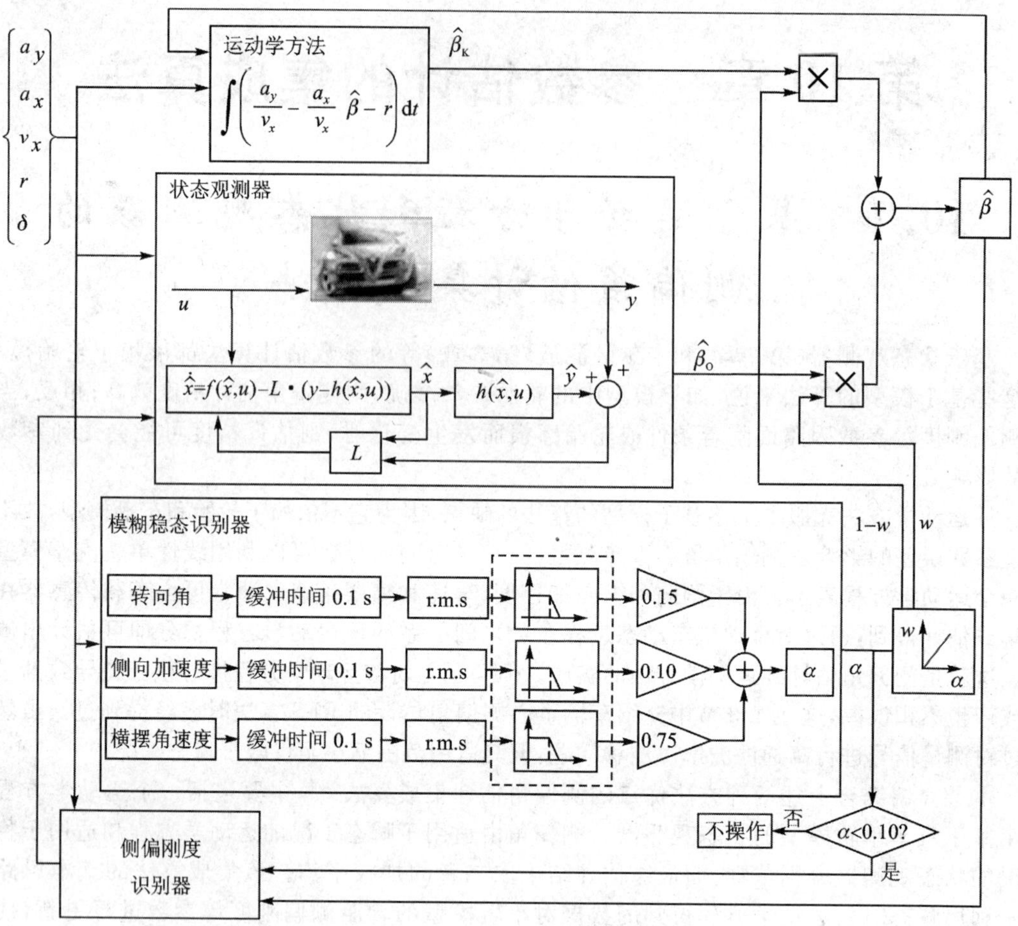

图 10-1　侧偏角估计集成算法结构框图

写如下：

$$a_x = \dot{v}_x - r v_y \tag{10-2}$$

$$a_y = \dot{v}_y + r v_x \tag{10-3}$$

由式(10-2)求出 $\dot{v}_x$ 代入式(10-1)，然后再代入式(10-3)，则有

$$a_y = v_x\dot{\beta} + v_x r + (a_x + r v_y)\beta \tag{10-4}$$

在 β 和 r 值都较小的假设下，忽略 $r v_y \beta$ 项，则式(10-4)简化为

$$a_y = v_x\dot{\beta} + v_x r + a_x\beta \tag{10-5}$$

如果 v_x、a_x、a_y 和 r 已知，就可以由式(10-5)计算出侧偏角对时间的导数 $\dot{\beta}$ 为

$$\dot{\beta} = \frac{a_y}{v_x} - \frac{a_x}{v_x}\beta - r \tag{10-6}$$

式(10-6)中反映车辆动态性能的变量容易通过车载传感器测量或估计得到。一般来说，a_y 和 r 可通过传感器直接测量得到，而 v_x 和 a_x 可根据直接测量的轮速信号估计得到。

对式(10-6)进行积分即可得到侧偏角估计值为

$$\hat{\beta}_K = \int\left(\frac{a_y}{v_x} - \frac{a_x}{v_x}\hat{\beta} - r\right)\mathrm{d}t \tag{10-7}$$

式中：$\hat{\beta}_K$ 的下标 K 表示运动学关系，而 $\hat{\beta}$ 代表了图 10-1 中加权平均后的侧偏角估计值。如前面所述，积分过程中因信号漂移可能导致累积误差。

对于采用汽车物理模型的状态观测器，即使不采用高通滤波器，也不会出现积分漂移。采用式(10-7)估计重心侧偏角时，解决积分漂移的另一个措施是当汽车直线行驶时，通过激活复位逻辑将侧偏角估计值设置为 0。

2. 状态观测器

运动学方法式(10-7)仅在瞬态工况时提供可靠的估计结果，此时谐波成分中频率较低的信号被忽略。为了在准稳态条件下也能估计侧偏角，引入了一个与运动学方法并行的状态观测器。

基于车辆模型的状态观测器不断地修正系统状态变量，以使得模型输出（即侧向加速度和横摆角速度）与通过测量装置获取的相应数据之间的差异最小。状态观测器设计的关键是采用了一个 2.2 节中介绍的 2-DOF 单轨车辆模型。车辆模型采用式(2-27)，重写如下：

$$\begin{bmatrix}\dot{\beta}\\ \dot{r}\end{bmatrix}=\begin{bmatrix}-\dfrac{\sigma}{mv_x} & \dfrac{\rho}{mv_x^2}-1\\ \dfrac{\rho}{I_z} & -\dfrac{\kappa}{I_zv_x}\end{bmatrix}\begin{bmatrix}\beta\\ r\end{bmatrix}+\begin{bmatrix}\dfrac{C_{\alpha f}}{mv_x}\\ \dfrac{C_{\alpha f}a}{I_z}\end{bmatrix}\delta \tag{10-8}$$

采用卡尔曼滤波器时，为了确定合适的滤波增益（类似于第 6 章所述的反馈增益 L），需要列出包含系统输出的系统状态方程。为此，利用式(2-26)先推导出侧向加速度的表达式为

$$a_y=\frac{1}{m}(F_{yf}+F_{yr})=\frac{1}{m}\left[-C_{\alpha f}\left(\beta+\frac{ar}{v_x}-\delta\right)-C_{\alpha r}\left(\beta-\frac{br}{v_x}\right)\right] \tag{10-9}$$

综合式(10-8)和式(10-9)则有系统的状态空间表达式为

$$\begin{cases}\dot{\boldsymbol{x}}=\boldsymbol{Ax}+\boldsymbol{Bu}+\boldsymbol{w}\\ \boldsymbol{y}=\boldsymbol{Cx}+\boldsymbol{Du}+\boldsymbol{z}\end{cases} \tag{10-10}$$

式中：$\boldsymbol{w}$ 和 $\boldsymbol{z}$ 分别为过程噪声和测量噪声，而各矩阵（向量）在采用式(2-28)所示的辅助参数后分别为

$$\left.\begin{aligned}&\boldsymbol{A}=\begin{bmatrix}-\dfrac{\sigma}{mv_x} & \dfrac{\rho}{mv_x^2}-1\\ \dfrac{\rho}{I_z} & -\dfrac{\kappa}{I_zv_x}\end{bmatrix}\\ &\boldsymbol{B}=\begin{bmatrix}\dfrac{C_{\alpha f}}{mv_x}\\ \dfrac{C_{\alpha f}a}{I_z}\end{bmatrix}\\ &\boldsymbol{C}=\begin{bmatrix}-\dfrac{\sigma}{m} & \dfrac{\rho}{mv_x}\\ 0 & 1\end{bmatrix}\\ &\boldsymbol{D}=\begin{bmatrix}\dfrac{C_{\alpha f}}{m}\\ 0\end{bmatrix}\\ &\boldsymbol{u}=[\delta]\\ &\boldsymbol{y}=\begin{bmatrix}a_y\\ r\end{bmatrix}\\ &\boldsymbol{x}=\begin{bmatrix}\beta\\ r\end{bmatrix}\end{aligned}\right\} \tag{10-11}$$

假设横摆角速度、侧向和纵向加速度、转向角和车速可以通过测量或估计得到，则可以得到如下的稳态卡尔曼滤波器（关于稳态卡尔曼滤波器，可参阅第3章的相关内容）：

$$\begin{cases} \dot{\hat{\boldsymbol{x}}} = \boldsymbol{A}\hat{\boldsymbol{x}} + \boldsymbol{B}\boldsymbol{u} + \boldsymbol{L}(\boldsymbol{y} - \hat{\boldsymbol{y}}) + \boldsymbol{w} \\ \hat{\boldsymbol{y}} = \boldsymbol{C}\hat{\boldsymbol{x}} + \boldsymbol{D}\boldsymbol{u} + \boldsymbol{z} \end{cases} \tag{10-12}$$

式中：

$$\hat{\boldsymbol{x}} = \begin{bmatrix} \hat{\beta} \\ \hat{r} \end{bmatrix}, \quad \hat{\boldsymbol{y}} = \begin{bmatrix} \hat{a}_y \\ \hat{r} \end{bmatrix} \tag{10-13}$$

式(10-12)和式(10-13)中的 $\hat{\boldsymbol{x}}$ 和 $\hat{\boldsymbol{y}}$ 为根据车辆模型得到的状态变量和模型输出的估计值，反馈矩阵 $\boldsymbol{L}$ 由协方差矩阵 $\boldsymbol{S}_w$ 和 $\boldsymbol{S}_z$ 的大小确定，而 $\boldsymbol{S}_w$ 和 $\boldsymbol{S}_z$ 的值取决于与过程噪声 $\boldsymbol{w}$ 和测量噪声 $\boldsymbol{z}$。

3. 稳态指标和权重参数

通过对分别采用运动学方法和状态观测器得到的估计值进行加权平均，得到侧偏角的最终估计值。权重参数取决于运动状态特性：主要为瞬态时运动学方法提供的结果较为准确；而主要为稳态时状态观测器得到的估计值将更为准确。

究竟是瞬态还是稳态有时很难判断。例如，阶跃转向工况的初始阶段可以确定为是瞬态，经过一定时间后达到稳态；但是在中间阶段，不大可能找到一个准确的从瞬态过渡到稳态的条件。类似的情况也发生在当汽车超车或在曲率半径发生变化的弯道行驶工况。

因上述问题具有不确定性，采用模糊逻辑方法确定"稳态指数"比较合适。稳态指数的取值范围为[0, 1]，其大小反映行驶工况属于稳态的隶属度。图10-2所示为模糊逻辑结构框图。

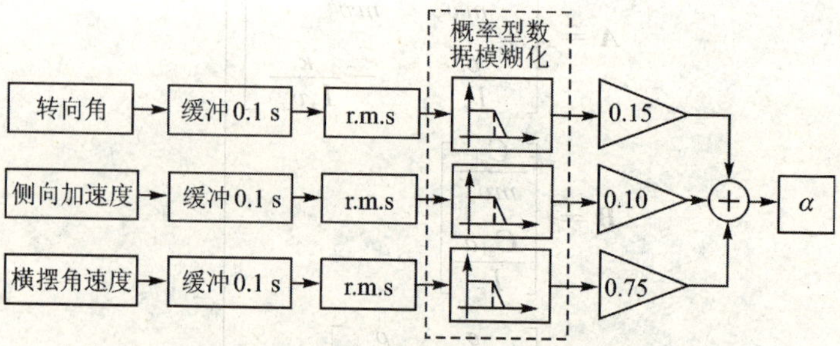

图10-2 用以确定稳态指数的模糊逻辑框图

以转向角、横摆角速度和侧向加速度作为描述汽车在瞬态/稳态响应过程中的侧向动力学参数。转向角实际上是一个输入参数，将其作为侧向动力学参数是考虑到它可以比侧向加速度和横摆角速度更早地提供有关车辆的动力学状态信息。在转弯加速或转弯制动工况时，侧向动力学状态变化用侧向加速度计和陀螺仪检测更容易些。

为了确定稳态指数，采用缓冲区存储最近0.1 s内转向角、横摆角速度和侧向加速度的采样值，并计算它们在此时段内的均方根值。此过程具有低通滤波效果，在清除测量信号时不会丢失特征频率低于5～7 Hz的汽车动力学有关信息；存储最近0.1 s数据的缓冲区相当于引入了一个假想的频率为10 Hz的采样器；该频率高于汽车动力学的特征频率范围(低于7 Hz)，因此由缓冲区导致的时间延迟不会对算法的结果产生显著影响。

变量的模糊化采用梯形函数。以转向角为例，图 10－3 给出了其在最近 0.1 s 内的均方根值 $\bar{\delta}_{0.1}$ 的隶属度。如果 $\bar{\delta}_{0.1}<0.005$ rad，认为转向角几乎不变（隶属度值为 1）；$\bar{\delta}_{0.1}>0.01$ rad 时，认为转向角变化足够快，表明车辆处于瞬态工况（隶属度值为 0）；$\bar{\delta}_{0.1}$ 在 0.005～0.01 rad 时，隶属度的值从 1 线性地变化到 0，表明工况介于稳态与瞬态之间。

横摆角速度和侧向加速度采用同样的模糊化准则和形状相同的隶属度函数，其限值如表 10－1 所列：低于 L_1 的参数值被认为是纯稳态；超过 L_2 则为纯瞬态；介于 L_1 和 L_2 之间隶属度（稳态程度）从 1 线性变化到 0。

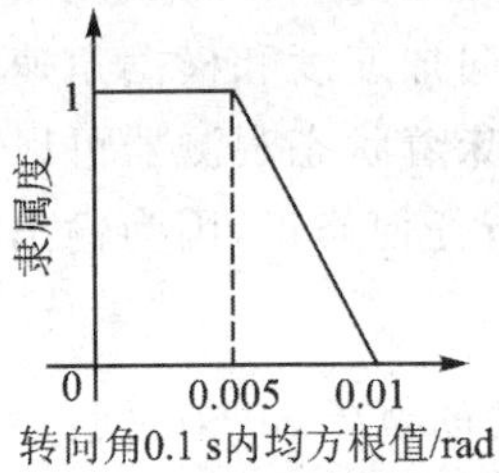

图 10－3　转向角隶属函数

表 10－1　隶属度函数的限值

	转向角 δ/rad	横摆角速度 r/(rad·s^{-1})	侧向加速度 a_y/(m·s^{-2})
L_1	0.005	0.001	0.15
L_2	0.01	0.003	0.45

稳态指数 α 取为转向角、横摆角速度和侧向加速度的隶属度的加权平均值，这三个参数的权重分别为 0.15、0.75 和 0.1。α 中的 15％是根据转向角信号确定的，反映驾驶员输入的该信号能最先提供车辆动力学信息。其余 85％是根据车辆响应信号计算的，其中对横摆角速度的重视程度又要比侧向加速度高许多。

图 10－4 所示是一辆 D 级车（5 门 2.4 L 排量共轨柴油轿车）在车速为 100 km/h、转向盘角阶跃输入工况下的试验结果。上图为转向角、横摆角速度和侧向加速度曲线，下图为根据上述逻辑计算出的稳态指数 α 的值。可以看到，$\alpha=1$ 的情况出现在车辆行驶于直线路径的第一阶段和最后一个阶段，还出现在转向达到稳态行驶的中间阶段。在转向输入的第一个阶段和转向盘回正阶段，α 的值下降到 0，表明这些阶段出现了瞬态工况。

参数 w 是稳态指数 α 的函数，如图 10－5 所示。该图表明所采用的算法确保了 β 的估计值中至少 1/3 是基于车辆物理模型得到的，其目的在于防止积分漂移——这种情况可能出现在持续若干秒的时间内 α 约为 0，因而估计值几乎完全依赖运动学方法。

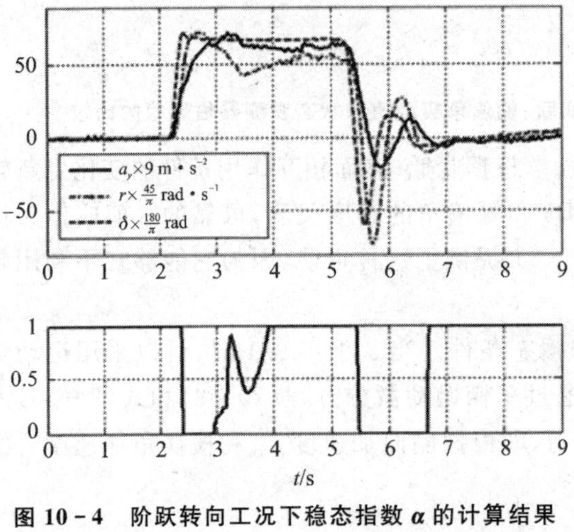

图 10－4　阶跃转向工况下稳态指数 α 的计算结果

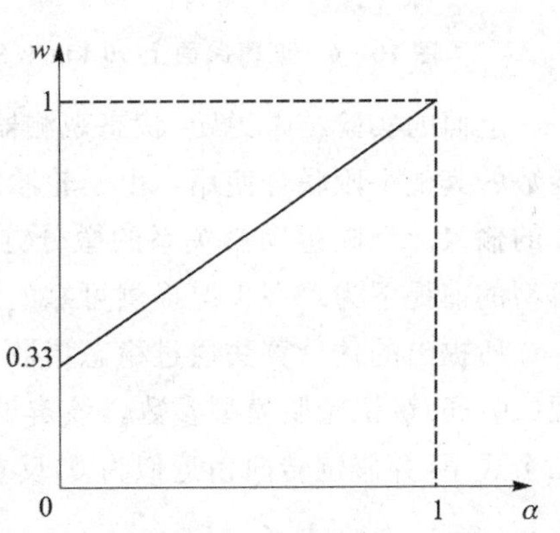

图 10－5　权重参数 w 和稳态指数 α 的函数关系

4. 侧偏刚度辨识器

前述状态观测器的一个关键是如何确定侧偏刚度。这些反映前、后轴轮胎-路面相互作用特性的系数，可以通过特定的车辆实验测试得到。但测试得到的系数并不能保证在所有工况下都能正确地再现车辆的行为。如果确定轮胎参数的路面条件为干沥青路面，则当路面上有水、雪时或者轮胎磨损导致轮胎-道路相互作用发生变化时，将严重影响模型预测车辆动力学响应的能力。此外，在剧烈运动工况下侧向力和侧偏角的关系为非线性，式(10－10)将不再适用。

当状态观测器目的在于辨识车辆侧偏角时，上述问题将变得更加突出。轮胎侧偏角和侧偏刚度之间关联度很高。例如，车辆以恒速通过一个转弯处，侧向加速度和横摆角速度都相同，但β值却可以不同——这仅仅取决于轮胎的侧偏刚度。这意味着状态观测器可以完整地复原侧向加速度a_y和横摆角速度r的值，而无需对β估计值进行任何修正，因为输出误差矢量($\boldsymbol{y}-\hat{\boldsymbol{y}}$)的范数几乎为零。

图 10－6 和图 10－7 给出了单独使用状态观测器辨识侧偏角的例子，其中轮胎参数按干燥沥青路面设定。对 D 级轿车分别在干沥青路面(见图 10－6)和雪地(见图 10－7)上进行双移线实验。第一种工况的车速是 90 km/h，路面可提供的最大侧向加速度为 6 m/s^2。尽管线性模型高估了轮胎的侧偏刚度，但 20%的最大估计误差和非常小的信号相位差说明状态观测器的预测令人满意。在雪地上进行双移线实验(车速 75 km/h，最大侧向加速度 3.8 m/s^2)时，相对误差量级增加到 100%。

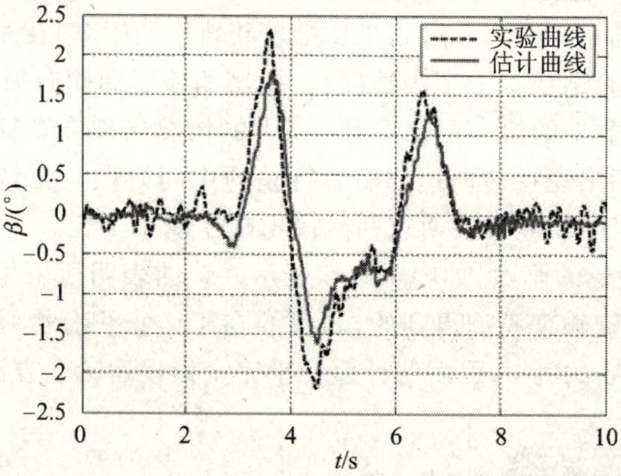

图 10－6 沥青路面上 90 km/h 双移线实验：侧偏角实测值和状态观测器估计值的比较

上面的实验结果说明：状态观测器应与能够根据轮胎-路面相互作用条件的变化更新轮胎参数的其他手段联合使用。由于轮胎侧偏刚度和侧偏角的高度关联，可靠的β值应作为该手段的输入。反映运动学关系的微分方程(10－6) 提供了这种可能，因为它能够在不利用轮胎模型的前提下为瞬态工况提供可靠的结果。

所提出的估计算法通过稳态指数α辨识瞬态条件。当α小于 0.1 时，可以采用运动学方程(10－6)辨识轮胎模型参数。该辨识首先通过车辆运动微分方程(10－9)和式(2－25)的第二个式子(并假定转向角近似为 0)反求侧向力，即根据侧向加速度a_y和横摆角加速度r的测量值以及车辆质量参数估计出$\hat{F}_{yf}$和$\hat{F}_{yr}$：

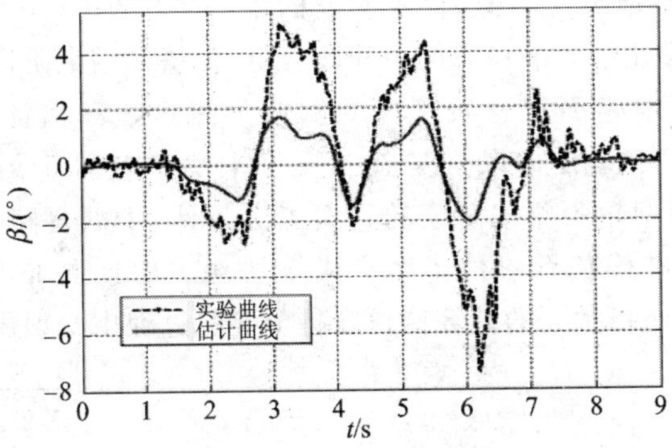

图 10－7　雪地路面上 75 km/h 双移线实验：侧偏角实测值和状态观测器估计值的比较

$$\begin{cases}\hat{F}_{yf}=\dfrac{ma_yb+I_z\dot{r}}{L}\\[2ex]\hat{F}_{yr}=\dfrac{ma_ya-I_z\dot{r}}{L}\end{cases}\tag{10-14}$$

接下来再根据式(2－23)，由估计出的侧偏角计算前、后桥侧偏角的估计值为

$$\begin{cases}\hat{\alpha}_f=\hat{\beta}+\dfrac{ar}{v_x}-\delta\\[2ex]\hat{\alpha}_r=\hat{\beta}-\dfrac{br}{v_x}\end{cases}\tag{10-15}$$

根据前面用到的轮胎侧向力线性模型，易求出轮胎侧偏刚度为

$$\begin{cases}C_{\alpha f}=-\dfrac{\hat{F}_{yf}}{\hat{\alpha}_f}\\[2ex]C_{\alpha r}=-\dfrac{\hat{F}_{yr}}{\hat{\alpha}_r}\end{cases}\tag{10-16}$$

当 α 值低于 0.1 时，不断重复上述过程。轮胎侧偏刚度的最终值取最近 10 个辨识结果的加权平均。

10.1.2　与实验数据的比较

为评价所提出估计算法，将估计结果与在 D 级轿车上的一系列实验数据进行了对比。实验过程中测试并记录：①侧向加速度 a_y；②纵向加速度 a_x；③车速 v_x；④横摆角速度 r；⑤转向角 δ；⑥侧偏角 β。

在干/湿沥青路面、雪地路面和冰面等不同路面上进行了若干含有不同谐波成分(圆周转向、阶跃转向、双移线)工况的操纵实验。将侧偏角测试数据与采用本节集成算法得到的估计值进行比较。状态观测器内部使用的轮胎模型参数是根据在干沥青路面上的部分试验确定的；以下给出的实验数据是采用一个截止频率为 20 Hz 的低通滤波器进行后处理得到的。

图 10－8 所示为关于干沥青路面上的双移线实验与图 10－6 是同一次实验，实验工况条件为车速 90 km/h、最大侧向加速度 6 m/s^2。其中，上图为侧偏角测量值和估计值的对比：与单独使用状态观测器的图 10－6 相比，集成算法的侧偏角估计有明显改善，其估计结果完全令

人满意。下图给出了稳态指数 α 的值：移线工况的第一段（在 3～5 s 之间）被确定为完全瞬态；在 5～6 s 出现了一段几乎为准稳态的中间段；此后在操作结束阶段出现一个新的瞬态。

图 10－9 所示为雪地路面双移线工况的侧偏角测量值和估计值的对比，它与之前的图 10－7采用了同一次实验的结果。实验工况条件为车速 75 km/h、最大侧向加速度 3.8 m/s^2，与设定车辆模型轮胎侧偏刚度的路面工况条件（干沥青路面）相差甚远。因此，单独使用状态观测器无法准确估计 β 值。而集成算法对 β 的预测非常接近于测量值。正如图 10－9的下图所示，稳态指数 α 的计算使得在整个实验过程中辨识出一个瞬态工况。

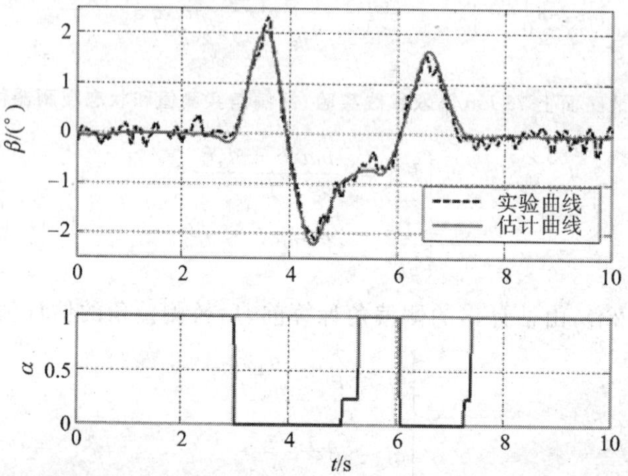

图 10－8　干沥青路面上双移线实验：车速 90 km/h，最大侧向加速度 6 m/s^2

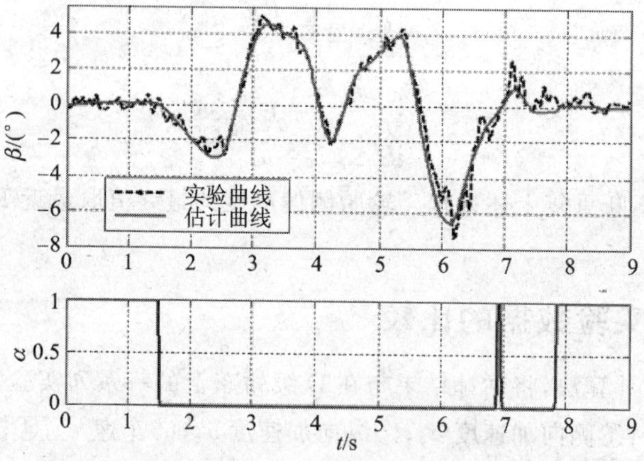

图 10－9　雪地路面双移线实验：车速 75 km/h，最大侧向加速度 3.8 m/s^2

图 10－10 所示为雪地圆周转向实验的辨识结果。实验过程中车速由 45 km/h 缓慢增加至 70 km/h，相应的侧向加速度由开始的 0.2 m/s^2 增加到所能达到的峰值4.5 m/s^2。驾驶员操纵转向盘使车辆保持在半径为 100 m 的圆周上行驶。该图中的结果表明，集成算法在该工况下能给出满意的侧偏角估计值。下图给出的稳态指数 α 表明它在 0～1 范围内经历了若干次来回变动：在实验的第一阶段（15 s 之前），“α 值在 1 附近”的占优表明工况几乎为稳态；第二阶段的特点是 α 值往往更接近于 0，表明工况更多的为瞬态。两种算法的集成，一方面可以

更新车辆模型中的轮胎侧偏刚度，另一方面也可避免运动学方法中积分产生的数值漂移。

图 10－11 所示为雪地转弯加速工况实验结果，车速从 30 km/h 增加到 55 km/h，而侧向加速度由 0.5 m/s^2 增加到 4 m/s^2。驾驶员操作转向盘使汽车保持在初始路径，约在 0.7 s 节气门全开。可以看到，稳态指数 α 能够检测到汽车运动状态的突然变化，相应的行驶工况由稳态过渡到瞬态。

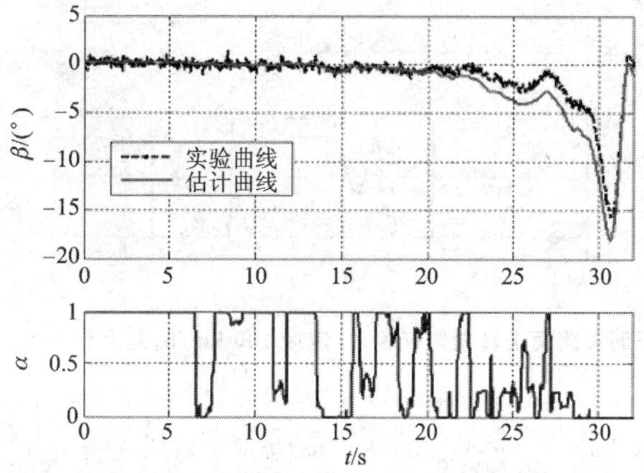

图 10－10　雪地圆周转向实验：车速 45 km/h→70 km/h，最大侧向加速度 4.5 m/s^2

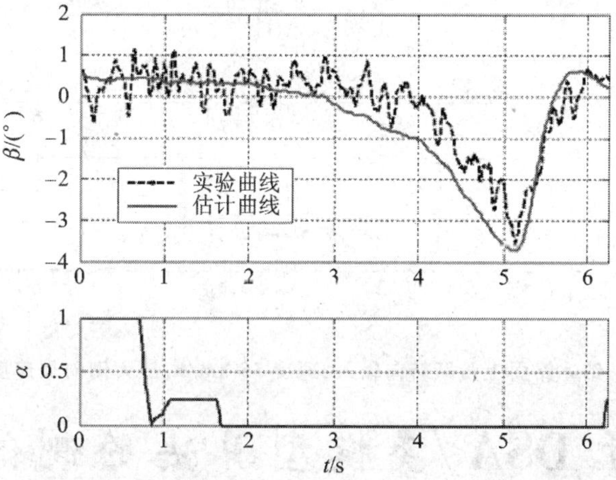

图 10－11　雪地转弯加速实验：车速 30 km/h→55 km/h，最大侧向加速度 4 m/s^2

图 10－12 所示为干沥青路面上阶跃输入转向实验结果，车速 100 km/h、最大侧向加速度 6.5 m/s^2。可以清晰地辨识出与转向盘转动和回正相对应的两个瞬态。第一个瞬态用来修正侧偏刚度值，以便在中间阶段使用状态观测器正确估计 β 值——即使阶跃转向输入使轮胎脱离了线性区也如此。

图 10－13 所示为结冰路面上阶跃输入转向实验结果，车速 55 km/h、最大侧向加速度 1.5 m/s^2。在经历根据转向盘转角确定的初始瞬态阶段之后，车辆试图沿一个定圆行驶；稳态指数在转向盘输入完成之后不久的约 1.3 s 下降到零，从 2.5 s 开始该值变化到 0.4 s 左右。侧偏角的预测是集成估计算法给出的结果。虽然在约 4 s 时转向盘被松开，由于路面较滑，需要采取反向转向（反打转向盘）控制车辆。

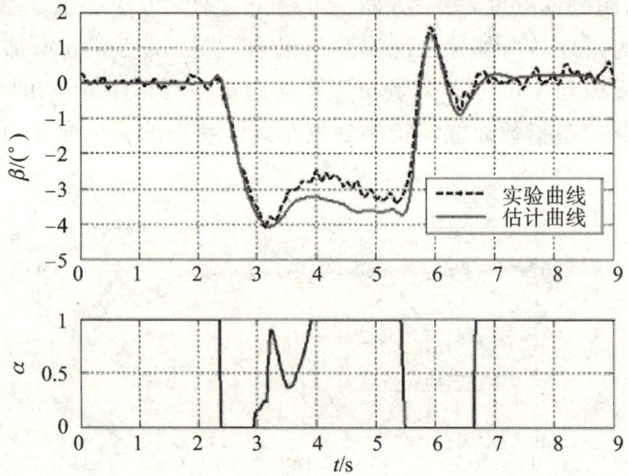

图 10－12　干沥青路面上转向阶跃输入：速度 100 km/h，最大侧向加速度 6.5 m/s²

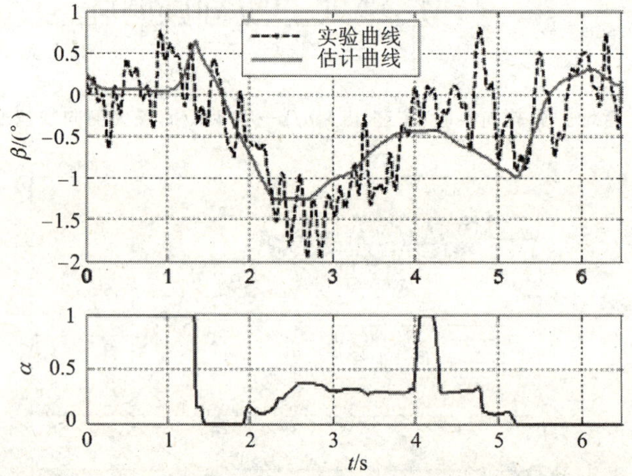

图 10－13　结冰路面上阶跃转向输入：速度 55 km/h，最大侧向加速度 1.5 m/s²

10.2　基于 DSA/多模型算法的侧偏角和路面附着集成估计器

本节介绍车辆侧偏角和路面附着系数估计的一种集成算法。采用集成算法的估计器综合运用了 DSA 算法、运动学方法、卡尔曼滤波和多模型算法。该估计器除了利用传感器的信息，还用到诸如主动转向、直接横摆力矩或者由它们组成的主动控制集成系统所提供的控制输入信息。当主动控制系统介入车辆动力学控制（以下简称“介入”）时，估计器采用 2.2 节介绍的 2－DOF 四轮车辆模型不断比较该模型与实际车辆的输出——侧向加速度及横摆角加速度。通过使输出误差均方值最小，连续不断地估计车辆重心侧偏角和路面附着系数。为了给 DSA 算法提供一个合适的初始值，多模型算法在主动控制系统介入之前一直处于激活状态，并在整个介入期间停止工作。采用硬件在环仿真对估计器进行了验证。

10.2.1 估计器组成

所设计估计器以直接横摆力矩控制 DYC 为应用对象。因为以实时应用为目的,所以为了与车载控制器计算能力相适应,估计器的结构和算法不能太复杂。图 10-14 所示为该集成估计器的方框图,图中还给出了估计器与车辆及控制器的相互关系。虚线中的估计器由 2-DOF 非线性车辆模型、多模型算法、联合 DSA 算法以及两个切换开关组成。

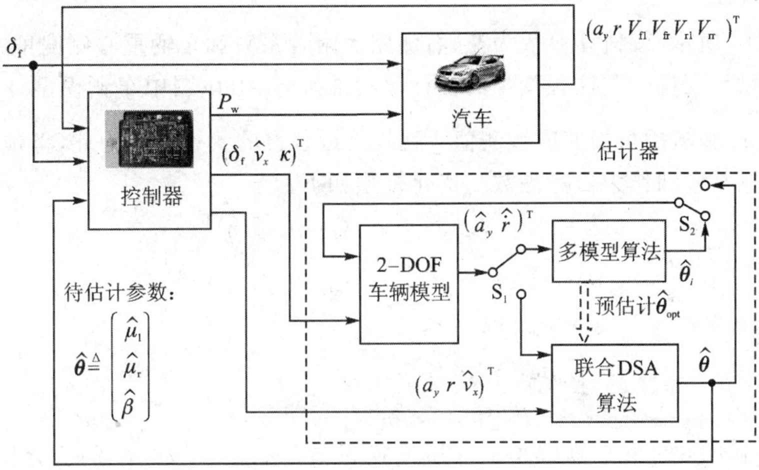

图 10-14 侧偏角和路面附着系数集成估计器方框图

联合 DSA 算法中还包含了运动学方法,DSA 与运动学方法通过一个卡尔曼滤波器协同工作。在 DYC 介入之前,只有多模型算法工作。该算法计算若干预设点(即"模型")处的目标函数值,且每个采样周期只计算其中的一个点,以减少计算量(如果计算资源允许,当然可以计算更多的点)。用 $\hat{\boldsymbol{\theta}}$ 表示待估计参数,则此处定义 $\hat{\boldsymbol{\theta}} \triangleq (\hat{\mu}_l, \hat{\mu}_r, \hat{\beta}_l)^T$,其中,$\hat{\mu}_l$ 和 $\hat{\mu}_r$ 分别为左、右侧路面附着系数估计值,$\hat{\beta}$ 为侧偏角估计值。依次计算各模型 $\ddot{\boldsymbol{\theta}}_i$,且在计算最后一个模型之后回到第一个模型。这一循环计算过程不断重复,直到 DYC 介入为止。DYC 介入时,两个切换开关 S_1 和 S_2 都切换到联合 DSA 算法,并采用多模型算法的预估计值构造 DSA 算法的初始单纯形。DYC 介入期间,多模型算法处于关闭状态,直到 DYC 介入结束一定时间后才再次激活。

驾驶员转角输入由转向盘转角传感器测量并发送至控制器。控制器同时还接收侧向加速度 a_y、横摆角速度 r 和各车轮轮速 v_{ij} (i = f,r;j = l,r) 信号,并将转向角、侧向加速度和横摆角速度转发给估计器。通常在 ABS 和 ESC 系统中,车速以及四个车轮的纵向滑动率都是由控制器根据测量数据估计得到。估计得到的车速 $\hat{v}_x$ 和纵向滑动率 $\hat{\kappa}_{ij}$ (i=f,r;j=l,r) 同样被发送至估计器,而估计器则在控制器介入期间将轮胎-路面附着系数和重心侧偏角估计值返回给控制器。从图 10-14 可以发现,估计器所需要的信息全部来自控制器,这些信息要么由传感器直接测量,要么由控制算法估计得到。

图 10-14 所示的车辆模型为 2.2 节介绍的二自由度四轮车辆模型,轮胎模型采用 2.1 节介绍的改进的 Dugoff 轮胎模型。车辆模型根据转向角输入 δ_f、车速 $\hat{v}_x$、侧偏角估计值 $\hat{\beta}$、车轮

纵向滑动率估计值 $\hat{\kappa}_{ij}(i=\mathrm{f,r};j=\mathrm{l,r})$ 以及路面附着估计值 $\hat{\mu}_{\mathrm{l}}$ 和 $\hat{\mu}_{\mathrm{r}}$ 计算出轮胎力，进一步由车辆动力学模型计算侧向加速度和横摆角加速度。需要说明的是，当多模型算法处于激活状态时，$\hat{\mu}_{\mathrm{l}}$、$\hat{\mu}_{\mathrm{r}}$ 和 $\hat{\beta}$ 实际是预设的各个模型值(图中的 $\hat{\boldsymbol{\theta}}_i$)，并非估计值。

10.2.2 DSA 算法设计

1. 优化模型

如图 10-14 所示，待估计参数为左、右侧路面附着系数和车辆重心侧偏角。因此，这三个量将作为优化设计变量。若这些变量的估计值越准确，则由该图中车辆模型计算得到的侧向加速度预测值 $\hat{a}_y$ 和横摆角加速度预测值 $\hat{\dot{r}}$ 就越接近各自的测量值。为此，将预测值与测量值之间误差的加权平方和作为目标函数。优化模型如下：

$$\left.\begin{aligned}&\boldsymbol{X}=(x_1,x_2,x_3)^{\mathrm{T}}=(\mu_{\mathrm{l}},\mu_{\mathrm{r}},\beta/\eta)^{\mathrm{T}}\\&\min f(\boldsymbol{X})=\rho(\hat{a}_y-a_y)^2+(\hat{\dot{r}}-\dot{r})^2\\&\mathrm{s.t.}\ \mu_{\min}\leqslant\mu_{\mathrm{l}}\leqslant\mu_{\max}\\&\qquad\mu_{\min}\leqslant\mu_{\mathrm{r}}\leqslant\mu_{\max}\\&\qquad-\beta_{\mathrm{fh}}\leqslant\beta\leqslant\beta_{\mathrm{fh}}\end{aligned}\right\}\tag{10-17}$$

式中：η 为 5.3 节介绍的重心侧偏角的尺度变换系数；$\mu_{\min}$、$\mu_{\max}$ 和 β_{fh} 的值分别为 0.13、1 和 0.174 5 rad(约为 10°)。

2. 约束的惩罚函数

若式(10-17)中的约束条件不满足，则利用如下惩罚函数计入最终的目标函数：

$$f_i=\begin{cases}\lambda_i(\mu_{\min}-x_i), & 若\ x_i<\mu_{\min}\\0, & 若\ \mu_{\min}\leqslant x\leqslant\mu_{\max},i=1,2\\\lambda_i(x_i-\mu_{\max}), & 若\ x_i>\mu_{\max}\end{cases}\tag{10-18}$$

$$f_3=\begin{cases}\lambda_3(-\beta_{\mathrm{th}}-\eta x_3), & 若\ \eta x_3<-\beta_{\mathrm{th}}\\0, & 若-\beta_{\mathrm{th}}\leqslant\eta x_3\leqslant\beta_{\mathrm{th}}\\\lambda_3(\eta x_3-\beta_{\mathrm{th}}), & 若\ \eta x_3>\beta_{\mathrm{th}}\end{cases}\tag{10-19}$$

故最终的目标函数为 $g(\boldsymbol{X})=f(\boldsymbol{X})+f_1+f_2+f_3$，从而将约束优化模型式(10-17)转化为无约束优化模型。

上述无约束优化模型采用第 5 章介绍的 DSA 求解，所得到的侧偏角动态估计值用 $\hat{\beta}_{\mathrm{DSA}}$ 表示。

3. 单纯形大小的选择与 DSA 动态响应的改善

在 5.2 节中曾介绍过单纯形大小的选择对估计精度和估计的动态响应来说是矛盾的。在本集成算法中，通过三个措施来协调该矛盾。首先，根据经验将单纯形边长 l_0 在采样周期为 5 ms时的值取为 0.025，这样足够小的边长是为了保证足够高的估计精度。其次，采用多模型算法为 DSA 提供一个合适的初始条件，以改善 DSA 初始阶段估计的动态响应。第三，利用运动学方法在瞬态工况下响应快的优点，采用卡尔曼滤波将它与 DSA 结合组成联合 DSA 算法，从而在后续阶段提高了整个估计器的动态响应能力。

10.2.3 多模型算法和初始单纯形的生成

虽然侧偏角的初始值应该总可以取为零，但附着系数的初始值却难以确定。因为实际附着系数变化范围很大，大致为 0.13～1.0，而具体到 DYC 某一次介入时的路面附着系数是无法预先知道的。这样，无论假设一个怎样的初始值都可能与实际附着系数偏离较大。另一方面，在 DYC 因车辆剧烈运动而必须介入之前，车辆动力学已经接近或进入非线性区了。这意味着在 DYC 介入之前仍然有足够的时间采用多模型算法为 DSA 确定一个合适的初始条件。该算法如下：

① 在控制系统介入之前，依次循环计算一定数目给定点(参见表 10-2)处的目标函数值，并且每一采样周期只计算一个点；

② 控制系统刚开始介入时，在表 10-2 给定点中找出目标函数值最小的点，并以该点为形心生成初始单纯形的顶点；

③ 在主动控制系统介入期间，多模型算法停止运行，并且在介入结束一定时间后才重新激活。

表 10-2 循环点(模型)编号及坐标值

x_3/rad \ (x_1, x_2)	(0.2, 0.2)	(0.35, 0.35)	(0.5, 0.5)	(0.65, 0.65)	(0.8, 0.8)
−0.018 75	1	2	3	4	5
−0.006 25	6	7	8	9	10
0.006 25	11	12	13	14	15
0.018 75	16	17	18	19	20

在每一采样周期内，依次选定表 10-2 中编号为 1～20 的 20 个模型中的一个且仅一个，然后计算该模型的目标函数值。计算完第 20 个模型后，再次从第 1 个模型开始重复下一轮计算。下面以第 13 个模型为例说明表 10-2 中的坐标值。该模型对应的坐标值 x_1、x_2 和 x_3 分别为 0.5、0.5 和 0.006 25 rad，选择此模型则意味着左、右侧附着系数取值皆为 0.5，而侧偏角为 0.268 6°。此处侧偏角的计算是基于 $\eta=0.75$ 的设定值，因为根据式(10-18)的设计变量 x_3 的表达式，有 $\beta=\eta\cdot x_3=0.75\times0.006\ 25$ rad，即 0.268 6°。

令 $C^*(x_1^*, x_2^*, x_3^*)$ 为表 10-2 中 20 个模型中目标函数值最小的模型。在 DYC 介入之前，C^* 及其坐标值是动态变化的。一旦 DYC 介入，就以 C^* 为形心生成 DSA 初始单纯形 S_0。该过程包括以下两个步骤：

①在 N 维空间中(N 与设计变量个数相等，故本例中 $N=3$)生成一个形心位于原点、边长为 l_0 的正多面体，各顶点的坐标按表 10-3 确定。用 $\boldsymbol{z}_i(i=1, 2, \cdots, N+1)$表示正多面体的顶点。表中 Δx_1 可以根据棱 $\boldsymbol{z}_1\boldsymbol{z}_2$ 的长度确定，故 $\Delta x_1=\frac{1}{2}l_0$。$\Delta x_1$ 的值确定后，又可以根据棱 $\boldsymbol{z}_2\boldsymbol{z}_3$ 的长度确定 Δx_2 的值，求得 $\Delta x_2=\frac{\sqrt{3}}{3}l_0$。以此类推，根据 Δx_2 的值和棱 $\boldsymbol{z}_3\boldsymbol{z}_4$ 的长度求得 $\Delta x_3=\frac{\sqrt{6}}{4}l_0$。按照这样的方式，不难求出 $\Delta x_4=\sqrt{\frac{2}{5}}l_0$，$\Delta x_5=\sqrt{\frac{5}{12}}l_0$，…。其通项表达式为

$\Delta x_i=\sqrt{\frac{i}{2(i+1)}}l_0(i=1, 2,\cdots, N-1, N)$。至此，确定了各顶点 $z_j(j=1, 2,\cdots, N, N+1)$ 的在 N 维空间中的坐标值。

表 10-3　一种形心位于坐标原点处的正多面体坐标取值方法

顶点	坐标					
	x_1	x_2	x_3	$\cdots$	x_{N-1}	x_N
z_{N+1}	0	0	0	$\cdots$	0	Δx_N
$\vdots$	$\vdots$	$\vdots$	$\vdots$	$\vdots$	$\vdots$	$\vdots$
z_4	0	0	Δx_3	$\cdots$	$-\Delta x_{N-1}/(N-1)$	$-\Delta x_N/N$
z_3	0	Δx_2	$-\Delta x_3/3$	$\cdots$	$-\Delta x_{N-1}/(N-1)$	$-\Delta x_N/N$
z_2	Δx_1	$-\Delta x_2/2$	$-\Delta x_3/3$	$\cdots$	$-\Delta x_{N-1}/(N-1)$	$-\Delta x_N/N$
z_1	$-\Delta x_1$	$-\Delta x_2/2$	$-\Delta x_3/3$	$\cdots$	$-\Delta x_{N-1}/(N-1)$	$-\Delta x_N/N$

② 将形心位于坐标原点的正多面体平移到形心位于 $C^*(x_1^*, x_2^*, x_3^*)$。本例中 $N=3$，平移后所生成的 DSA 初始单纯形 S_0 各顶点坐标为

顶点 z_1：$\left(x_1^*-\frac{1}{2}l_0, x_2^*-\frac{\sqrt{3}}{6}l_0, x_3^*-\frac{\sqrt{6}}{12}l_0\right)$

顶点 z_2：$\left(x_1^*+\frac{1}{2}l_0, x_2^*-\frac{\sqrt{3}}{6}l_0, x_3^*-\frac{\sqrt{6}}{12}l_0\right)$

顶点 z_3：$\left(x_1^*, x_2^*+\frac{\sqrt{3}}{3}l_0, x_3^*-\frac{\sqrt{6}}{12}l_0\right)$

顶点 z_4：$\left(x_1^*, x_2^*, x_3^*+\frac{\sqrt{6}}{4}l_0\right)$

10.2.4　基于卡尔曼滤波的联合 DSA 算法

前面已经介绍，利用卡尔曼滤波将 DSA 与多模型算法结合组成联合 DSA 算法，可提高估计器的动态响应能力。DSA 与多模型算法的联合可以在整体上形成“优势互补”，原因是它们各自都有自己的优、缺点。为了获得较高的估计精度，DSA 单纯形的尺寸一般都选得相对较小，但造成了侧偏角剧烈变化时该算法得到的估计值滞后于最优点的动态变化。运动学方法在瞬态工况可以给出准确的侧偏角估计，但它在稳态工况下存在积分漂移，无法单独使用。10.1 节介绍了一种综合运动学方法和状态观测器优点的侧偏角估计集成算法。侧偏角由适用于瞬态工况的运动学方法和适用于稳态工况的状态观测器分别估计，最终估计结果取二者的加权平均，而权重系数由模糊逻辑通过判断工况是稳态还是瞬态来确定。这里介绍的 DSA 也是一种适用于稳态工况的估计算法，它与运动学方法的结合是通过卡尔曼滤波模型完成的，这一点与 10.1 节采用的模糊逻辑不同。

若车速变化相对于侧向速度来说足够慢，则小侧偏角条件下 $\dot{v}_y/v_x$ 是 $\dot{\beta}$ 的一个很好近似。对于典型的 ESC 系统来说大致就是这样。此时，根据式(10-3)得

$$\dot{\beta}=\frac{a_y}{v_x}-r \tag{10-20}$$

式(10-20)中，右边 a_y 和 r 可以通过测量得到，而 v_x 可估计得到。因此该式可改写为如下

形式：

$$\dot{\beta}=\frac{a_{ym}}{\hat{v}_x}-r_m \tag{10-21}$$

利用式(10－21)和侧偏角动态估计值 $\hat{\beta}_{DSA}$，可以构造出以侧偏角 β 为状态变量的卡尔曼滤波状态方程和输出方程为

$$\left.\begin{aligned}\dot{\beta}&=a_{ym}/\hat{v}_x-r_m+w(t)\\ \hat{\beta}_{DSA}&=\beta+z(t)\end{aligned}\right\} \tag{10-22}$$

式中：$w(t)$ 和 $z(t)$ 分别为过程噪声和量测噪声，并假设它们相互独立且皆为零均值高斯噪声。进一步地，过程噪声 $w(t)$ 可看成由 a_y、r 的测量误差和 $\hat{v}_x$ 的估计误差引起；而 $z(t)$ 为 $\hat{\beta}_{DSA}$ 的估计误差引起的噪声。图 10－15 所示为侧偏角联合估计策略的方框图，它与图 9－1 中纵向车速估计的卡尔曼滤波十分相似。噪声 $w(t)$ 和 $z(t)$ 因工况不同，其方差也是变化的。如在稳态工况下 $\hat{\beta}_{DSA}$ 的估计精度应该较高，此时其估计误差的方差就较小；而在瞬态工况下因 DSA 动态响应性能较差，该方差就比较大。

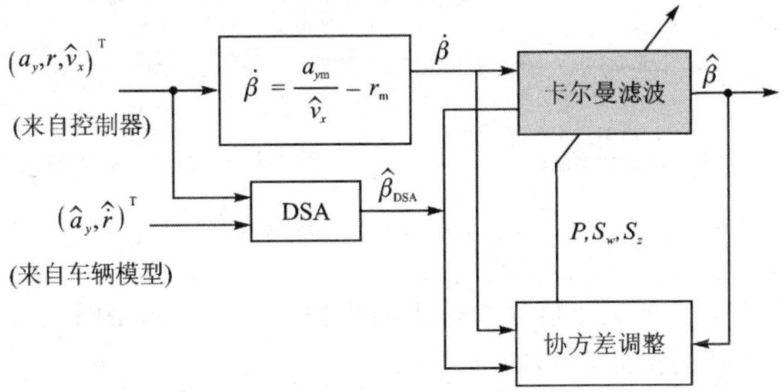

图 10－15　侧偏角联合估计策略的方框图

用前向差分 $\dfrac{\beta_{k+1}-\beta_k}{T_s}$ 作为 $\dot{\beta}$ 的近似值代入式(10－22)，则该式可离散化为

$$\left.\begin{aligned}\beta_{k+1}&=\beta_k+T_s(a_y/\hat{v}_x-r)_k+T_s w_k\\ \hat{\beta}_{DSA_k}&=\beta_k+z_k\end{aligned}\right\} \tag{10-23}$$

式中：w_k 和 z_k 分别是 $w(t)$ 和 $z(t)$ 离散化后的值。

对式(10－23)应用卡尔曼方程，则得到类似于式(9－5)的迭代方程，可以用它计算侧偏角的最终估计值：

$$\left.\begin{aligned}\hat{\beta}_{k+1}&=\frac{S_z[\hat{\beta}_k+T_s(a_{ym}/\hat{v}_x-r_m)_k]+(P_k+S_w)\hat{\beta}_{DSA_{k+1}}}{P_k+S_w+S_z}\\ P_{k+1}&=\frac{(P_k+S_w)S_z}{P_k+S_w+S_z}\end{aligned}\right\} \tag{10-24a}$$

式中：S_w 和 S_z 分别为 $T_s w(t)$ 和 $z(t)$ 的方差。

分析式(10－24a)，不难发现 $\hat{\beta}$ 只与 S_w、S_z 的比值有关。为便于计算，不妨令 $S_w=1$，则式(10－24a)可以重写为

$$\left.\begin{aligned}\hat{\beta}_{k+1} &= \frac{S_z[\hat{\beta}_k + T_s(a_{ym}/\hat{v}_x - r_m)_k] + (P_k+1)\hat{\beta}_{DSA_{k+1}}}{P_k+1+S_z} \\ P_{k+1} &= \frac{(P_k+1)S_z}{P_k+1+S_z}\end{aligned}\right\} \tag{10-24b}$$

式(10-24a)的表达形式提供的重要信息是，侧偏角第$(k+1)$轮迭代的最终估计值可以理解为两个预估计量 $\hat{\beta}_k + T_s(a_{ym}/\hat{v}_x - r_m)_k$ 与 $\hat{\beta}_{DSA_{k+1}}$ 的加权和。第一个预估计量只与侧偏角导数有关，代表运动学方法得到的结果；第二个预估计量完全是 DSA 的估计结果。协方差之比则反映了对两个预估计量的置信度。例如，如果 $\hat{\beta}_{DSA}$ 缓慢变化，其置信度应较高，而对于根据式(10-24b)计算得到的第一个预估计量给予较小的信赖（避免稳态工况下的积分漂移）。此种情形下应采用较大的 S_z 值。相反，如果 $|a_{ym}/\hat{v}_x - r_m|$ 足够大，则表明侧偏角变化较快，应当较多地信赖 $\hat{\beta}_k + T_s(a_{ym}/\hat{v}_x - r_m)_k$。此时应采用较小的 S_z 值。这些基本的想法可以下面的式子实现：

$$S_z = S_{z1} + S_{z2} \tag{10-25a}$$

$$S_{z1} = \begin{cases} 400, & 若\ |\hat{\beta}_{DSA_{k+1}} - \hat{\beta}_k| \leqslant 0.01\ 或\ |\dot{\hat{\beta}}_k| > 0.015 \\ 40\,000\,|\hat{\beta}_{DSA_{k+1}} - \hat{\beta}_k|, & 其他 \end{cases} \tag{10-25b}$$

$$S_{z2} = \begin{cases} 2\,000(|\dot{\hat{\beta}}_k - \hat{\beta}_{DSA_{k+1}}| - 0.25), & 若\ |\dot{\hat{\beta}}_k - \dot{\hat{\beta}}_{DSA_{k+1}}| > 0.25 \\ 0, & 其他 \end{cases} \tag{10-25c}$$

由式(10-25)可知，S_z 的最小值为 400，此时根据式(10-24b)的第二式可求出 P_k 的极限 P_∞ 约为 20。因此，取 P 的初值为 1，即 $P_0 = 1$。

当侧偏角变化剧烈时，单纯形滞后于动态最优点会较大，此时可重置多面体（即以最终估计值为形心生成一个新的初始多面体 S_0）。认定“变化剧烈”的准则为

如果 $|\dot{\beta}_k| > 0.05$ rad/s，则侧偏角“变化剧烈”。

10.2.5 估计器验证

所设计的估计器采用 HIL(Hardware In the Loop)仿真系统实现并验证。该仿真系统利用 dSPACE 快速控制原型硬件实现实时仿真软件、控制器和执行器的连接和通信，其结构如图 10-16 所示。

仿真过程中驾驶员是 HIL 仿真系统的一部分，构成驾驶员在环 DIL(Driver In the Loop)。转向盘、加速踏板和制动踏板由驾驶员操纵，操纵装置信号经接口板传至 dSPACE 板卡。车辆模型、DYC 控制算法以及估计器模型由工控机通过 dSPACE 软件 ControlDesk 转换为 C 代码，并下载到 dSPACE 板卡中实时运行。DYC 控制算法发出控制命令，经接口板转换为 ABS/DYC 电机和电磁阀控制信号。制动装置压力信号也经接口板传至运行于 dSPACE 板卡中的车辆模型。工控机根据接收到的仿真数据，通过液晶显示器将实时显示的三维驾驶场景提供给驾驶员。

估计器采用表 10-4 所列的参数。

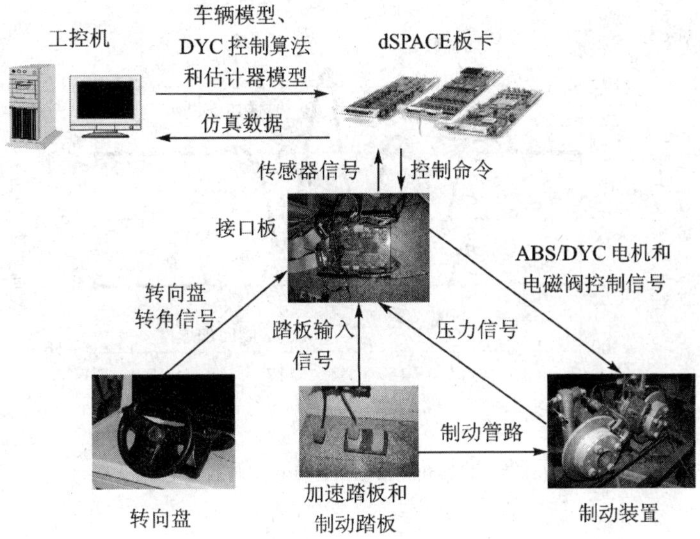

图 10-16　HIL 仿真系统结构示意图

表 10-4　估计器采用的参数

参　数	值	参　数	值
l_0	0.025	μ_{min}	0.13
P_0	20	μ_{max}	1.0
T_s/s	0.005	η	0.75
ρ	1.0	λ_1	15
β_{th}/ rad	0.1745 (即 10°)	λ_2	15
		λ_3	50

在高、低附着系数路面进行双移线操作的仿真结果分别如图 10-17 和图 10-18 所示。图 10-17(a)和图 10-18(a)所示为转向盘转角、横摆角速度和侧向加速度。此工况下转向盘转角代表了驾驶员执行双移线工况的转向意图，而横摆角速度和侧向加速度是车辆在 DYC 控制下的响应。图 10-17(b)和图 10-18(b)所示为车速、轮速和各车轮轮缸压力，以便了解 DYC 的干预情况和车轮纵向滑动状态。图 10-17(b)中轮缸压力的变化清楚地表明 DYC 已经介入。图 10-17(a)、(b)和图 10-18(a)、(b)中，除轮缸压力外的其余变量都用做估计器的输入(见图 10-14)。

参数估计值和它们的实际值如图 10-17(c)和图 10-18(c)所示。多模型算法仅在图中用阴影区表示的时间间隔以外的范围内工作。该时间间隔起始于 DYC 介入之初，结束于 DYC 退出之后 1 s。在阴影区表示的时间间隔内，基于 DSA 的联合算法接替多模型算法的估计，并一直执行该估计任务，直到 DYC 退出之后 1 s 为止。

对比图 10-17(c)和图 10-18(c)中在高、低附着路面条件下的估计值与实际值，表明侧偏角估计值可以准确地跟踪其实际值的变化，路面附着系数的估计值也与它们的实际值符合得很好。

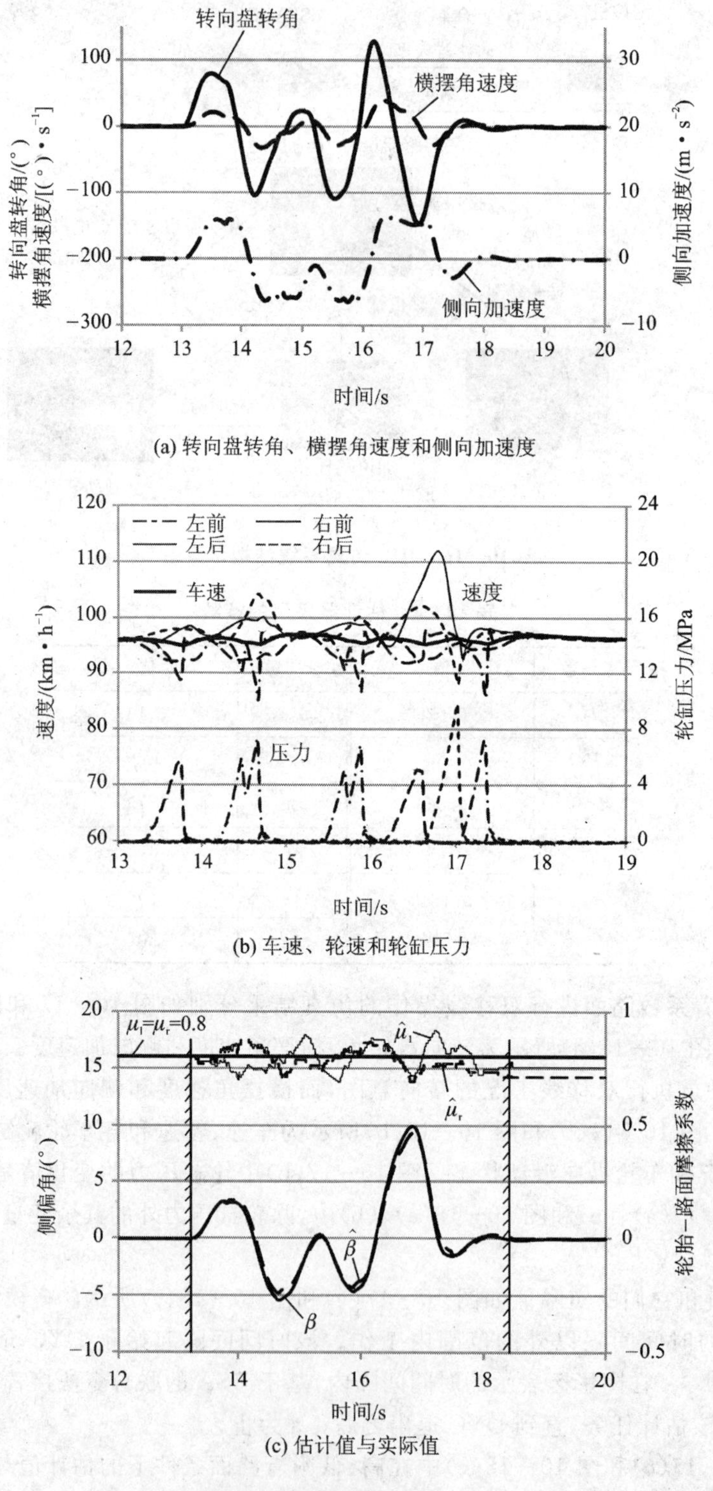

图 10-17　高附着路面双移线工况，车速 110 km/h

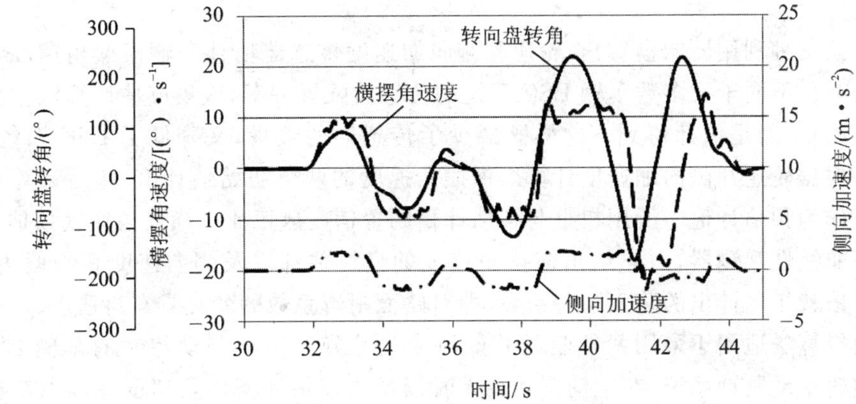

(a) 转向盘转角、横摆角速度和侧向加速度

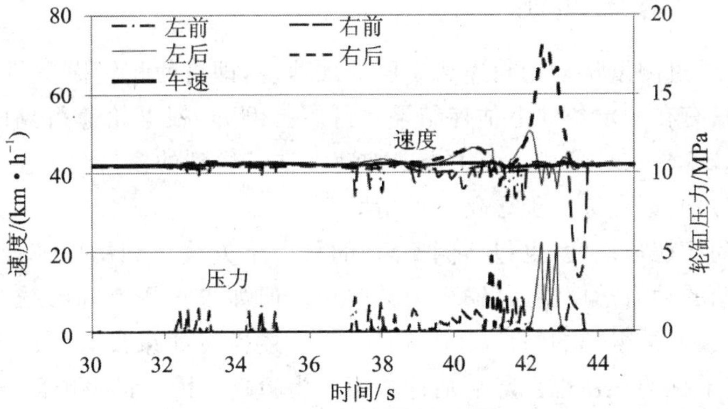

(b) 车速、轮速和轮缸压力

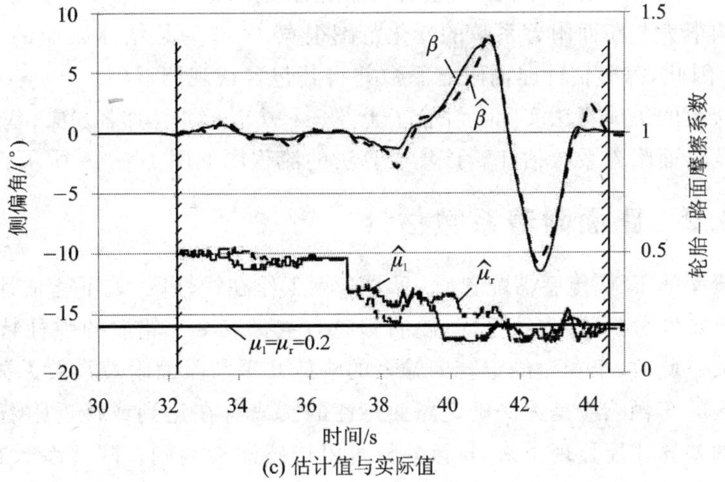

(c) 估计值与实际值

图 10－18　低附着路面双移线工况，车速 42 km/h

10.3 一种横摆角速度和侧偏角估计的集成算法

本节介绍一种利用转向盘转角、轮速和侧向加速度传感器估计车辆横摆角速度和侧偏角的集成算法[6]。不同于大多数车辆 ESC 系统的传感器配置方案，该集成估计算法中横摆角速度并不直接测量，而是估计得到。这样既减少了传感器的数量，又降低了 ESC 系统的成本。该算法分别根据轮速和侧向加速度计算出横摆角速度的两个初始估计值，然后计算出二者的加权平均值作为预估计值。所用权重与各估计量的置信度成正比。横摆角速度预估计值提供给一个闭环非线性观测器，由它给出横摆角速度的最终估计以及侧向速度和侧偏角的估计。观测器参数依赖于估计出的路面附着系数，即对路面附着系数的变化具有自适应。

上述集成算法适用于采用两轮驱动并能对驱动轮施加主动制动控制的车辆 ESC 系统。因为对于四轮主动制动系统，在主动制动介入时根据轮速估计横摆角速度将难以获得较高的估计精度。

10.3.1 算法描述

原则上，通过测量从动轮轮速或者侧向加速度，即可使车辆横摆角速度通过运动学关系估计得到。但只有在一定条件下估计结果才可用。例如，根据轮速得到的估计值在制动工况将很不准，在 ABS 介入时尤甚。而由侧向加速度估计得到的横摆角速度只在准稳态条件下才有效，存在横坡角时还会进一步恶化估计精度。

估计车辆横摆角速度（也包括侧偏角）的另一个方法是利用以速度为参变量、反映横摆平面内车辆运动的动力学模型，其输入为转向角。但如果车辆实际参数与模型中使用的参数不匹配时，采用该方法得到的估计将偏离实际值。建模时如果没有将侧向风或横坡角考虑在模型中，则这些干扰的存在也会影响估计精度。为将这些因素的影响降到最低，模型中必须包括误差信号的反馈，从而形成一个闭环观测器。这里的“误差”定义为信号的实测值与模型预测值的差。另外还要考虑的是，在接近或处于附着极限时，轮胎力和车辆操纵动力学受路面附着系数的影响很大。路面附着系数的变化范围很宽，大致为从结冰路面的 0.1 到干燥混凝土路面的 1.0。因此，需要估计路面附着系数并将其包含在观测器中。

本节介绍的集成算法实际上综合了上述三种方法，即运动学方法、基于模型和误差反馈的观测器以及路面附着系数估计。该集成算法的流程图如图 10－19 所示。

10.3.2 路面附着系数估计

采用典型的 ESC 传感器配置时，只要车辆工作在线性区，就不能估计路面附着系数（参见第 6 章的可观性分析）。在线性区，轮胎侧向力主要取决于轮胎的弹性特性（侧偏刚度），与路面特性无关。此时，车辆对给定转向输入的响应几乎与路面附着系数无关。因此，根据测量得到的线性区的车辆响应是无法确定路面特性的。只有在达到或接近附着极限时，不同路面上车辆响应的差异才能显现出来，且该差异可由传感器检测到。附着系数在线性区的不可观特性一般来说并没有太大的局限性，因为诸如 ABS、TCS 和 ESC 等大多数主动控制系统只在线性区以外才被激活（在线性区无需纠正车辆横摆响应）。更进一步，在线性区也没必要准确估计路面附着系数，因为此时的车辆特性受路面附着系数的影响不大。但附着系数在线性区的

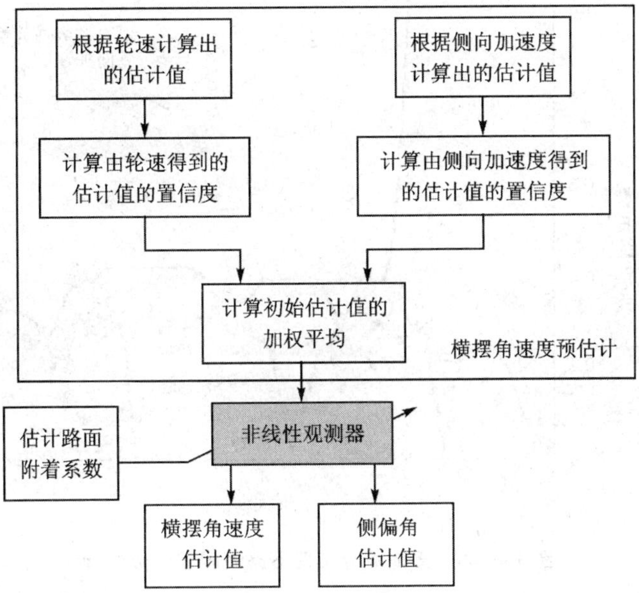

图 10－19　算法流程图

不可观特性对于 ACC 等另一类主动控制系统非常不利，因为 ACC 可能在线性区就被激活。这一目前尚无解决办法的问题超出了本书范围。

当车辆处于附着极限且为稳态转向时，侧向路面附着系数可以根据测量得到的侧向加速度近似地按下式计算：

$$\mu = |a_y| \Big/ a_{y\max} \tag{10-26}$$

式中：a_y 为车辆侧向加速度；$a_{y\max}$ 为车辆在干燥路面上能够获得的最大侧向加速度。车辆是否处在操纵特性的线性范围，可以通过比较车辆的期望响应与实际的（或估计的）响应来判断。因为 ESC 的目标是迫使车辆按照驾驶员转向指令运动，而横摆角速度、侧偏角（有时也包括侧向加速度）的期望值由车辆控制器提供。

通过将期望值与测量值或估计值进行比较，算法判断出车辆处于或接近附着极限时，根据侧向加速度估计出侧向附着系数。因为式(10－26)仅在稳态时成立，在快速变化的瞬态期间路面附着系数则沿用先前的估计值。

用于参数估计的加速度测量值先要进行滤波，并根据车辆侧倾和路面横坡角进行修正。当车辆运动状态剧烈变化时，该算法只在侧向加速度接近此种路面上的加速度最大值时才计算路面附着系数的估计值。在侧向加速度减小的快速变化的瞬态过程中，估计值保持不变即仍采用先前的估计值。当某工况结束时，估计值回到默认值 1.0。图 10－20 所示为雪地蛇行工况下的侧向加速度值和估计得到的路面附着系数。

10.3.3　基于运动关系的横摆角速度估计

如前面提到的，通过测量从动轮轮速或者侧向加速度，即可使车辆横摆角速度通过运动学关系估计得到。先介绍基于轮速的横摆角速度估计。假设从动轮做纯滚动，通常用下式估计横摆角速度：

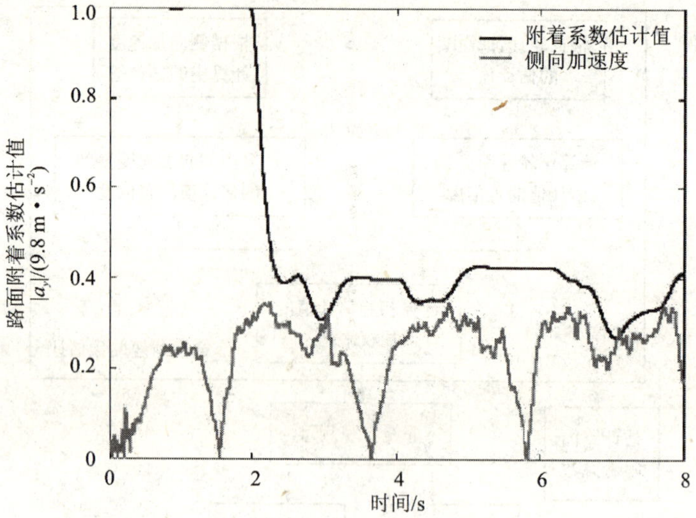

图 10-20　雪地蛇行工况下路面附着系数估计

$$r_{ws}=(v_{wl}-v_{wr})/(t_w\cos\delta) \tag{10-27}$$

式中：r_{ws} 表示根据轮速估计得到的横摆角速度；v_{wl} 和 v_{wr} 分别是左、右侧从动轮的轮速；t_w 为轮距；δ 是从动轮的转向角，对于 4×2 前轮驱动的车辆，后轮为从动轮，其转向角恒为 0。车轮的轮速是其转动的角速度与轮胎有效滚动半径的乘积，这与 2.1 节的定义相同。因此，轮速计算时应当考虑轮胎气压的影响。此外，转弯时的横向载荷转移对有效滚动半径也有影响。从动轮的垂直载荷转移量可用下式来近似：

$$\Delta F_z=\eta m h_g a_y/t_w \tag{10-28}$$

式中：η 是从动轮车桥侧倾恢复力矩在总侧倾恢复力矩中所占的比例，例如，若前轮是从动轮，则 $\eta=\dfrac{k_{\phi f}}{k_{\phi f}+k_{\phi r}}$。更准确的垂直载荷转移量计算可参照式(2-35)和图 2-13 确定。垂直载荷转移引起的轮胎垂直变形变化量 $\Delta r=\Delta F_z/k_t$（k_t 为轮胎垂直刚度），因此由载荷转移引起的轮速差为

$$\Delta v_w=2\Delta r(v_x/r_r)=2\eta m h_g a_y v_x\Big/(k_t t_w r_r) \tag{10-29}$$

对上述由载荷转移引起的轮速差进行补偿，式(10-27)修正为

$$r_{ws}=(v_{wl}-v_{wr}-\varepsilon a_y v_x)\Big/(t_w\cos\delta) \tag{10-30}$$

式中：ε 为常数，可近似表示为

$$\varepsilon=2\eta m h_g a_y\Big/(k_t t_w r_r) \tag{10-31}$$

但在实际应用时，ε 应当根据试验数据进行调整。另外，需要对轮速进行滤波，还应限制 r_{ws} 的变化速率(横摆角加速度)和最大值。

为了能够根据侧向加速度估计横摆角速度，由运动学关系 $a_y=\dot{v}_y+rv_x$ 可得到如下关系：

$$r_{a_y}=(a_y-\dot{v}_y)/v_x \tag{10-32}$$

式中：r_{a_y} 表示根据侧向加速度估计得到的横摆角速度。在稳态工况即转向角和车速为常数或变化缓慢时，侧向速度变化率 $\dot{v}_y$ 可忽略不计。因此，根据侧向加速度估计横摆角速度的近似

关系为

$$r_{a_y} = a_y / v_x \tag{10-33}$$

因为忽略了侧向速度变化率 $\dot{v}_y$，在快速瞬态过程采用式(10－33)估计横摆角速度时将误差较大。

10.3.4 预估计的置信度计算

根据轮速和侧向加速度估计横摆角速度时，都采用了一定的假设。如果假设不成立，则相应估计的置信度将降低。

由轮速估计横摆角速度时，采用了“从动轮的纵向滑动可以忽略”的假设。当发现从动轮因作用了制动力矩使滑移率较大时，应当减小该估计值的置信度。制动信息可以根据制动开关状态获取，某些车辆上还可由制动踏板行程传感器确定。否则，通过将车辆制动减速度(根据参考车速估计得到)、两个从动轮的减速度大小分别与设定的门限值比较，也能判断是否制动。设定减速度门限值时，忽略轻微制动引起的轮速下降，因为这种情况对估计精度没有太大影响。如果 ABS 介入任何一个后轮的控制，也认为处于制动状态。在一定速度和估计出的路面附着系数条件下，如果横摆角速度估计值超出该条件下可能的最大值，则置信度也要降低。低速行驶时，尤其是在较滑的路面上，置信度也应降低。原因是低速时轮速测量的分辨率对估计值产生负面影响，而路面较滑更加剧了纵滑。基于以上各影响因素的考虑，该置信度在预设的从低到高的若干数值中选取。

当车辆大体上处于稳态时，根据侧向加速度得到的横摆角速度估计值具有较高的置信度。相反，在快速变化的瞬态，则置信度较低。车辆在多大程度上属于稳态是通过计算侧向加速度期望值和测量值的导数确定的。如果这两个导数值都低于对应的门限值且期望值与测量值的符号相同，则认为车辆处于稳态。将这些考虑制定成规则，并依据该规则确定相应的置信度。

横摆角速度预估计值取为上述两个估计值的加权平均：

$$\hat{r}_p = (w_{a_y} r_{a_y} + w_{ws} r_{ws}) / (w_{a_y} + w_{ws}) \tag{10-34}$$

式中：$\hat{r}_p$ 为横摆角速度的预估计值(又称为“伪测量”)；w_{a_y} 和 w_{ws} 分别为 r_{a_y} 和 r_{ws} 的权重，取决于相应的量信度。这里的权重参数与置信度的关系与 10.1 节所述“权重参数和稳态指数的函数关系”(见图 10－5)类似，可根据经验确定。

10.3.5 观测器

观测器是一个简化的非线性动力学模型，用以描述横摆平面内的运动。观测器参数与估计出的路面附着系数和车速有关。它利用转向角和侧向加速度测量值以及横摆角速度预估计值作为反馈信号。当动力学模型偏离实际车辆参数或有外部干扰时，反馈项保证了估计值收敛于实际值。观测器参数之所以依赖于路面附着系数，是因为在接近或处于附着极限时附着系数对车辆的动态响应影响很大。

采用 2.2 节给出的单轨模型，对式(2－25)略加改动，得到车辆在水平面内的运动方程为

$$\dot{v}_y = -v_x r + (F_{yf}\cos\delta_f + F_{yr}) / m \tag{10-35}$$

$$\dot{r} = (aF_{yf}\cos\delta_f - bF_{yr}) / I_z \tag{10-36}$$

为获得根据模型得到的侧向加速度估计值，需要先估计轮胎侧向力。从图 8－5 中的轮胎侧向力特性曲线可以看出，轮胎侧偏刚度与附着系数无关。观测器的反馈为侧向加速度误差和横

摆角速度误差，它们的定义分别为

$$\Delta a_y = a_y - (\hat{F}_{yf}\cos\delta_f + \hat{F}_{yr})/m \tag{10-37}$$

$$\Delta r = \hat{r}_p - \hat{r} \tag{10-38}$$

式中：Δa_y 和 Δr 分别为侧向加速度误差和横摆角速度误差；a_y 为侧向加速度测量值，$(\hat{F}_{yf}\cos\delta_f + \hat{F}_{yr})/m$ 为其观测器预测值；$\hat{r}$ 表示横摆角速度最终估计值。采用这些反馈项的闭环观测器具有如下结构：

$$\dot{\hat{v}}_y = f_1(\delta_f, v_x, \hat{v}_y, \hat{r}, \hat{\mu}) + g_{11}\Delta r + g_{12}\Delta a_y \tag{10-39}$$

$$\dot{\hat{r}}_y = f_2(\delta_f, v_x, \hat{v}_y, \hat{r}, \hat{\mu}) + g_{21}\Delta r + g_{22}\Delta a_y \tag{10-40}$$

式中：f_1 和 f_2 为由模型决定的非线性函数；g_{ij} $(i, j=1, 2)$为观测器增益。与误差项相乘的增益，实际上反映了模型与测量值置信度之间的平衡，这也是确定增益的依据。如果模型能准确反映车辆动力学特性，而测量误差较大，增益应取较小值。另一方面，如果测量精确而模型较粗略，应采用大的增益以反映对测量值更多的依赖。因为横摆角速度预估计值被用做“伪测量值”，与对应误差相关的 g_{21} 和 g_{22} 就取决该估计值的置信度。应仔细调整增益的大小，以使观测器在各种工况都具有良好的观测精度和鲁棒性。观察器中还另外增加了一些项，以保证在路面横坡角较大等特殊工况下观测效果不下降。

10.3.6 试验结果

为了检验前面所提出概念的有效性，针对三款前轮驱动车辆在多种路面条件下做了大量试验。路面条件包括干沥青和混凝土路面、砾石路面、石块路面、雪路面和冰路面。最初的一些试验被用来调整算法参数，例如作为算法进入和退出条件的门限值、置信度、观测器增益等。因为所提出的估计算法是用于采用主动制动的 ESC 系统的，而该主动系统只在处于或接近附着极限时才会触发，所以有必要在该非线性工作区获得估计量。所以下面给出的试验结果仅限于主动控制系统被触发的极限操纵工况。控制算法一般采用横摆角速度和侧偏角误差作为反馈，该误差是对应的期望值与测量/估计值的差值。因此，下面的结果中将期望值与测量/估计值一并画出。

图 10-21 所示为车速 50 km/h、在雪路面上未制动进行移线的结果。横摆角速度和侧偏角的估计值都能较好地跟随测量值的变化，其精度应当满足控制对参数估计的要求。

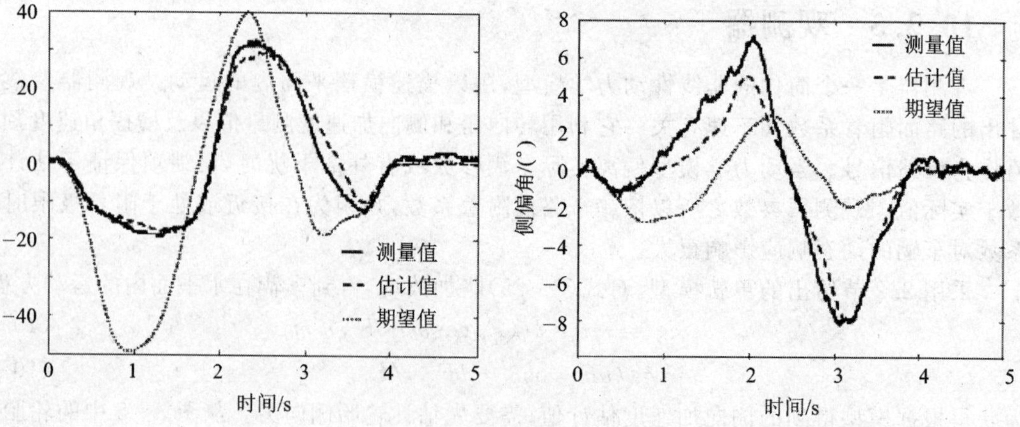

图 10-21　雪路面移线(50 km/h)

图 10－22 所示为类似工况下的估计结果，所不同的是移线过程中驾驶员施加了制动。与图 10－21 中未施加制动的结果相比，图 10－22 中的估计精度要稍差一些，但控制算法所需的误差值仍然具有较高精度。图 10－23 所示为车速 32 km/h、在结冰路面上进行 J 转向操纵的试验结果。虽然估计得不太准确，但作为反馈误差的估计值与期望值的差值也仍然具有较高精度。该差值精度较高的原因是期望值与实际值或其估计值（指绝对值）相比要大得多。

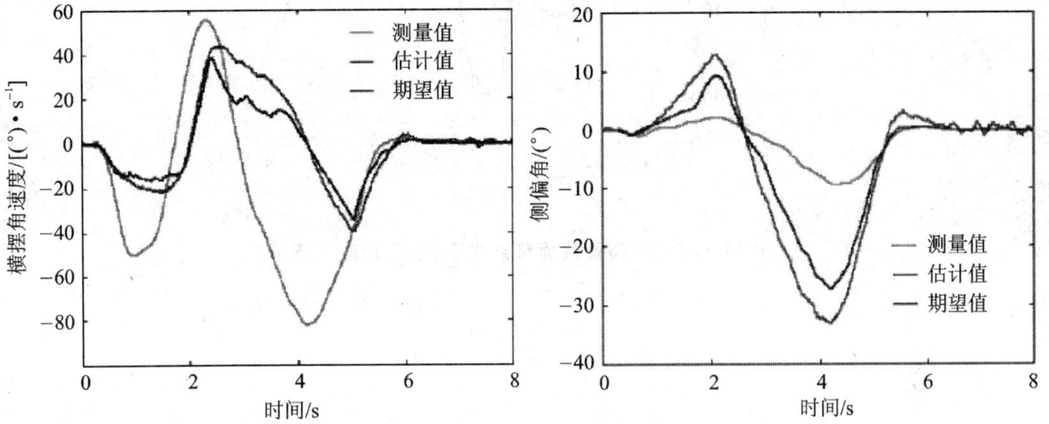

图 10－22　雪路面移线同时驾驶员施加制动（50 km/h）

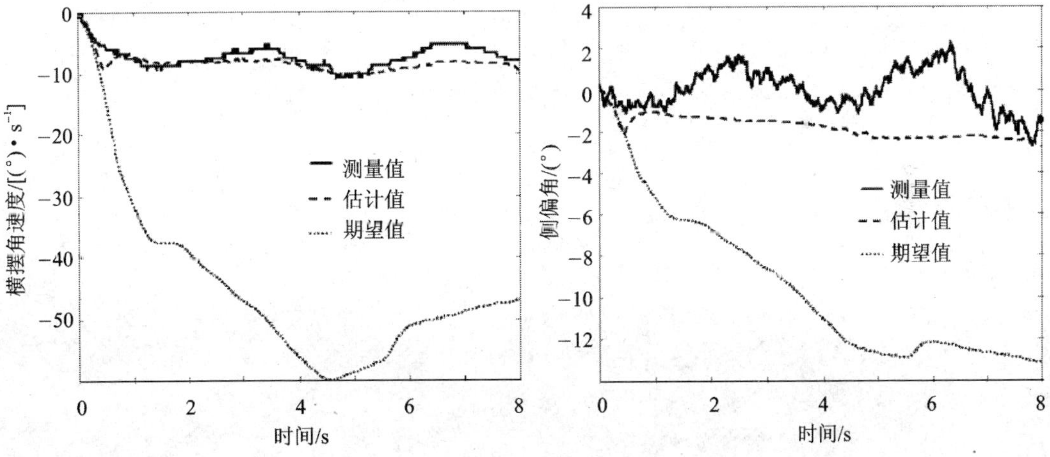

图 10－23　结冰路面 J 转向工况（32 km/h）

为了评价所提出的算法对车辆参数（质量、惯性矩、载荷分布等）、路面粗糙度、胎压和横坡角等的鲁棒性，还做了若干其他试验。图 10－24 所示为干沥青路面上进行移线的试验结果。试验时将右后轮的胎压降到 0.1 MPa（约 15 psi，此压力值为标定值的一半），而左后轮胎压仍采用标定值（即 0.2 MPa 或 30 psi）。由轮速估计出的横摆角速度 r_{ws} 含有噪声，且其值向负方向（值减小的方向）偏离。因为右后轮气压较低，其滚动半径变小且转得快一些，所以直线行驶时 $v_{wr} > v_{wl}$，而按式（10－27）计算得到的横摆角速度为负。r_{ws} 与其测量值相比还存在滞后。加入观测器后，最大限度地解决了上述问题——最终估计很平滑，朝一个方向（正或负）的偏离也解决了，且滞后很小。

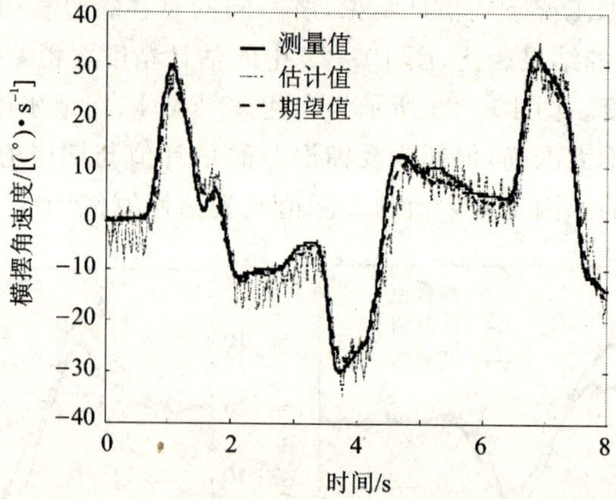

图 10-24　干沥青路面移线工况，左后轮胎气压低

参考文献

[1] 李江，杨慧中，丁峰. 一种强跟踪有限差分滤波二元估计算法. 控制工程，2006，13(4)：381-383,387.

[2] 詹晓力，罗正鸿，陈丰秋，阳永荣. 基于 Monte Carlo 模拟的化学反应动力学参数估算. 高等学校化学学报，2003，24(8)：1511-1514.

[3] 应济，陈伟球，陈子辰. 换热影响下的接触热阻估计. 浙江大学学报(自然科学版)，1996，30(4)：415-422.

[4] 薛平，王志中，徐俊荣，孙复川. 一种确定系统响应潜伏期和模型参数的递推算法及其应用. 生物数学学报,1987，2(1)：60-67.

[5] 艾克霍夫 P. 系统辨识——状态与系统参数估计. 潘科炎，张永光，等译. 北京：科学出版社,1980.（Eykhoff P. System Identification：Parameter and State Estimation. Wiley，London，1974.）

[6] Aleksander H，Simpson M D. Estimation of vehicle sideslip angle and yaw rate. SAE Technical Paper Series，2000-01-0696.

[7] Li K，Misener J A，Hedrick K. On-board road condition monitoring system using slip-based tyre-road friction estimation and wheel speed signal analysis. Proceedings of the Institution of Mechanical Engineers，Part K：Journal of Multi-body Dynamics，2007，221(1)：129-146.

[8] Shim T，Margolis D. Model-based road friction estimation. Vehicle System Dynamics，2004，41(4)：249-276.

[9] Müller S，Uchanski M，Hedrick K. Estimation of the maximum tyre-road friction coefficient. Journal of Dynamic Systems，Measurement，and Control，2003,125(4)：607-617.

[10] 韩建保,张鲁滨,李邦国. 轮胎路面附着系数实时感应识别系统. 车辆与动力技术,2005(2):62-64.

[11] 余志生主编. 汽车理论. 5 版. 北京：机械工业出版社,2009.

[12] Ding N,Taheri S. A Modified Dugoff Tire Model for Combined-slip Forces. Tire Science and Technology，2010，38(3)：228-244.

[13] Shim T，Margolis D. An Analytical Tire Model for Vehicle Simulation in Normal Driving Condition. International Journal of Vehicle Design，2004,35(3):224-240.

[14] Kiencke U，Daiss A. Estimation of Tyre Friction for Enhanced ABS Systems//In Proceedings of the AVEG'94，1994.

[15] Burckhardt M. ABS und ASR，Sicherheitsrelevantes，Radschlupf-Regel System. Germany，Lecture Scriptum，University of Braunschweig，1987.

[16] Harned J，Johnston L,Scharpf G. Measurement of Tire Brake Force Characteristics as Related to Wheel Slip (Antilock) Control System Design. SAE Transactions,1969,78，Paper 690214:909-925.

[17] Canudas de Wit C, Tsiotras P, Velenis E, Basset M, Gissinger G. Dynamic friction models for road/tire longitudinal interaction. Vehicle System Dynamics, 2003, 39(3): 189-226.

[18] Patel N, Edwards C, Spurgeon S K. Optimal braking and estimation of tyre friction in automotive vehicles using sliding modes. International Journal of Systems Science, 2007, 38(11): 901-912.

[19] Dahl P R. Solid Friction Damping of Mechanical Vibrations. AIAA Journal, 1976, 14 (12): 1675-1682.

[20] Mohinder S G, Angus P A. Kalman Filtering Theory and Practice. Prentice Hall, 1993.

[21] Eichhorn U, Roth J. Prediction and monitoring of tyre/road friction//In Proceedings of FISITA 24th Congress: Safety, the Vehicle, and the Road, London, June, 1992.

[22] Wang W D, Ding N G, Xu X Y. An improved self-adaptive algorithm of vehicle reference speeds for ABS // Proceedings of the 2006 IEEE International Conference on Vehicular Electronics and Safety, 2006: 98-102.

[23] 丁能根，李丹华，余贵珍. 基于卡尔曼滤波和 ABS 控制输入的车速估计. 北京航空航天大学学报，2011, 37(1): 67-71.

[24] 谢新民，丁峰. 自适应控制系统. 北京：清华大学出版社，2002.

[25] Astrom A, Wittenmark B. Adaptive Control. Second Edition. UK: Addison Wesley, 1994.

[26] Ljung L. System Identification: Theory for the User. Second Edition. New Jersey: Prentice Hall, 1999.

[27] Eiichi Ono, Katsuhiro Asano, Masaru Sugai, et al. Estimation of automotive tire force characteristics using wheel velocity. Control Engineering Practice, 2003, 11(12): 1361-1370.

[28] Yi K, Hedrick K, Lee S. Estimation of Tire-Road Friction Using Observer Based Identifiers. Vehicle System Dynamics, 1999, 31(4): 233-261.

[29] 郭孔辉. 汽车操纵动力学. 长春:吉林科学技术出版社，1991.

[30] Cheli F, Sabbioni E, Pesce M, Melzi S. A methodology for vehicle sideslip angle identification: comparison with experimental data. Vehicle System Dynamics, 2007, 45 (6): 549-563.

[31] Ryu J, Rossetter E, Gerdes J C. Vehicle Sideslip and Roll Parameter Estimation Using GPS//AVEC 2002 6th Int. Symposium on Advanced Vehicle Control, 2002.

[32] Narendra K S, Balakrishnan J. Improving transient response of adaptive control systems using multiple models and switching//Proceedings of the 32nd Conference on Decision and Control, San Antonio, Texas, 1993.

[33] Narendra K S, Balakrishnan J. Improving transient response of adaptive control systems using multiple models and switching. IEEE Transaction on Automatic Control, 1994, 39(9): 1861-1866.

[34] Narendra K S, Balakrishnan J, Ciliz M K. Adaptation and learning using multiple mod-

els, switching and tuning. IEEE Control Systems,1995,15(3):37-51.

[35] Solmaz S, Akar M, Shorten R, Kalkkuhl J. Real-time multiple-model estimation of centre of gravity position in automotive vehicles. Vehicle System Dynamics, 2008, 46 (9): 763-788.

[36] Vahidi A, Stefanopoulou A, Peng H. Recursive least squares with forgetting for online estimation of vehicle mass and road grade: theory and experiments. Vehicle System Dynamics, 2005, 43(1):31-55.

[37] Davila J, Fridman L,Levant A. Second-order sliding-mode observer for mechanical systems. IEEE Transactions on Automatic Control, 2005, 50(11):1785-1789.

[38] Kobayashi K, Cheok K, Watanabe K. Estimation of absolute vehicle speed using fuzzy logic rule-based Kalman filter// Proceeding of the American Control Conference, Seattle, June, 1995:3086-3090.

[39] Jiang F, Gao Z. An Adaptive Nonlinear Filter Approach to the Vehicle Velocity Estimation for ABS//Proceedings of the 2000 IEEE International Conference on Control Applications, Anchorage, Alaska, USA, September 25—27,2000: 490-495.

[40] Gustafsson F. Slip-based Tire-road Friction Estimation. Automatica,1997, 33 (6): 1087-1099.

[41] Dieckmann T. Assessment of road grip by way of measured wheel variables //In Proceedings of FISITA, London, June, 1992:75-81.

[42] 王伟达,丁能根,徐向阳,杨磊. 基于轮速和压力控制状态信息的 ABS 参考车速算法研究及其试验验证. 中国机械工程,2008,19(3):370-373.